Alles was

GOTT

ERLAUBT HAT

Die Deutsche Bibliothek – CIP-Einheitsaufnahme

Wagner, Christoph:
Alles was Gott erlaubt hat : die kulinarische Bibel; Essen und Trinken
im Alten und Neuen Testament / Christoph Wagner. -
Wien : Brandstätter, 1994
ISBN 3-85447-507-1

1. Auflage

Sämtliche Abbildungen stammen aus alten Holzschnitt-Büchern
der Gotik und Renaissance.
Die graphische Gestaltung des Werkes und der Entwurf des Schutz-
umschlages unter Verwendung der Buchmalerei „Der Kellermeister"
von P. Drach (British Library, London) stammen von Christian
Brandstätter. Das Lektorat besorgte Maria Seifert, die technische
Herstellung Franz Hanns. Druck und Bindung erfolgten beim Wiener
Verlag, Himberg, die Reproduktionen bei Reproform, Wien, den Satz
besorgte Exakta, Wien. Gesetzt wurde in der Stempel Garamond,
11 auf 13 Punkt.

Christian Brandstätter Verlagsgesellschaft m. b. H.
A-1080 Wien, Wickenburggasse 26, Telephon (0222) 408 38 14-15

Christoph Wagner

Alles was
Gott
erlaubt hat

DIE KULINARISCHE BIBEL
Essen & Trinken
im Alten & Neuen Testament

Verlag Christian Brandstätter

Inhaltsverzeichnis

I. TEIL
Biblische Mahlzeiten

II. TEIL
Kleine biblische Waren-
und Getränkekunde

VORWORT

Wie kulinarisch ist die Bibel?

Papier ist geduldig. Das geduldigste aller Papiere ist jedoch gewiß jenes aus dem syrischen Hafen Byblos, dem heutigen Zebail, stammende Pergament, das der Bibel ihren Namen gab. Wie sonst allenfalls noch die Werke Shakespeares und Goethes ist die Heilige Schrift bis zum letzten Beistrich ausgewrungen worden. Kein Zeilenabstand blieb unerforscht, keine noch so klare Aussage un- und wohl gleichzeitig auch überinterpretiert. Wer wissenschaftliche Werke über die Bibel sucht, der wird sie von Augustinus bis Rahner zu Tausenden und Abertausenden finden.

Dieses Buch ist keines davon. Es will lediglich ein synoptisches, im besten Sinne zusammen-schauendes und daher zwangsläufig auch beschauliches Kompendium für Menschen mit großer Freude an den schönen Dingen des Lebens sein. Daß diese Freude bei allen einigermaßen anständigen Zeitgenossen auch ein latent schlechtes Gewissen zum Wegbegleiter hat, soll in diesem Zusammenhang allerdings auch nicht verschwiegen werden. Wo Genuß ist, stellt sich zumeist auch irgendwann die Reue ein, und wie kaum ein anderes Werk der Weltliteratur beschäftigt sich die Bibel so intensiv mit dem einen wie auch mit dem anderen.

Wer von den folgenden Kapiteln also eine Art von Absolution für seine kleineren und größeren Verfehlungen im Bereich des Gaumensegels sucht, der sei vorgewarnt. Ein entlastendes „Alles nur halb so wild" ist weder im Sinne des Wortes Gottes noch seiner Verkünder. Die „große Pein in der Feuersglut", die Christus dem reichen Prasser, der „herrlich und in Freuden" (Lk 16,19) lebt, androht, läßt sich weder durch noch so sorgfältig zusammengestellte hedonistische Bibelstellen noch durch gezielte Auslassungen so einfach vom Tisch der Schlemmer wischen.

Begreift ihr denn nicht, daß alles, was der Mensch mit dem Mund aufnimmt, durch den Magen wieder ausgeschieden wird? Was aber aus dem Mund herauskommt, das stammt aus dem Herzen und macht den Menschen unrein. Mt 15,17–18

Sie durften Gott sehen, und sie aßen und tranken. 2 Mos 24,11

7

Und dennoch: Wenn es den Asketen und Miesepetern unter den Bibelinterpreten erlaubt ist, die Bibel auf all das zu reduzieren, was Gott verboten hat, so muß auch der umgekehrte Vorgang gestattet sein. Auf den folgenden Seiten wird also – fast – ausschließlich davon die Rede sein, was Gott erlaubt hat. Jesus und die Propheten werden hier vor allem dann zitiert, wenn sie gerade nicht von biblischem Zorn erfüllt waren, sondern – was gewiß auch hin und wieder der Fall war – ein mildes, verständnisvolles Lächeln auf den Lippen hatten. Selbst wenn nicht wenige Eiferer im Laufe der Kirchengeschichte geflissentlich darüber hinweggelesen haben mögen, so hat die Bibel doch weit mehr als nur eine Handvoll Belegstellen dafür auf Lager, daß Gott und jene, durch deren Lippen er gesprochen hat, immer schon auch eine ordentliche Portion Toleranz für kleine menschliche Schwächen – und vielleicht sogar ein Quentchen Humor aufbrachten. Nicht zufällig hat später auch Alkuin (730–804), der große Theologe und Gelehrte der Karolingerzeit, verständnisvoll darauf hingewiesen, daß es nun einmal leichter sei, „die wohlgestalteten Gegenstände, das Süßschmeckende und den Wohlklang zu lieben", als Gott selbst.

Die Bibel hält für diese Vermutung allerhand Unterfutter bereit: Über weite Strecken liest sich die Heilige Schrift nämlich wie ein detailliertes Szenario von Festmählern, deren Facettenreichtum von den Festessen am Hofe des Königs Salomo bis hin zur Hochzeit von Kana reicht. Es fällt jedoch auf, daß das Alte Testament das Thema Essen und Trinken aus einem völlig anderen Blickwinkel behandelt, als dies das Neue Testament tut.

Den Autoren des Alten Testaments scheint der kulinarische Genuß in vieler Weise suspekt und gefährlich, jedenfalls aber nicht ganz geheuer gewesen zu sein. Zumindest glaubte man, alles, was mit den Freuden der Tafel zusammenhängt, genau regeln zu müssen. Dem Volke Israel wurde somit ein umfassendes Kompendium an die Hand gegeben, wie man sich in Sachen Essen und Trinken bis in Detailfragen hinein zu verhalten habe, um

nicht unversehens der ewigen Seligkeit verlustig zu gehen.
Die Bücher des Alten Testaments lesen sich zuweilen wie
ein Mittelding aus Tischzucht und Rezeptbuch, das vie-
lem Erlaubten auch so manches Unerlaubte, oder – wie
es heißt – dem Begriff des Reinen stets auch das Unreine
entgegensetzt.

Jesus Christus hingegen äußerte seinen Protest gegen
das orthodoxe Judentum nicht zuletzt dadurch, daß er
sich über diese mannigfaltigen Speiseordnungen schlicht
und einfach hinwegsetzte. Das begann damit, daß er in
Sachen Mahlgemeinschaft alles andere als heikel war und
ohne Scheu mit Sündern und Zöllnern aß. Und es mün-

dete schließlich in jenes berühmte Wort des Matthäus-evangeliums (15,17–20), in dem davon die Rede ist, daß nicht das, was in den Mund hineintrete, den Menschen verunreinige, sondern lediglich das, was von dort herauskomme. Nicht daß Christus damit als Verteidiger der Schlemmer und Vielfraße vereinnahmt werden könnte: Das banale Essen und Trinken schien ihm nur – wenn man all seine Aussagen und Verhaltensweisen bei Tisch Revue passieren läßt – ganz einfach nicht wichtig genug zu sein, um bei der Heilsfindung eine größere Rolle zu spielen. Jesus ging es nicht um das Essen und Trinken als Genußmittel oder Droge, sondern vielmehr um den gemeinschaftsstiftenden Akt des Mahles. Nicht was gegessen wurde, sondern in wessen Namen und mit welcher seelsorgerischen Zielsetzung man sich gemeinsam zu Tisch setzte, war ihm wichtig.

Im Alten Testament herrschten hingegen andere Notwendigkeiten vor. Die Israeliten, die zuvor als Nomaden durch das Land gezogen waren, kamen gegen Ende des 17. Jahrhunderts v. Chr. nach Ägypten und verließen es im 13. Jahrhundert. Die gesamte Dauer ihres Aufenthalts steht im Zeichen eines massiven Druckes von seiten der herrschenden ägyptischen Klasse, welche das Volk Israel absorbieren und es zu einem unterschiedslosen Aufgehen im ägyptischen Volk zwingen wollte. Auch in der babylonischen Gefangenschaft wurden auf die Israeliten massive Repressionen ausgeübt, die letztlich auf die Auslöschung der Identität des erwählten Volkes zielten. Genau das lief freilich den Intentionen der Verfasser des Alten Testaments zuwider. Sie förderten alles, was das Selbstwertgefühl des Volkes Gottes weiterhin sicherte, kurzum: was die Israeliten und deren Lebenskultur unverwechselbar machte.

Die mosaischen Speisegesetze wurden wohl nicht zuletzt deswegen so punktgenau eingehalten, weil sie den Hebräern eine Möglichkeit erschlossen, sich gegenüber ihren Unterdrückern selbst zu definieren und somit die eigene Individualität zu bewahren. Die Genauigkeit des kulinarischen Regelwerks zielt also keineswegs nur, wie häufig behauptet wird, auf die Absicherung damals geltender hygienischer Standards, sondern vielmehr auch darauf ab, den ägyptischen und babylonischen Unterdrückern Flagge zu zeigen, indem man sich nicht – womöglich noch entgegen den eigenen Sitten und Gebräuchen – mit ihnen an einen Tisch setzte.

Die kulinarische Bibel ist daher nicht zuletzt auch vor dem Hintergrund der jüdischen Küche zu sehen, in welcher sie bis heute in hohem Maße nachwirkt, und auf die dieses Buch daher auch immer wieder eingehen wird. Wie Salcia Landmann in „Bittermandel und Rosinen" schrieb, sind viele Speisen, die auch im heutigen Israel noch gegessen werden, uralt und gehen auf Altbabylon, die Bibelperiode und die Römerzeit zurück. Sie tragen oft heute noch die nämlichen semitischen Namen wie Jahrtausende zuvor und sind in der Bibel sowie im Talmud dermaßen häufig zitiert, als handelte es sich dabei nicht um religiöse Werke, sondern um Kochbücher. Als Beispiele dafür führt Salcia Landmann Pitta mit Chumuß,

Technina und Falafel oder Chalwa an, allesamt Gerichte, die auch den zwölf Aposteln bereits geläufig waren.

Wie kaum eine andere Küche der Welt achtet die jüdische Küche das Leben und zögert auch nicht, sich kompliziertesten Schlacht- und Zubereitungsvorschriften zu unterwerfen, um sich mit dem Fleisch der Tiere nicht auch deren Anteil an der lebendigen Schöpfung einzuverleiben.

Wenn Jahwe den Menschen konzidiert, daß ihnen „alles Lebendige, das sich regt, zur Nahrung dienen" möge, so läßt sich daraus nicht etwa die Aufforderung zu schrankenlosem Konsum und ungeregeltem Hedonismus ableiten, sondern vielmehr jene immer wieder aufs neue ausgesprochene Einladung zum maßvollen Genuß, die sich wie ein roter Faden durch die Heilige Schrift zieht. Es ist ein Besinnen auf die einfachen, kleinen – und durchaus auch feinen – Dinge des Lebens, die uns die Bibel allenthalben nahelegt. Kulinarischer Genuß, so will uns die Heilige Schrift sagen, darf nicht quantitativer Natur sein, sondern wird erst durch das Einhalten des rechten Maßes gerechtfertigt. Vor allem aber muß dieser Genuß stets auch mit der Ehrfurcht vor Gott und seiner Kreatur verbunden sein. Dann aber ist gegen die Freude am Essen und Trinken zumindest so lange nichts einzuwenden, als man „vor dem Herrn ißt und fröhlich ist". (5 Mos 12,7)

I. TEIL

Biblische Mahlzeiten

Das vegetarische Paradies

N och bevor von der Liebe die Rede ist, spricht die Bibel vom Essen. Die Schöpfungsgeschichte benötigt nicht einmal dreißig Verse, bis sie auf „Thema Nummer zwei" zu sprechen kommt: In der Genesis (1 Mos 1,29) werden bereits all jene pflanzlichen Produkte erwähnt, von denen Jahwe bestimmt, daß sie „euch zur Nahrung dienen". Es duftet im Paradies nicht nach Braten und Fleischsuppen, sondern es riecht schon viel eher nach makrobiotischer Vollwertkost, wenn der Schöpfer „allem, was sich auf der Erde regt, was Lebensatem in sich trägt (...), alle grünen Pflanzen zur Nahrung" (1 Mos 1,30) zuteilt. Kein Zweifel: Die kulinarische Idylle vor dem Sündenfall ist ganz und gar vegetarischer Natur. Wo man Gut und Böse nicht unterscheiden kann, da bedarf es keines Schlachters und schon gar keines Rôtisseurs. Nein, das Paradies ist kein Schlaraffenland, in dem einem die gebratenen Tauben in den Mund fliegen und

Allem, was sich auf der Erde regt, was Lebensatem in sich trägt, gebe ich alle grünen Pflanzen zur Nahrung.
1 Mos 1,30

die Spanferkel mit dem Küchenmesser über schinken-
gepflasterte Wege laufen. Das biblische Paradies wird
schließlich auch nicht als Utopie geschildert, sondern vielmehr als konkrete Wirklichkeit verstanden, deren
Zusammenbruch noch im Bereich des menschlichen
Erinnerungsvermögens liegt.

Diese Erinnerung an einen göttlichen Vegetarismus teilt
die Genesis auch mit anderen literarischen Zeugnissen
über den Urzustand der Welt. Man denke nur an Ovids
„Goldenes Zeitalter", in dem man sich „mit der Nahrung
begnügte, die keinem Zwange erwuchs", oder an Ver-
gils „Georgica", in denen „die Erde freigiebig alles selbst
trug". Auch heidnische Götter pflegen sich, ob von Met,
Ambrosia oder güldenen Äpfeln, durchweg pflanzlich zu
ernähren.

Eine kulinarische Bibel kann also gar nicht anders, als
mit einem Lob jenes Vegetarismus zu beginnen, bei dem
die Genesis freilich nicht allzulange verweilt. Das erste,
was in der Bibel gegessen wird, ist die Frucht vom Baum
der Erkenntnis, die seit dem Frühmittelalter stets als
Apfel dargestellt wird, wofür die Schrift allerdings keinen
stichhaltigen Hinweis enthält.

Sollte es sich dabei etwa um ein Fleischbällchen gehandelt haben?

Die Annahme ist so abwegig nicht, da – wenn Adam
den Verführungskünsten Evas unterliegt – nicht nur die
Fleischeslust ihren Einzug in die biblische Geschichte hält,
sondern auch die Lust an allem Fleischlichen.

Zunächst ist bei Adam allerdings noch nicht von verführerischen Küchendünsten die Rede. Als Nahrungsquelle werden vielmehr der Ackerboden (1 Mos 3,17) und das Brot erwähnt, welches „im Schweiße des Angesichtes" (1 Mos 3,19) verzehrt werden soll. Auch aus Abels fleischlichem Opfer, das er (bemerkenswerterweise zu Gottes ausdrücklichem Wohlgefallen) dem pflanzlichen seines Bruders Kain entgegensetzte, sollte man nicht vorschnell den Schluß ziehen, daß Eva sonntags Hammelbraten aufgetischt haben könnte.

Nirgendwo steht, daß Abel von seinem Opferlamm auch gegessen hat. Selbst die Aufforderung Jahwes an Noah, er möge sich vor Ausbruch der großen Flut mit allem Eßbaren versorgen und einen Vorrat davon anlegen (1 Mos 6,21), geht nicht näher darauf ein, von welcher Art dieser Vorrat sein sollte.

Die Vorratshaltung muß jedenfalls für Noah ein tatsächlich wohl nur mit himmlischer Hilfe zu lösendes logistisches Problem gewesen sein. Immerhin galt es, für acht Menschen und jede Menge Getier Vorräte für exakt ein Jahr und elf Tage anzulegen, und das um 4000 v. Chr., also in einer Zeit, in der nur die allerprimitivsten Mittel der Haltbarmachung von Lebensmitteln bekannt waren. Mit ziemlicher Sicherheit schied auch die Möglichkeit, im Bedarfsfall das eine oder andere der mitgebrachten Tiere zu schlachten, aus ethischen Gründen aus. Im übrigen wäre der Sinn der Rettungsaktion, der mitgebrachten Fauna eine Überlebensmöglichkeit zu sichern, ansonsten ins genaue Gegenteil verkehrt worden. Immerhin dürften die Tiere der Arche zumindest für die tägliche Versorgung mit Milch und Milchprodukten sowie Eiern garantiert haben.

Die ausdrückliche Erlaubnis, Fleisch zu essen, erteilt Jahwe der Menschheit erst nach der Sintflut. „Alles Lebendige, das sich regt, diene euch zur Nahrung" (1 Mos 9,3) ist zweifellos eine Geste der Milde, eine Konzession an die nunmehr – nach Sündenfall und Sintflut – bereits zum zweiten Mal bestrafte Menschheit. Daß diese

Gott schuff grosse walfisch vnd allerley thier der erden/ Gene.1.

Du selbst aber sollst dir alles besorgen, was an Speise zur Nahrung dient, und davon einen Vorrat anlegen, damit es dir und ihnen zur Nahrung diene.
1 Mos 6,21

Alles Lebendige, das sich regt, diene euch zur Nahrung; wie auch die grünen Pflanzen überlasse ich euch alles. Nur Fleisch mit seiner Seele, nämlich dem Blut, sollt ihr nicht essen.
1 Mos 9,3–4

Er gibt denen Speise, die ihn fürchten.
Ps 111,5

Erlaubnis zeitgleich mit dem ersten Auftreten des Weinstocks und des Ölbaums in der Bibel erfolgt, mag ein Zufall sein: In jedem Fall gönnte Jahwe Noah ausdrücklich
den Braten – und schenkte ihm Wein und Öl dazu. Aus
dem himmlischen Paradies war endgültig das irdische geworden, mit allen Gefahren, die dieses auch bergen
mochte. Gefahren, denen die Bibel daher auch vorsorglich mit einem veritablen Küchenlexikon zu Leibe rückt.

Rein und unrein – oder warum Ochs und Esel nicht miteinander können

D as Alte Testament hat im Gegensatz zu den meisten heidnischen Mythen keinen Sinn für verschwommene Zwischentöne. Ein bißchen gut und ein bißchen böse, ein wenig mildtätig, aber auch ein kleinwenig intrigant – das mochte in der verspielten griechischen Götterwelt angehen, aber nicht im von ehernen Gesetzen geprägten alttestamentarischen Monotheismus. Das Welterklärungsmodell der Israeliten kannte nur Gut und Böse, Recht und Unrecht, Strafe und Vergebung. Was galt, war das Gesetz Gottes.

Es ist daher auch nicht weiter verwunderlich, daß die Bibel bei ihren Speisegesetzen – nach exakter Abzählung durch gelehrte Rabbiner handelt es sich um 365 Gebote und 248 Verbote – äußerst präzise vorgeht und den Begriffen Gut und Böse das Begriffspaar Rein und Unrein gegenüberstellt. Es mag banal klingen, allein: Was rein war, konnte nicht unrein sein, und was unrein war, das konnte niemals rein werden.

Die aufgeklärte Dialektik, für die These und Antithese grundsätzlich in eine Synthese zu münden haben, tut sich mit einer solchen Denkungsart klarerweise schwer. Wie ist es möglich, fragen wir uns daher folgerichtig, daß ein Lebewesen, das Gott selbst erschaffen hat, handle es sich nun um ein Schwein oder um eine Languste, unrein sein kann. Allein das Prädikat „Gottes Werk" müßte doch bereits ausreichen, um ein Mindestmaß an Reinheit zu gewährleisten.

Dem Volk Moses wäre eine solche Argumentation zu ausgetüftelt gewesen. Man sah die Dinge wesentlich klarer und einfacher: Wenn es denn stimmte, daß das Paradies gelebter Vegetarismus und der Fleischgenuß Folge des Sündenfalls war, so lag für jenen, der die ursprüngliche Reinheit wieder herbeisehnte, eine Schlußfolgerung klar auf der Hand: Pflanzenfressende Tiere

Jahwe sprach zu Mose und Aaron: „Sagt den Israeliten: Das sind die Tiere, die ihr von allem Vieh auf der Erde essen dürft: Alle Tiere, die gespaltene Klauen haben, Paarzeher sind und wiederkäuen, dürft ihr essen. Dagegen dürft ihr von den Tieren, die wiederkäuen oder gespaltene Klauen haben, die folgenden nicht essen: Ihr sollt das Kamel für unrein halten, weil es zwar wiederkäut, aber keine gespaltenen Klauen hat; ihr sollt den Klippdachs für unrein halten, weil er zwar wiederkäut, aber keine gespaltenen Klauen hat; ihr sollt den Hasen für unrein halten, weil er zwar wiederkäut, aber keine gespaltenen Klauen hat; ihr sollt das Wildschwein für unrein halten, weil es zwar gespaltene Klauen hat und Paarzeher ist, aber nicht wiederkäut. Ihr dürft von ihrem Fleisch nicht essen und ihr Aas nicht berühren; für unrein sollt ihr sie halten.

Von allen Tieren, die im Wasser leben, dürft ihr essen; alle Tiere mit Flossen und Schuppen, die im Wasser, in Meeren und Flüssen leben, dürft ihr essen. Aber alles, was in Meeren oder Flüssen lebt, alles Kleingetier des Wassers und alle Lebewesen, die im Wasser leben und keine Flossen oder Schuppen haben, seien euch ein Greuel. Ihr sollt sie als abscheulich ansehen; von ihrem Fleisch dürft ihr nicht essen, und ihr Aas sollt ihr verabscheuen. Alles, was ohne Flossen oder Schuppen im Wasser lebt, sei euch ein Greuel! Unter den Vögeln sollt ihr folgende verabscheuen – man darf sie nicht essen, sie sind abscheulich: Aasgeier, Schwarzgeier, Bartgeier, Milan, die verschiedenen Bussardarten, alle Arten des Raben, Adlereule, Kurzohreule, Langohreule und die verschiedenen Falkenarten, Kauz, Fischeule, Bienenfresser, Weißeule, Kleineule, Fischadler, den Storch, die verschiedenen Reiherarten, Wiedehopf und Fledermaus.

mußten ganz einfach wesentlich mehr „Paradiesisches" in sich tragen als fleischfressende Tiere. Da die Israeliten den Tieren durchaus auch so etwas wie ein Seelenleben zubilligten, nahmen sie an, daß Raubtiere – ähnlich wie die Menschen – einen Sündenfall hinter sich hatten. Hätten sie sonst das Tötungstabu überwinden können?

Der mit der Erbsünde behaftete Mensch ist unrein und muß sich daher mit Hilfe zahlreicher Rituale, wie sie in der Bibel ausführlich beschrieben werden, immer wieder reinigen. Hat er diese Reinigung – wie vor jedem Mahle – vollzogen, so wäre es mehr als schädlich, würde sich der dermaßen Gereinigte und Entsühnte in diesem Zustand ein unreines Tier einverleiben.

Es wird immer wieder eingewendet, daß den biblischen Speisegesetzen zufolge auch manche Tiere als unrein gelten, die sich nur pflanzlich ernähren. Das mag freilich im großen und ganzen darauf zurückzuführen sein, daß die Zoologie zur Zeit der Patriarchen und Propheten noch in den Kinderschuhen steckte.

Zweifellos liegt der Beschränkung des Reinheitsbegriffs auf wiederkäuende Tiere mit gespaltenen Hufen der verständliche Wille zugrunde, Pflanzen- von Fleischessern zu

Alle Kleintiere mit Flügeln und vier Füßen seien euch ein Greuel. Von diesen Kleintieren mit Flügeln und vier Füßen dürft ihr aber jene essen, die Springbeine haben, um damit auf dem Boden zu hüpfen. Von ihnen dürft ihr die verschiedenen Arten der Wanderheuschrecke, der Solam-, der Hargol- und der Hagab-Heuschrecke essen. Alle übrigen Kleintiere mit Flügeln und vier Füßen aber seien euch ein Greuel. Von diesen Tieren werdet ihr unrein; jeder, der ihr Aas berührt, wird unrein bis zum Abend. Jeder, der ihr Aas trägt, muß seine Kleider waschen und ist unrein bis zum Abend. Unter dem Kleingetier, das auf dem Boden kriecht, sollt ihr den Maulwurf, die Maus und die verschiedenen Arten der Eidechsen für unrein halten, nämlich den Gecko, die Koach- und die Letaa-Eidechse, den Salamander und das Chamäleon.
3 Mos 11,1–30

unterscheiden. Möglicherweise hat man sich da und dort geirrt und klammerte verschiedene „Problemfälle" wie das Kamel, das Schwein, das Pferd oder den Esel ganz einfach deswegen aus, weil man mit der inneren Logik der Speisegesetze nicht ganz zurechtkam: Die einen kauen zwar, haben aber keine gespaltenen Hufe. Das Schwein wiederum hat gespaltene Hufe, aber es kaut nicht.

Auch was Vögel und Fische betrifft, wird der paradiesische Zustand für verbindlich erklärt. Da in der Genesis vor dem Sündenfall nur von Vögeln in der Luft und Fischen im Wasser die Rede ist, werden – wie Reay Tannahill in ihrem Standardwerk „Food in History" überzeugend ausführt – alle Tiere, die in Zwischenformen leben, als Kreaturen behandelt, die erst nach der Vertreibung aus dem Paradies das Licht der Welt erblickten. Bei Schaltieren läßt es sich nicht so genau ausmachen, ob sie nun eigentlich im Wasser oder auf der Erde leben. Und da man Schwäne oder Pelikane kaum jemals fliegen sieht, konnte man sie auch nur schwerlich als „Vögel in der Luft" bezeichnen. In beiden Fällen waren sie also unrein, da nicht eindeutig „paradiesischen" Ursprungs.

Die Scheidung von reinen und unreinen Tieren ging nämlich damals auch weit über die Tafel hinaus. Es war beispielsweise verboten, den reinen Ochsen mit dem unreinen Esel in ein Geschirr zu spannen. Daß ausgerechnet diese beiden Tiere bei Jesu Geburt aus einer Krippe im Stall zu Betlehem futterten, kann daher auch als Symbol für jene Zeitenwende vom Alten zum Neuen Testament verstanden werden, welche die Aufhebung der bestehenden Speisegebote durch Jesus Christus mit sich bringen sollte.

Zu Gast in Abrahams Küche

Der erste bedeutende Gastgeber der Bibel ist der Erzvater Abraham, und sein Gast ist niemand anderer als Jahwe selbst. Wie jeder gute Gastgeber vergewissert sich Abraham zunächst einmal, womit er den von ihm erwarteten Besucher eine Freude machen könnte. Jahwe erweist sich während der Vision, in der er Abraham erscheint, in dieser Hinsicht auch als durchaus mitteilsam. Ein dreijähriges Rind wünscht er sich, einen dreijährigen Widder, eine Turteltaube und eine Haustaube. Abraham bereitet die gewünschten Stücke vor, und sie scheinen lecker genug zu sein, daß sich sogleich ein paar Raubvögel darauf stürzen, die Abraham allerdings sicherheitshalber verscheucht. (1 Mos 15,9–11) Als die Sonne untergeht, raucht bereits der Ofen, und eine lodernde Fackel fährt wie ein Blitz zwischen den Fleischstücken hindurch. (1 Mos 15,17–21) Jetzt erst steht das Mahl bereit, und Abraham kann mit Jahwe jenen Bund schließen, auf dem die weitere Geschichte des erwählten Volkes beruht.

Auch beim nächsten Besuch Jahwes erweist sich Abraham als vorzüglicher Wirt. (1 Mos 18,5–8) Gleich nachdem ihm der Herr erschienen ist, trägt er seiner Frau Sara auf, drei Sea Feinmehl anzurühren und Brotfladen daraus zu backen, während er selbst sich um die Zubereitung eines prächtigen Kalbes kümmert und den drei Sendboten des Herrn außerdem Butter und Milch auftragen läßt. (Zu Abrahams Zeiten galt das erst später formulierte Gebot, Fleisch von Milchprodukten streng zu trennen, offensichtlich noch nicht.)

Abrahams ausgeprägter Sinn für opulente Bewirtung mag nicht zuletzt mit der kulinarischen Tradition seiner Sippe zusammenhängen, die schließlich aus Ur in Südmesopotamien stammte, jener Stadt also, die am östlichen Zipfel des über Ninive und Damaskus bis Jerusalem reichenden sogenannten „fruchtbaren Halbmonds" lag und gewiß die ausgeprägteste agrikulturelle Hochkultur der

Als die Sonne untergegangen und es dunkle Nacht geworden war, setzte sich etwas wie ein rauchender Ofen in Gang und eine brennende Fackel fuhr zwischen den Fleischstücken hindurch.
1 Mos 15,17

Da rannte Abraham eilig in das Zelt zu Sara und sagte: „Nimm rasch drei Maß Mehl, Feinmehl, knete und backe Kuchen daraus!" Darauf lief Abraham zu den Rindern, nahm ein zartes und kräftiges Kalb und übergab es dem jungen Knecht, damit er es eilends zubereite. Dann holte er Butter und Milch sowie das zubereitete Kalb und wartete ihnen unter dem Baum auf, während sie aßen.
1 Mos 18,6–8

alten Welt hervorgebracht hat. Die Gegend im Zwischenstromland könnte dem, was man gemeinhin unter einem „Garten Eden" versteht, beträchtlich nahegekommen sein und durchaus ihre Spuren in Abrahams Küche hinterlassen haben. Es ist also so gesehen kein Wunder, wenn sich die jüdische Küche auch heute noch in vieler Hinsicht als ferner Abglanz des Wohlgeschmacks der bekanntermaßen raffinierten babylonischen Küche erweist.

Daß die Gastfreundschaft bei den Israeliten besonders großgeschrieben wurde, liegt freilich nicht nur an deren Herkunft, sondern vor allem auch daran, daß man sich die gesamte Schöpfung als großes Gastmahl und Gott selbst als Gastgeber vorstellte. Gott ist es, „der allen Geschöpfen Nahrung gibt" (Ps 136,25). Und Gott tritt sogar personifiziert als Gastfreund und Wirt auf: „Du deckst mir den Tisch vor den Augen meiner Feinde. Du salbst mein Haupt mit Öl, du füllst mir reichlich den Becher." (Ps 22,5)

Wohl nicht zuletzt auf solche Bibelstellen bezog sich der Pariser Scholast und Theologe Abaelard (1079–1142), wenn er lehrte, der Himmel sei ein Ort, an dem man all das bekäme, was man sich je gewünscht hätte, ja mehr noch: Man würde dessen auch niemals überdrüssig. Denn nachdem die Wünsche in Erfüllung gegangen seien, hätte das Gewünschte noch immer die nämliche Anziehungskraft wie in jener Zeit, als man es noch gewünscht hatte.

Die Idee vom Himmel als niemals endendem Festmahl findet sich – noch ausdrücklicher als in der Bibel – auch im Talmud wieder. Im Verlauf des dort geschilderten Menüs wurde übrigens der Leviathan, der von Jahwe bezwungene Chaosdrache, verspeist. Schließlich führte auch der Koran die Vorstellung von der himmlischen Mahlzeit weiter, wenn er sich den Himmel als eine Art von flächendeckender Gartenparty vorstellt, zu welcher die Auserwählten von Allah geladen werden. Wie kulinarisch solche himmlischen Feste verlaufen mögen, ahnt auch, wer sich den Psalm 34,9 auf der Zunge zergehen läßt, wo ganz und gar nicht zufällig davon die Rede ist, daß sich die Güte des Herrn auch sinnlich-organoleptisch erfahren läßt: „Kostet und seht, wie gütig der Herr ist; wohl dem, der zu ihm sich flüchtet."

Wildwochen im Hause Isaak

Esau war nicht gerade der Glückspilz der biblischen Geschichte. Eher schon könnte man ihn als das bezeichnen, was man gemeinhin einen Tölpel nennt. Seine Mutter Rebekka mochte ihn ob seiner Grobschlächtigkeit nicht recht leiden und zog ihrem Erstgeborenen seinen feinsinnigeren Zwillingsbruder Jakob vor. Schon Esaus Name ließ Rückschlüsse auf seinen Charakter zu und bedeutete soviel wie „reich behaart". Doch Esau hatte nicht nur Pech, sondern auch Glück: Er war ein guter Jäger und konnte daher seinen Vater stets mit den von ihm so geliebten Wildgerichten versorgen, weshalb Isaak ihm auch mehr Zuneigung entgegenbrachte als Jakob (1 Mos 25,28).

Esau hatte offenbar einen weniger elaborierten Gaumen als sein Vater und lieferte das Wild brav an die Küche ab, während er sich selbst für seine anstrengende Tätigkeit mit deftiger Kraftnahrung fit hielt: Jedenfalls ergriff eine unstillbare Sehnsucht nach jenem roten Linsenbrei von ihm Besitz, den Jakob, allem Anschein nach auch ein geschickter Koch, gerade zubereitet hatte. Die Aussicht auf eine sättigende Mahlzeit bedeutete Esau sogar

Isaak hatte Esau lieb, denn er aß gern Wildbret.
1 Mos 25,28

Einst bereitete Jakob gerade ein Gericht zu, als Esau ganz erschöpft von der Feldarbeit heimkehrte. Esau sagte zu Jakob: „Gib mir schnell von dem roten Brei, denn ich bin ganz erschöpft." Jakob antwortete: „Verkaufe mir zuvor dein Erstgeburtsrecht!" Esau erwiderte: „Nun, ich muß ja doch sterben, was nützt mir da das Recht der Erstgeburt?" Jakob aber sagte: „Du mußt es aber vorher beschwören." Da schwörte er ihm und verkaufte sein Erstgeburtsrecht an Jakob. Darauf reichte Jakob Esau die Mahlzeit; es war ein Linsengericht. Der aß es auf, trank dazu und ging seines Wegs. So gering schätzte Esau das Recht der Erstgeburt.
1 Mos 25,29–34

27

mehr als sein Erstgeburtsrecht, das er kurzerhand an den schlauen Jakob verkaufte, der ihn nach Abschluß des Geschäfts die Linsensuppe in aller Ruhe auslöffeln ließ.

Der zarte Duft des Fleisches wilder Böckchen trug schließlich auch dazu bei, daß Esau nicht nur um sein Erstgeburtsrecht, sondern auch noch um den zu biblischen Zeiten so begehrten letzten Segen seines im Sterben liegenden Vaters gebracht wurde. Der listige Jakob drängte sich unter der Vorspiegelung, er sei sein Bruder, mit einem von Rebekka zubereiteten Wildgericht zu Isaak vor, während Esau noch auf der Jagd war.

Als der blinde und greise Isaak gemeinsam mit dem nunmehr zweifach geprellten Esau den Betrug durchschaute, geschah allerdings etwas Seltsames: Isaak nahm seinen Segen für Jakob nicht nur nicht zurück, sondern stellte dem unmäßigen Esau auch noch recht magere Zeiten in Aussicht: „Fern vom Fett der Erde mußt du wohnen, fern vom Tau des Himmels droben." Ob diese Strafe allerdings eher Esaus Dummheit oder seiner Gefräßigkeit galt, verschweigt die Bibel.

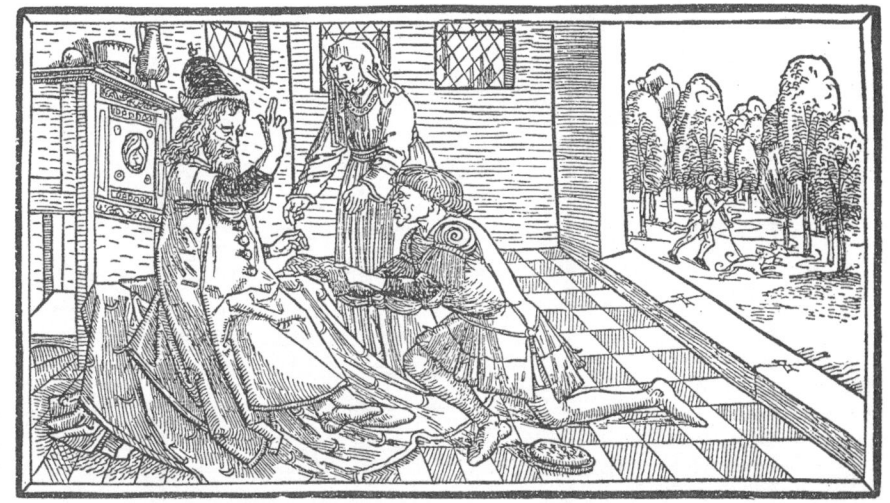

Esaus Sehnsucht nach einem Linsengericht gilt seither als Synonym für Freßsucht und blinden, unreflektierten Hedonismus. Esau hatte sich nämlich, ohne es in seiner gefräßigen Tumbheit so recht zu ahnen, gegen eine der Grundmaximen der göttlichen Kulinarik vergangen: Da alle Speise von Gott geschaffen ist, ist sie auch in Fülle vorhanden, weshalb sich jener, der sich Gott anvertraut, um Speise und Trank nicht zu sorgen braucht. Durch den Verkauf seines Erstgeburtsrechts gegen einen Linsenbrei zeigte Esau daher ganz einfach zu wenig Gottvertrauen und wurde dafür mit dem Entzug seiner fetten Weiden bestraft. Dennoch hat Gott letztlich auch bei einem so notorischen Gourmand wie Esau ein Auge zugedrückt: Nachdem dieser sich später mit Jakob wieder versöhnt hatte, schenkte der Herr ihm ein Stück Land und machte ihn zum Stammvater der Edomiter. (1 Mos 36) An Isaaks Neigung zu feinen Wildgerichten, die schließlich die Urschuld an dem Zerwürfnis der beiden Brüder trugen, ist in der Bibel allerdings nirgendwo Kritik laut geworden.

Bringe mir ein Wild und bereite eine leckere Mahlzeit daraus zu; dann will ich essen und dich vor Jahwe segnen, bevor ich sterbe.
1 Mos 27,7

Da sagte er: „So reiche es mir her! Ich will von dem Wildbret meines Sohnes essen, damit meine Seele dich segne." Da brachte es ihm Jakob, und Isaak aß.
1 Mos 27,25

Moses oder der moderate Luxus

*Wären wir doch durch
Jahwes Hand in Ägyp-
ten gestorben, als wir
noch bei unseren Fleisch-
töpfen saßen und uns satt
essen konnten!*
2 Mos 16,3

*Moses antwortete: „Mit
Jung und Alt, mit
unseren Söhnen und
Töchtern, mit unseren
Schafen und Rindern
wollen wir ziehen, denn
wir wollen mit Jahwe
ein Fest feiern."*
2 Mos 10,9

*Das Volk nahm Platz,
um zu essen und zu trin-
ken, und es stand auf,
um sich zu vergnügen.*
2 Mos 32,6

Nichts prägt den Geschmack des Menschen so sehr wie die Art und Weise, auf die ihn seine Mutter zu essen gelehrt hat. Dem Begriff des Vaterlandes steht seit eh und je jener von Mutters Küche gegenüber. Kulturanthropologen, die sich mit der Problematik beschäftigt haben, ob Geschmack denn tatsächlich eine Geschmackssache sei, sehen den Hintergrund der unterschiedlichen Ernährungsweisen der Völker daher nicht nur ökonomisch und ökologisch, sondern vor allem auch pädagogisch und psychologisch begründet.

Für Moses galt dies vermutlich wie für jeden anderen auch. Und da er es nun einmal ist, dem wir – wenn auch nur in seiner Funktion als Mittler zwischen Gott und seinem erwählten Volk – die unzähligen Speisegebote und Vorschriften der Bibel verdanken, so scheint es durchaus

angebracht, sich mit Moses' kulinarischer Erziehung und der Heranbildung seines Gaumens etwas näher zu befassen.

Die Bibel selbst verrät uns über die Zeitspanne, in der Moses seine Eß- und Trinkgewohnheiten entwickelte, relativ wenig. Wir erfahren nur soviel, daß er dem vom Pharao verordneten Genozid am männlichen Nachwuchs des Volkes Israel auf recht romantische Weise entrann: Moses' Mutter gehorchte zwar dem Buchstaben nach dem Gebot des Pharao, alle männlichen Nachkommen in den Nil zu werfen, setzte ihren Jungen jedoch in ein Binsenkörbchen, wo der kleine Moses unter der Aufsicht seiner Schwester, die diesem notdürftigen Schiffchen am Ufer folgte, so lange den Nil hinabtrieb, bis er von einer Tochter des Pharao aufgefunden wurde. Die Schwester erbot sich, eine Amme ausfindig zu machen, die dieses – wie das Buch Exodus gleich am Beginn zu erzählen weiß – ganz besonders schön geratene Kind stillte. Später nahm die Tochter Pharaos Moses an Sohnes statt an.

Auch wenn Moses durch seine Schwester offenbar weiter in losem Kontakt zu seinem Volk blieb, so darf man dennoch davon ausgehen, daß er keineswegs in der jüdischen Tradition erzogen wurde. Er genoß vielmehr alle Annehmlichkeiten eines Prinzen am ägyptischen Hof und war, wie er später selbst zugab, nicht beschnitten. Es ist also durchaus anzunehmen, daß durch die Bekanntschaft Moses' mit der opulenten Prachtentfaltung in der Umgebung seiner Ziehmutter so manches an ägyptischer Alltagskultur in die Lebensweise der Israeliten eingeflossen ist. Wie sehr sich das Bild der „Fleischtöpfe Ägyptens" (2 Mos 16,3) in den geheimen Sehnsüchten der Israeliten eingeprägt hatte, erfahren wir spätestens, wenn Gottes Volk angesichts der Entbehrung derartiger Genüsse in der Wüste zu murren beginnt.

Um zu ermessen, was die Israeliten später in der Wüste entbehren sollten, sei ein kleiner Exkurs in den kulinarischen Alltag am Hofe des Pharao gestattet, wie er

Der Herr hat euren Vätern ein Land verheißen, das von Milch und Honig überfließt. (...) Es ist ein Land, für das Jahwe, dein Gott, das ganze Jahr über Sorge trägt. Und wenn ihr gegen seine Gebote, deren Befolgung ich euch heute auftrage, gehorsam seid, (...) so wird er eurem Lande zur rechten Zeit Regen spenden, Frühregen und Spätregen, so daß du dein Getreide, deinen Most und dein Öl einbringen kannst. Auch wird er auf deinem Felde Gras für dein Vieh gedeihen lassen, und du selbst wirst stets satt werden.
5 Mos 11,9–15

sich um die Zeit des Auszugs der Israeliten aus Ägypten, also etwa 1450 v. Chr. (andere Angaben sprechen von 1200 v. Chr.) darstellte.

Ebenso wie Moses als Angehöriger der Königsfamilie mit ziemlicher Sicherheit in die Mysterien der ägyptischen Geheimlehre und in die hermetische Magie eingeweiht war (Stephanus bezieht sich darauf in Apg 7,22), wurde er auch des materiellen Lebens am Königshof teilhaftig. Seine Erziehung erhielt Moses vermutlich gemeinsam mit königlichen Erben aus Syrien und anderen Ländern in der Abgeschlossenheit eines „goldenen Käfigs". Die Prinzen aus den tributpflichtigen Ländern wurden am Hofe Pharaos nämlich in strengem Gewahrsam gehalten, weil sie nicht nur auf die spätere Vertretung ägyptischer Interessen vorbereitet werden sollten, sondern auch eine Art Geiselrolle spielten, die den beständigen Steuer- und Abgabenfluß aus den Vasallenstaaten gewährleisten sollte.

Der Königspalast war von prachtvollen großen Gärten gesäumt, die von Kanälen durchflossen wurden, an deren abgetreppten Ufern die feinsten Gemüse gediehen. Sykomoren, die entlang der Gartenmauern gesetzt waren, spendeten Schatten an den Rändern der Gärten,

während in deren Zentren ganze Haine von Dattelpalmen gediehen, die von flinken Knaben ebenso ab-
geerntet wurden wie von eigens dafür abgerichteten
Schimpansen. Üppig wuchernde Weinreben rankten
sich an Papyrusstengeln empor. In den Kanälen und
Teichen tummelten sich Nilbarsche und andere Speise-
fische, auf den Wassern sah man Reiher, Kraniche, die
wilde Nilgans und – neben einigen anderen Entenarten –
die Spießente. Es gab die Taubentürme, in denen Haus-
und Felsentauben ihre Schwingen ausbreiteten. In den
Stallungen wurden Rinder, Schafe, domestizierte nubi-
sche Wildesel, Hausziegen, Schweine, gezähmte Antilopen, Hyänen, Mähnenschafe und Gazellen gehalten.
Man kannte bereits das Stopfen von Gänsen. Zu auserlesenen Speisen trank man Bier, das – da man den
Hopfen noch nicht kannte – mit Gewürzen aromatisiert
war. Gegessen wurde nicht an einer gemeinsamen Tafel,
jedes Mitglied des Hofstaats saß vielmehr auf einer Matte
vor einem niederen kleinen Tischchen, das mit Blumen
geschmückt war. Man aß mit den Fingern und ließ sich

*Nach Herzenslust darfst
du in all deinen Ort-
schaften schlachten und
Fleisch essen, soviel dir
der Segen deines Gottes
Jahwe zuteilt. Wer un-
rein und wer rein ist,
darf davon essen, wie
von der Gazelle und
vom Hirsch. Nur das
Blut dürft ihr nicht ge-
nießen, ihr müßt es viel-
mehr wie Wasser auf die
Erde gießen.*
5 Mos 12,15–16

*Verwahre dein Geld
gut bei dir und begib
dich an einen Ort, den
Jahwe, dein Gott, aus-
gewählt hat, kaufe dann
für das Geld alles, was
du begehrst, Rinder und
Schafe, Wein und
Rauchtrank, eben alles,
worauf du Lust hast, und
halte dort vor Jahwe,
deinem Gotte ein Mahl
und sei fröhlich mit
deiner Familie.*
5 Mos 14,24–26

Über die Berge des Landes läßt er ihm schreiten, mit den Früchten des Feldes versorgt er ihm, läßt Honigwein ihm aus den Felsen schlürfen und Öl aus dem Kieselgestein, Dickmilch von Kühen und Ziegen mitsamt dem Fett von Lämmern und Widdern, Baschanwiddern und Ziegenböcken, dazu mit Nierenfett zubereiteter Weizen sowie Traubenblut, das Wonnegetränk. Jakob aß und wurde satt, Jeschurun ward üppig und schlug aus, ja üppig und dick und feist bist du geworden.
5 Mos 32,13–15

die Hände anschließend von den Dienern mit Duftwässern abspülen.

Moses hat das alles kennengelernt – die Salbungen mit duftenden Ölen aus blauem und rotem Lotus, die ausgedehnten Waschungen mit wohlriechenden Essenzen, den Genuß von mit Kräutern versetztem Wein, die Übung, vor dem Essen allerhand delikate Happen zu verkosten. Allesamt „erlaubte Genüsse", die auch von den Schriften des Alten Testaments keinesfalls geächtet wurden.

Nach seiner Flucht in die Wüste mußte sich Moses freilich mit dem Allereinfachsten begnügen. Er führte das Leben eines midianischen Hirten, „tränkte Schafe und Ziegen" (2 Mos 2,17) und erwarb, während er mit seiner zukünftigen Frau Zippora schäkerte, wohl auch jene Fähigkeit, selbst in der kärglichsten Einöde zu überleben. Es war eine Fähigkeit, die Moses später, als er mit seinem Volk die Wüste durchquerte, durchweg zugute kommen sollte.

Moses kannte die Eßkultur seiner Zeit von beiden Enden der Tafel: von jener der Reichen und von jener der Armen. Beide Erfahrungen sind wohl auch in die biblischen Speisegebote eingeflossen, an denen – bei allen auferlegten Einschränkungen – vor allem zweierlei auffällt: Im Dekalog, den Zehn Geboten Gottes, bleibt der kulinarische Genuß völlig unerwähnt – und gegen einen zumindest moderaten Luxus findet sich, soferne er mit der Tugend des Maßhaltens verknüpft ist, im Alten Testament kaum ein ernsthafter Einwand.

Passah oder die Erfindung
des Fast food

Vom Philosophen Odo Marquard stammt die nicht allzu sympathische, aber leider auf vielerlei Tatsachen gestützte These, daß das totale Fest der Krieg sei. Als großer Ausnahmezustand sorge er für ein vollständiges Moratorium des Alltags und damit für das bei jeglichem Fest angestrebte Spannungsmoment. Selbst durchaus friedliche Feste haben oft genug – man denke nur an den 14. Juli in Paris oder an andere Nationalfeiertage – ihren Ursprung in gewaltsamen, oft sogar kriegerischen Handlungen.

Auch Passah, Pascha, Pessah oder Pessach, das größte Fest des Alten Bundes (und wenn man das Letzte Abendmahl als dessen symbolische Fortsetzung betrachtet, auch des Neuen Testaments), hat seinen Ursprung in einer kriegerischen Handlung. Oberster Kriegsherr ist niemand anderer als Gott Jahwe selbst, der im Kampf um die Befreiung des von ihm erwählten Volkes aus dem Joch der ägyptischen Herrschaft wie ein mit allen Wassern gewaschener Feldherr vorgeht. Er setzt dabei auf eine ebenso langsame wie wirkungsvolle Zermürbungstaktik, auf ein allmähliches Crescendo des Leidens,

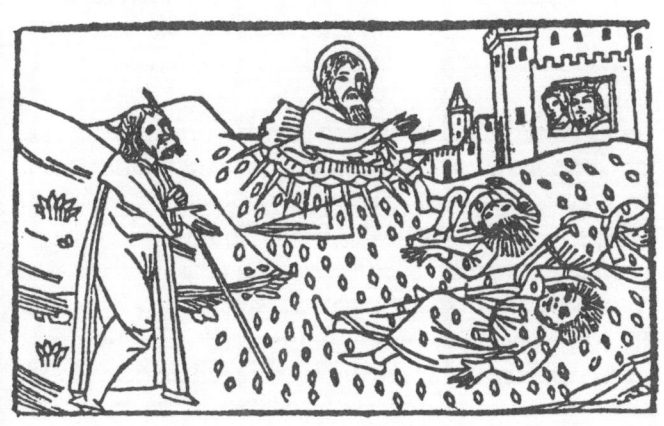

Am Zehnten dieses Monats soll sich ein jeder ein Lamm für eine Familie, ein Lamm für jedes Haus besorgen. Wenn aber eine Familie zu klein für ein ganzes Tier ist, so nehme man eines zusammen mit seinem Nachbarn, je nach der Zahl der Personen. Ihr sollt bei der Aufteilung berücksichtigen, wieviel jeder essen kann, und ihr müßt dafür ein fehlerfreies, männliches und einjähriges Tier auswählen. Dazu dürft ihr ein Lamm oder Ziegenböcklein nehmen. Bis zum vierzehnten Tag dieses Monats sollt ihr es aufbewahren. Dann soll es die ganze Gemeinde Israel gegen Abend schlachten. Von dem Blute aber sollen sie etwas nehmen und es an die beiden Türpfosten und an den First der Häuser streichen, in denen sie es essen. Das Fleisch sollen sie in der gleichen Nacht verzehren, am Feuer gebraten, mit ungesäuertem Brot und bitteren Kräutern sollen sie es essen.

das den Feind überall dort trifft, wo es ihn am meisten schmerzt. Zunächst verwandelt er die Lebensader des Landes, den Nil, in Blut. In weiterer Folge sendet er Frösche, Stechmücken, Bremsen, Viehseuchen, Geschwüre, Hagel, Heuschreckenheere und schließlich eine totale Finsternis über das Land, bis Jahwe schließlich endgültig zum vernichtenden Schlag ausholt: Er veranstaltet, ja man möchte geradezu sagen, er zelebriert ein Blutgericht, das alle Anzeichen eines Festes an sich trägt: den Ausnahmezustand, das Ritual, die aus dem Moratorium des Alltags entstehende Spannung – und schließlich den Sieg, den es zu feiern gilt.

Durch die Art, wie Jahwe das Passah-Fest anlegt und organisiert, dokumentiert er vor seinem Volk auf äußerst eindrucksvolle Weise, daß er der Eine Gott ist, jener Gott, den niemand zum Feind haben will. Um Mitternacht, so läßt Jahwe durch Moses verkünden, werde er durch Ägypten gehen und alles Erstgeborene, ob Mensch oder Tier, vernichten, das nicht an dem von ihm ausgerichteten Passah-Feste teilnehme.

Den jüdischen Festgedanken hat niemand besser durchschaut als Sigmund Freud, als er in „Totem und Tabu" schrieb: „Ein Fest ist ein gestatteter, vielmehr ein gebotener Durchbruch eines Verbotes. Nicht weil die Menschen infolge irgend einer Vorschrift froh gestimmt sind, begehen sie die Ausschreitungen, sondern der Exzeß liegt im Wesen des Festes; die festliche Stimmung wird durch die Freigebung des sonst Verbotenen erzeugt."

Die Anordnungen für die genauen Vorkehrungen, die Jahwe seinem Fest vorausgehen läßt, sind mit der Präzision eines peniblen Zeremonienmeisters formuliert. Nichts, von der Auswahl, Zubereitung und richtigen Würzung der genossenen Speisen über das Auslösen und Anrichten des Festtagsbratens bis hin zu den Kräutern, die zum vorgeschriebenen, ungesäuerten Brot gereicht werden sollen, nichts davon überläßt Jahwe dem Zufall. Bittere Kräuter, so ordnet er an, sollen es sein, und meint

damit – nach übereinstimmender Auffassung der meisten Bibelforscher – vor allem Chicoree, Wasserkresse, Sauerampfer, Löwenzahnblätter und Kopfsalat. Im übrigen trägt Jahwe auf vielerlei Weise dafür Sorge, daß sein Fest nicht in einer Orgie der Ausschweifung münden möge. Er macht das Passah-Fest zur ersten Fast-food-Mahlzeit der Geschichte, indem er ausdrücklich das Gebot erläßt, mit gegürteten Hüften, in Schuhen und mit dem Wanderstock in der Hand – also in Eile – zu essen.

Die gebotene Eile äußert sich auch in der Namensgebung für das Fest. Passah bedeutet auf hebräisch soviel wie Vorbeischreiten, Vorübergehen. Das bezieht sich gewiß zunächst auf den an den Häusern vorbeidefilierenden Jahwe, aber auch darauf, daß es eine Mahlzeit ist, die gewissermaßen en passant eingenommen wird und außerdem am Beginn einer großen Passage, nämlich der Durchquerung der Wüste auf dem Weg ins Gelobte Land, steht.

Das Passah-Fest wird allerdings auch Seder-Abend genannt. Seder heißt soviel wie Ordnung, und somit ist Passah auch ein Fest des Gehorsams. Wer sich durch Nichteinhaltung einer der Vorschriften selbst von der

Ihr dürft nichts davon roh oder in Wasser gekocht essen, sondern dürft nur verzehren, was am Feuer gebraten wurde; sein Kopf muß noch mit den Schenkeln und dem Rumpf zusammenhängen. Bis zum nächsten Morgen dürft ihr nichts davon übriglassen. Was übrigbleibt, sollt ihr dem Feuer übergeben. Und so sollt ihr es essen: mit gegürteten Hüften, die Schuhe an den Füßen und den Stab in Händen. Ihr sollt es in Eile essen. Ein Passah ist es für Jahwe.
2 Mos 12,3–11

Festgemeinschaft ausschließt, wird als Feind behandelt und verliert – wie die Ägypter – seine Erstgeburt.

Mittlerweile hat die Tradition der Festesfreude beim jüdischen Passah-Fest die Erinnerung an das damit verbundene Blutgericht längst überlagert. Ein Seder-abend-Gebet lautet beispielsweise: „Zur Läuterung des Herzens und zur Freude an Gott sind uns die Feste ver-liehen." Es wird aus der Haggadah („had gadja" ist nichts anderes als der Ausdruck für ein Lämmlein) gelesen, der Geschichte des Auszugs der Juden aus Ägypten.

Das Passah-Fest ist somit eines der drei großen jüdi-schen Wallfahrtsfeste, an denen die Juden durch göttliche Weisung aufgerufen waren, nach Jerusalem zu pilgern. Die beiden anderen sind das Schawuoth-Fest (das Fest der Offenbarung auf dem Berg Sinai, aus dem das christ-liche Pfingsten entstand) und das vor allem dem Ernte-dank gewidmete Laubhüttenfest im Herbst, das an die Wanderung der Israeliten durch die arabische Wüste erinnern soll.

Bei den heute noch anläßlich der familiären jüdischen Seder-Feier gereichten Speisen steht nicht in erster Linie die Sättigung, sondern deren Symbolgehalt im Vorder-grund. Ein kleiner, angebratener Knochen, an dem nur ein Fetzchen Fleisch hängen soll, erinnert daran, daß es für die Juden nach der Zerstörung ihres Tempels kein Opfer mehr gibt. Das Passah-Ei (ein entfernter Ver-wandter des Ostereis) gemahnt an die Zerbrechlichkeit der menschlichen Existenz. Die bitteren Kräuter sind eine Reminiszenz an das Los der Sklaverei im ägypti-schen Exil. Auch das ebenfalls gereichte Mandel- und Apfelmus erinnert in seiner lehmigen Konsistenz an die mit dem Passah-Fest endgültig überwundene Fronarbeit, als die Juden Ziegel für die Bauten Pharaos herstellen mußten. Ein Becher mit Salzwasser oder Essig symbo-lisiert die vor der Befreiung aus der Sklaverei vergosse-nen Tränen.

Das Passah-Fest ist jedoch vor allem auch rezeptions-geschichtlich von eminenter Bedeutung für die historische

Entwicklung von Juden- und Christentum. Die Festzeit
beginnt am 14. Nisan (dem eigentlichen Seder-Abend),
dem ersten Monat des jüdischen Kalenders, also etwa in
der Zeit zwischen März und April, und dauert sieben
Tage. Die Kreuzigung Christi fand am 15. Nisan statt. Das
Abendmahl hätte also durchaus auch eine Seder-Feier gewesen sein können, was allerdings, wie wir noch sehen
werden, eine nicht ganz unwidersprochene These ist. In
jedem Fall stehen das christliche Oster- und das jüdische
Seder-Fest in einem offensichtlichen Zusammenhang
und gerieten dadurch auch in eine Art von Konkurrenz,
die mit für die Juden letztlich katastrophalen Folgen aus-
getragen wurde.

Der blutige Ursprung und die detaillierte Ritualisierung
des Passah-Mahls gaben den Propagandisten des jungen
Christentums nämlich jede Menge Material in die Hand,
um das jüdische Seder-Mahl als eine Art von schwarzer
Messe und damit als Inbegriff der Gott-Losigkeit zu
denunzieren.

Dann brieten sie das Passahlamm wie es Vorschrift war über dem Feuer. Die heiligen Gaben aber kochten sie in Töpfen, Pfannen und Schüsseln und brachten sie schnell zu allen Angehörigen des Volkes.

2 Chr 35,13

In seiner „Nizäanischen Epistel über die Paschafrage" schrieb Kaiser Konstantin der Große 324 n. Chr.: „Als sich die Frage über den heiligen Tag des Pascha erhob, wurde es allgemein für geziemend erachtet, daß alle überall an einem Tag dasselbe feiern. (...) Besonders wurde es allgemein für unwürdig erklärt, bei diesem heiligen Feste der Gewohnheit der Juden zu folgen, welche ihre Hände mit dem schrecklichsten Frevel befleckt haben und deren Seele blind ist. Mit Verwerfung ihrer Sitte können wir nach einer wahreren Ordnung, welche wir vom ersten Leidenstage Christi an bis jetzt bewahrt haben, unsere Osterfeierweise fortvererben. Nichts sollen wir also gemein haben mit dem feindseligen Judenvolk, denn wir haben von dem Erlöser einen anderen Weg erhalten, unserer Gottesverehrung liegt ein anderer, gesetzlicher und geziemender Lauf vor, und diese Weise einträchtig aufnehmend, wollen wir uns, teuerste Brüder, der schlechten Gemeinschaft der Juden entziehen; denn es ist wirklich ganz abgeschmackt, was sie prahlerisch behaupten, daß wir ohne ihre Anweisung dies Fest gar nicht feiern können."

Diese Propaganda des frühen Christentums mündete schließlich geradewegs in die Judenpogrome des Mittelalters, zu deren Anlaß und Rechtfertigung man zumeist die antisemitische Propagandalüge nahm, daß die Juden ihr Mazzot – den Osterkuchen – angeblich mit Christenblut und geschändeten Hostien buken.

Die Reaktion der Juden auf derlei Verleumdungen war vergleichsweise harmlos. Da sie ihren Verfolgern ohnedies allein schon zahlenmäßig wehrlos gegenüberstanden, beschränkten sie ihre Abwehr darauf, das Passah-Mahl mit einem Appell an den Zorn Jahwes zu verbinden: „Schütte deinen Grimm über die Völker aus, die dich nicht anerkennen", so betete man im Mittelalter zwischen dem dritten und vierten Becher Wein, der zum Mahle gereicht wurde und stieß dabei die Tür auf – ein Brauch, der, wenn man das Schicksal des jüdischen Volkes in der Diaspora bedenkt, mehr als nur verständlich ist.

Manna oder das himmlische Picknick

Die Wüstenwanderung der Israeliten begann nach dem Auszug aus Ägypten, kulinarisch betrachtet, durchaus vielversprechend. Aus dem Bitterwasser, das sie in der Wüste Schur antrafen, wurde nämlich, nachdem Moses auf Jahwes Geheiß ein Stück Holz in die Fluten geworfen hatte, im Handumdrehen köstliche Limonade. Wie sie genau geschmeckt hat, darauf geht die Bibel allerdings nicht ein. Im Buch Exodus (2 Mos 15,25–27) ist jedoch ausdrücklich von „süßem Wasser", zwölf Quellen und einem Lagerplatz unter siebzig Palmen die Rede.

Bei diesem romantischen Oasenidyll konnte es freilich nicht lange bleiben. Schon bald begannen nämlich viel härtere Zeiten in der kargen Wüste Sin zwischen Elim und Sinai. Es regte sich denn auch kurz darauf ein entsprechend laut vernehmliches Murren (2 Mos 16,2–3) unter dem von knurrenden Mägen geplagten Volk. Und Jahwe blieb – wollte er die Seinen einigermaßen bei Laune halten – wohl gar nichts anderes übrig, als den Picknickkorb für die Israeliten selbst zu schnüren. Vor allem waren es zwei Zutaten, mit denen Gott das hungrige Volk versorgte: Er schickte Wachteln, die sich (2 Mos 16,13) auf besonders opulente Weise gleich in ganzen Schwärmen

In der Wüste murrte die ganze Gemeinde der Israeliten gegen Mose und Aaron. Die Israeliten sagten zu ihnen: „Wären wir doch durch die Hand Jahwes in Ägypten gestorben, als wir noch bei unseren Fleischtöpfen saßen und uns satt essen konnten. Doch ihr habt uns in diese Wüste geführt, um das ganze Volk verhungern zu lassen." Da sprach Jahwe zu Mose: „Nun gut, ich will euch Brot vom Himmel regnen lassen. Das Volk soll dann hinausgehen, um sich seinen täglichen Bedarf zu sammeln. Damit will ich prüfen, ob es meiner Weisung entsprechend leben will oder nicht. Wenn sie aber am sechsten Tag das Heimgebrachte zubereiten, so wird es doppelt soviel sein, als sie sonst täglich eingesammelt haben.

2 Mos 16,2–5

Und tatsächlich: Am Abend flog ein ganzer Schwarm von Wachteln heran und ließ sich über dem Lager nieder. Am Morgen aber war tauender Nebel rings um den Lagerplatz. Als der tauende Nebel aufstieg, lag da etwas Feines, Körniges auf dem Boden, fein wie Reif auf der Erde. Als die Israeliten dies erblickten, fragten sie: „Was ist das?" Denn sie wußten nicht, was es war.
2 Mos 16,13–15

Was ihr backen wollt, das backt, und was ihr kochen wollt, das kocht.
2 Mos 16,23

einstellten. Vor allem aber sandte Jahwe eine Art von äußerst vielseitig adaptierbarem Convenience food: das Manna.

Mit den Wachteln war es, wie wir später im Buch Numeri (4 Mos 11,31–35) erfahren, eine zweischneidige Sache. Dienten sie zunächst noch als probater Ersatz für die so lange vermißten Fleischtöpfe Ägyptens, so entpuppten sie sich für die hungrigen Israeliten über kurz oder lang als geradezu tödliche Versuchung: Auf dem Weg vom Berg Sinai nach Kadesch aßen sie das wilde Federvieh roh, was mit der biblischen Lebensmittelhygiene unvereinbar war und viele der eiligen Schlemmer das Leben kostete. Daß der unheilige Wachtelschmaus eine völlige Verkehrung von Gottes Willen war, entnimmt man am besten dem Namen des Ortes, an dem es stattfand: „Kibrot-Hattaawa" bedeutet soviel wie „Lust- oder Giergräber".

Mit dem Manna verhielt es sich indessen anders. Im Gegensatz zu den höchst irdischen Wachteln, die sich als Zugvögel zweimal jährlich im März und im September auf dem Weg zwischen Rotem Meer und Sinaihalbinsel in der Wüste zur Rast niederlassen, besteht beim Manna von vornherein Klarheit darüber, daß es sich um eine

Speise handelt, die nicht von dieser Welt ist. Nicht zufällig wird sie auch als Himmelstau bezeichnet, auch wenn sie ihr tatsächliches Zustandekommen wohl der Dunstküche der Wüste verdankte.

Manna ist ein sämiger, tröpfchenweise verabreichter Lebenssaft, dessen Ursprung im Göttlichen liegt. Der Saft köchelt in der Sonnenhitze vor sich hin, bis er eine Konsistenz wie verdickte Milch oder Honig hat. Kurzum: Manna ist ein Vorgeschmack des Himmels, vor allem aber auch einer des Landes, in dem es, wie die biblische Prophezeiung lautet, von Milch und Honig fließt. Manna ist dem Tau ebenso verwandt wie dem Schweiß, es ist – könnte man zusammenfassend sagen – Körpersaft und Erdsaft zugleich.

Über die tatsächliche Beschaffenheit des Manna wurde und wird viel gerätselt. In den Schriften des Cabaeus findet sich die These, daß es zweierlei Arten von Manna gegeben haben müsse, zum einen eine reifartige, tauig verdickte Luft, zum anderen ein aus Eschen und Buchen in der Sommerhitze triefendes Harz. Auch der antike Arzt Galenus berichtete bereits darüber, daß das tauige Manna in den Bergen mit ausgebreiteten Häuten aufgefangen wurde.

In den Sagen der Juden, die Micha Josef bin Gorion gesammelt hat, liest man über das Manna: „Das Gute, das war das Manna. So sprachen die Kinder Israel zu Jethro: Dies Manna, das uns der Herr beschert hat, mundet uns wie Brot und wie Fleisch, wie Fische und wie Heuschrecken; es hat den Geschmack aller köstlichen Speisen, die es in der Welt gibt."

Andererseits entnehmen wir der Heiligen Schrift, daß das Volk Gottes selbst einer solchen „Köstlichkeit" irgendwann überdrüssig wurde und darüber zu murren begann. Vielleicht war das Manna in Wirklichkeit also gar keine Delikatesse, sondern lediglich eine Art von delikatem Wahn.

Das würde auch erklären, warum die Meinungen über die wahre Substanz des Manna ziemlich stark aus-

Das Volk Israel nannte es Manna. Es war weiß wie Koriandersamen und schmeckte wie Honigkuchen.
2 Mos 16,31

Die Israeliten aßen das Manna vierzig Jahre lang, bis sie in bewohntes Gebiet gelangten.
2 Mos 16,35

Wer gibt uns endlich wieder Fleisch zu essen? Wir denken an die Fische, die wir in Ägypten umsonst zu essen bekamen, an die Gurken und Melonen, an den Lauch, an die Zwiebeln und an den Knoblauch. Jetzt aber sind wir dem Verschmachten nahe, denn es ist gar nichts da, nichts kommt uns unter die Augen, nichts als Manna.
4 Mos 11,5–6

Das Manna war wie Koriandersamen und sah aus wie Bedelliumharz. Die Leute streiften herum und lasen es auf, dann mahlten sie es in ihren Handmühlen, oder sie zerstießen es im Mörser, sie kochten es im Topf und machten Kuchen daraus; es schmeckte wie Ölkuchen. Und wenn nachts der Tau auf das Lager fiel, so regnete auch das Manna darauf herab.
4 Mos 11,7–9

Alsdann erhob sich ein Windstoß, der von Jahwe gesandt wurde. Dieser brachte vom Meer her einen Wachtelschwarm und brachte ihn dazu, sich über dem Lager niederzulassen. (...) Da machte sich das Volk daran, anderthalb Tage lang die Wachteln einzufangen. (...) Sie breiteten die Tiere rings um das Lager zum Dörren aus. Noch aber war das Fleisch zwischen ihren Zähnen, und noch war es nicht völlig aufgebraucht, da entbrannte auch schon Jahwes Zorn gegen das Volk, und Jahwe bestrafte das Volk mit einer schweren Heimsuchung. Den Namen jenes Ortes nannte man Kibrot-Hattaawa (Giergräber); denn dort begrub man das von seiner Raffgier getriebene Volk.

4 Mos 11,31–34

einandergehen. „Das eine Mal heißt es vom Manna, wie Brot sei es gewesen", lesen wir bei Josef bin Gorion, „an einer anderen Stelle, daß es dem Öl glich, an einer dritten, daß es wie Honig schmeckte. Wie ist das zu verstehen? Den Jünglingen, wenn sie es aßen, war es Brot; wie Öl ging es den Greisen ein; und den kleinen Kindern mundete es süß wie Honig." Und manchen Israeliten, so könnte man vielleicht noch hinzufügen, wird es vielleicht auch wie ein Gericht von Heuschrecken gemundet haben, die in Wüstengebieten auch heute noch zubereitet werden und mancherorts sogar als besonderer Leckerbissen gelten.

Josef bin Gorion geht jedoch nicht nur auf den Geschmack des Mannas ein, sondern auch auf die Form, in welcher es anläßlich dieses „himmlischen Picknicks" angerichtet wurde: „Die Schrift lehrt: Es lag auf der Erde wie Schuppen – nämlich ein Reif lag auf der Erde, gleichsam ein großer Teller, und darauf lag das Manna, daß die Kinder Israel es sauber auflesen konnten."

Die Erde als Teller – das erinnert an das eßbare Paradies ebenso wie an die Ewigkeit als Einladung zu einer immerwährenden Mahlzeit. Im Manna trifft sich also die Vorstellung einer Welt vor dem Sündenfall mit jener von der Welt nach ihrer Erlösung. Manna ist eine ferne Erinnerung an den Garten Eden gleichermaßen wie ein Vorgriff auf den „Geschmack der Ewigkeit".

Es ist in diesem Zusammenhang nur folgerichtig, daß das Manna später in der Heiligen Schrift auch Himmelsbrot oder Engelbrot genannt wird. (Ps 78,23–25) Weil es vom Himmel kommt und zum Gelobten Land und mithin letztlich zur Erlösung führt, deswegen heißt das Manna auch mit Recht „panis angelicus".

Letztlich sind das freilich alles theologische Spekulationen. Wenn wir die Schrift darauf reduzieren, was die Bibel tatsächlich über das Manna erzählt, so erfahren wir unter anderem, daß es feinkörnig war und die Größe von Koriandersamen sowie den Geschmack von Honigkuchen hatte. Es war für verschiedene Garungsprozesse geeignet und ließ sich ebenso backen wie kochen. Außerdem war es ein klassisches Frischprodukt, dessen Haltbarkeitsdatum ziemlich genau nach vierundzwanzig Stunden ablief. Gott trug also einerseits dafür Sorge, daß niemand aus Raffgier größere Bestände davon horten konnte, andererseits ermöglichte er den frommen Israeliten, mit Hilfe des Mannas über den Sabbath zu kommen, an dem sowohl Kochen als auch Backen verboten waren. Aufgrund seiner eintägigen Haltbarkeit (für den Sabbath plante Jahwe vorsorglich eine doppelte Ration ein) ist Manna auch ein Symbol für das „tägliche Brot" aus dem „Vater unser" geworden.

Und Manna ließ er auf sie regnen als Speise, er gab ihnen Himmelsbrot. Das Brot der Starken durfte der Mensch verzehren, Speise sandte er ihnen in Fülle.
Ps 78,24–25

Die Israeliten selbst scheinen jedenfalls in keiner Weise geahnt oder gar gewußt zu haben, was da vom Himmel geradewegs auf sie zukam. „Man" bedeutet soviel wie „was?", und Manna („man hu") heißt demnach nichts anderes als „was ist das?"

Als eine Art von spirituellem Tischleindeckdich ist Manna letztlich eine Metapher für die Speise schlechthin. Ähnliches deutet auch Josef bin Gorion an, wenn er schreibt: „Wenn die Sonne auf das Manna schien, wurde es warm und löste sich auf, und die Flüsse führten es mit sich und schwemmten es ins große Meer. Da kamen Hirsche, Rehe, Antilopen und alles Wild des Waldes und tranken von dem Wasser. Geschah es sodann, daß einer von den Heiden eins dieser Tiere erjagte und sein Fleisch briet, so schmeckte er noch darin ein weniges von dem Geschmack des würzigen Manna und brach in die Worte aus: Selig das Volk, dem es also ergeht! Mose sprach zu den Kindern Israel: Der Herr wird euch am Abend Fleisch zu essen geben und am Morgen Brots in Fülle. Im Anfang waren die Kinder Israel wie die Hühner, die im Miste scharren, bis daß Mose aufkam und fest bestimmte, wann sie ihre Mahlzeiten halten sollten."

Die Wissenschaft hat das himmlische Manna allerdings etwas entzaubert: Nicht nur nach Meinung der Mönche des Katharinenklosters handelte es sich dabei um eine eher süßlich schmeckende Substanz – nämlich um das

Sekret der sogenannten Manna-Schildlaus, die auf den Tamariskensträuchern in der Wüste ihr Leben fristet. Man findet diese Sträucher heute noch in der südlichen Negev, im Araba-Tal und in den Wadis des Sinai, dort also, wo Moses die Tafeln mit den Zehn Geboten in Empfang nahm.

1891 wurde auch von einem Biologen namens Flueckiger erstmals die These vertreten, daß es sich dabei um ein Sekret von bestimmten Insekten gehandelt haben könnte, die sich von Tamarisken ernähren. Und Simon Bodenheimer, der große Insektenforscher, wies 1927 nach, daß mit diesem Insekt nur die Trabulina mannifera oder der Najacocus serpentina gemeint sein konnten, die eine süße Flüssigkeit ausscheiden, welche noch trocknet, bevor sie zu Boden fällt. Manche Beduinenstämme benutzen dieses Sekret bis heute als Zucker- und Honigersatz, beispielsweise auch zum Kuchenbacken.

Eine endgültige Erklärung für die Mannaversorgung des Volkes Gottes kann freilich damit dennoch nicht gegeben werden. Aufgrund der zahlenmäßigen Begrenztheit der Insekten, der Winzigkeit ihrer Ausscheidungen und des vergleichsweise spärlichen Tamariskenbestands in der Wüste konnte die Insektennahrung gewiß nicht den – wie wir aus der Bibel wissen – offensichtlich gewaltigen Appetit des ganzen Volkes Israel über eine verhältnismäßig lange Zeit hinweg stillen. Es hätte vermutlich bei einer biblischen Menüfolge gerade für ein Amuse gueule gereicht.

Aus welchem noch so positivistischen Blickwinkel man die komplizierte Angelegenheit also auch drehen und wenden mag: Man wird sich damit abfinden müssen, daß Manna eben letztlich doch in den Bereich der biblischen Wunder gehört.

Opfer sind auch nur Mahlzeiten

Es muß schon ein gewaltiges Schlachten gewesen sein, als König Salomo zum Abschluß der Eröffnungsfeiern des Tempels von Jerusalem zweiundzwanzigtausend Rinder und hundertzwanzigtausend Schafe, wie es heißt, „als Gemeinschaftsopfer für Jahwe" (1 Kg 8,63) darbringen ließ. Sogar der durchaus nicht bescheiden dimensionierte Bronzealtar wurde damals zu klein, „um die Brandopfer, die Speiseopfer und die Fettstücke der Gemeinschaftsopfer" zu fassen. (1 Kg 8,64)

Nicht nur dem exegetischen Laien drängt sich angesichts solcher Berichte die Frage auf: Ja, haben die das alles denn wirklich nur zur höheren Ehre des Herrn geopfert – oder haben sie es auch gegessen? Oder anders gefragt: Handelte es sich bei derartigen Massenopfern tatsächlich um religiöse Feierstunden – oder suchte man nicht viel eher einen liturgischen Vorwand für ausgelassene Gelage und opulente Schlemmerorgien?

Die Wahrheit scheint, wie so oft, auch in diesem Falle in der Mitte zu liegen: Daß auf den Altären nicht nur geräuchert und verbrannt, sondern auch gegessen wurde, erfahren wir bereits bei der Beschreibung der Priesterweihezeremonie im Buch Exodus (2 Mos 29, 26), wo die Widderbrust, nachdem ihr „lieblicher Wohlgeruch" zu

Nimm einen jungen Stier und zwei fehlerfreie Widder, ungesäuertes Brot und ungesäuerte, mit Öl vermengte Kuchen sowie ungesäuerte, mit Öl bestrichene Fladen, die aus feinstem Mehl hergestellt wurden. Lege sie in einen Korb und bringe sie darin, gemeinsam mit dem Stier und den beiden Widdern, herbei.
2 Mos 29,1–3

Laß den ganzen Widder auf dem Altar in Rauch aufgehen; es ist ein Brandopfer für Jahwe, ein lieblicher Geruch, es ist ein Feueropfer für Jahwe.
2 Mos 29,18

Nimm den Widder und bereite das Fleisch an heiliger Stätte zu. Aaron und seine Söhne sollen das Fleisch des Widders mitsamt dem Brot, das im Korbe ist, am Eingang des Offenbarungszeltes genießen.
2 Mos 29,31–32

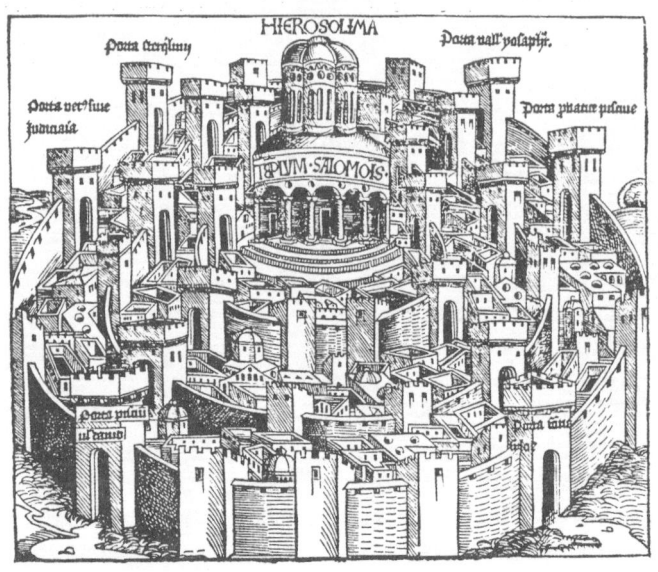

Jahwe aufgestiegen ist, ausdrücklich zum Verzehr durch den oder die Priester bestimmt wird.

Hinter dieser Sitte verbirgt sich eine Einstellung zum Essen, die von vielen, auch nicht-monotheistischen Kulturen geteilt wird, die allerdings mit zunehmender Ausprägung der abendländischen Zivilisation immer stärker in Vergessenheit geriet. Jegliches Opfer basiert zunächst einmal auf der Einsicht, daß die – für das menschliche Leben zugegebenermaßen notwendige – Aneignung von lebender Materie, von Feldfrüchten ebenso wie Fleisch, immer ein gewaltsamer Eingriff in eine wie immer geartete oder vorgestellte göttliche Ordnung ist. Um die himmlischen Mächte für diesen Eingriff milde zu stimmen oder zumindest zu besänftigen, bemühte man sich, ihn auf vielerlei Weise zu heiligen. Was letztlich dem Verzehr und der Lebenserhaltung des einzelnen dienen sollte, wurde daher zunächst zum gemeinschaftlichen Opfer erklärt, die Stillung eines Bedürfnisses wurde zu einem sakralen Akt, zu einer kulinarischen Weihestunde hochstilisiert.

Viel christliches Brauchtum, vom Tischgebet über die Gebildbrote bis zur österlichen Speisenweihe, geht heute noch auf diesen Ursprung jeglichen Opfers zurück. Auch für die Israeliten waren die Opfer daher in den meisten Fällen nur Mahlzeiten wie andere auch. Es waren allerdings solche, deren Verzehr von einem ganz exakten Regelwerk bestimmt wurde, weil Gott wollte, daß sein auserwähltes Volk nicht nur einfach ißt und trinkt, sondern daß es „vor dem Herrn ißt und trinkt" (5 Mos 12,7).

Die detaillierten Anweisungen, wie dies zu geschehen habe, wurden von Jahwe selbst am Berg Sinai gegeben, wobei genau zwischen Brandopfer, Dankopfer, Sündopfer, Schuldopfer und Speiseopfer unterschieden wurde. Die ersten vier waren untrennbar mit der Schlachtung von Tieren verbunden, das letztere konnte auch aus Honig, Feldfrüchten oder Wein bestehen. Es handelte sich also bei den Rohstoffen für die Opfer durchweg um solche, die dem Volke Israel auch im Alltag zur Nahrung dienten.

Als Opfertiere verwendete man vor allem Schafe, Ziegen und Rinder. War derjenige, der das Opfer darbrachte, ein armer Mann, so waren auch Tauben als Ersatz zugelassen. Die kulinarische Wertschätzung, die das Taubenfleisch heutzutage unter Feinschmeckern genießt, dürfte den Israeliten noch ziemlich fremd gewesen sein.

Jedes Speiseopfer sollst du salzen, und deinem Speiseopfer soll das Salz des Bundes deines Gottes nicht fehlen; jede deiner Opfergaben bringe mit Salz dar. Wenn du dem Herrn ein Speiseopfer von den Erstlingsfrüchten darbringst, sollst du geröstete reife Körner und eine aus frischen Körnern zubereitete Grütze als Speiseopfer deiner Erstlingsfrüchte darbringen. Gieß Öl dazu und streu Weihrauch darauf. Ein Speiseopfer ist es.
3 Mos 2,13–15

Noch zur selben Stunde erschienen Finger einer menschlichen Hand und schrieben etwas auf die weißgetünchten Wände des Königspalastes, gerade gegenüber dem Leuchter; und der König sah die schreibende Hand. Da erbleichte er, die Hüftgelenke waren ihm wie aufgelöst, und seine Knie schlotterten.
Dn 5,1–6

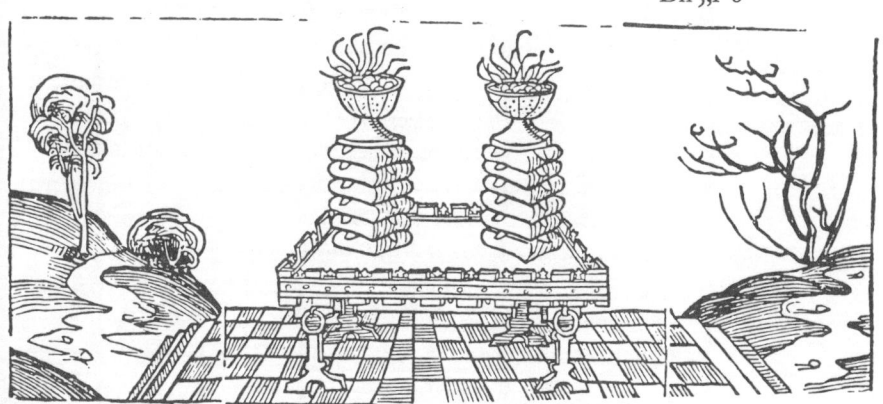

49

Ihr sollt jenen Ort aufsu-
chen, den Jahwe, euer
Gott, aus all euren
Stämmen erwählen
wird, um daselbst seinen
Namen hinzulegen und
ihm dort wohnen zu
lassen! Dorthin kommt!
Dorthin bringt eure
Brand- und Schlacht-
opfer, euren Zehent und
eure Hebegaben, eure
Gelübde, eure freiwilli-
gen Spenden und die
Erstgeburten eurer Rin-
der und Schafe. Dort
sollt ihr mit euren Fami-
lien vor Jahwe, eurem
Gotte, das Opfermahl
halten und fröhlich sein
über eurer Hände Ar-
beit, in welcher Jahwe,
euer Gott, euch gesegnet
hat.
5 Mos 12,5–7

Nur vor Jahwe, deinem
Gott, und an jenem Ort,
den Jahwe, dein Gott,
für dich auswählen wird,
darfst du das (Opfer)
verzehren, du, dein
Sohn, deine Tochter,
dein Knecht, deine
Magd sowie der Levit,
der in deinem Orte
wohnt, und vor Jahwe,
deinem Gotte, sollst du
über deiner Hände Ar-
beit fröhlich sein.
5 Mos 12,18

Grundsätzlich freilich galt: Der Opfernde durfte – außer beim Dankopfer – selbst nicht mitessen, um den Opfercharakter zu unterstreichen.

Die Tischgemeinschaft setzte sich, je nach Art des Opfers, auf höchst unterschiedliche Weise zusammen. Das Brandopfer, das morgens und abends eine tägliche Pflicht zur Bestätigung des Bundes war, wurde von den Priestern zur Gänze am Altar verzehrt (2 Mos 29,38-42 und 4 Mos 28,3-8). Es stellte also vermutlich auch eine Art von Grundnahrungsmittel für den Priesterstand dar, konnte aber auch, wenn es für das Volk dargebracht wurde, von letzterem mitgegessen werden. Wurden Opfertiere vollständig verbrannt, ohne daß davon auch nur ein Teil verzehrt wurde, so sprach man von Holocaust, ein Wort, das für die Juden fast viertausend Jahre später von so schicksalhafter Bedeutung werden sollte.

Das Sündopfer war ein Bestandteil des biblischen Strafrechts, mit Hilfe dessen – wenn die Tat unabsichtlich begangen worden war – sogar solche Vergehen gesühnt werden konnten, auf die sonst die Todesstrafe stand. Die Art des Opfers war sozial gestaffelt und reichte von einem Stier für den Hohepriester bis hin zu einer Turteltaube oder im Falle extremer Armut sogar einer Ration Feinmehl für den kleinen Mann.

War das Sündopfer ein Teil des Strafrechts, so stellte das Schuldopfer einen Teil des Zivilrechts dar: Wer sich gegen die Eigentumsrechte Gottes, der Gemeinschaft oder auch eines anderen Menschen verging, indem er beispielsweise den Zehent nicht ablieferte oder jemandem wirtschaftlichen Schaden zufügte, so war nicht nur Wiedergutmachung, sondern auch ein Opfer fällig.

Weder Sünd- noch Schuldopfer dürften daher besonders freudige Opfermähler nach sich gezogen haben. Für das Dankopfer galt hingegen das genaue Gegenteil: Es basierte auf Freiwilligkeit und war zumeist Anlaß für einen veritablen Festschmaus. Der Opfernde brachte dafür gewöhnlich auch seine ganze Sippe mit und durfte sogar selbst am Mahl teilnehmen. In vielen Fällen mag es

Darin besteht der Rechtsanspruch der Priester gegenüber dem Volk, also jenen, die das Opfer, sei es Rind oder Schaf, darbringen: Überlasset dem Priester den Bug, die Kinnbacken und den Magen; auch sollt ihr ihm den ersten Ertrag der Getreideernte, des Mostes und Öles sowie die erste Wolle von der Schafschur übergeben.
5 Mos 18,3–4

Darin besteht der Rechtsanspruch der Priester gegenüber dem Volk, also jenen, die das Opfer, sei es Rind oder Schaf, darbringen: Überlasset dem Priester den Bug, die Kinnbacken und den Magen; auch sollt ihr ihm den ersten Ertrag der Getreideernte, des Mostes und Öles sowie die erste Wolle von der Schafschur übergeben.
5 Mos 18,3–4

Dann brachte der König und mit ihm ganz Israel das Schlachtopfer vor Jahwe dar. Salomo opferte als Gemeinschaftsopfer zweiundzwanzigtausend Rinder und hundertzwanzigtausend Schafe. (...) An diesem Tag weihte der König auch den mittleren Teil des Vorhofes, welcher vor dem Tempel Jahwes liegt; denn dort brachte er die Brandopfer, die Speiseopfer und die Fettstücke der Gemeinschaftsopfer dar. Der eherne Altar, der vor Jahwe stand, war nämlich zu klein, um (alle) Opfer zu fassen.
1 Kg 8,62–64

sich dabei sogar um eine Art von biblischem Potlatsch gehandelt haben, um eine generöse Einladung, in welcher das Sippenoberhaupt seinen sozialen Status durch Geschenke dokumentierte, die zwar Gott dargebracht wurden, aber letztlich den Verwandten und Untertanen zugute kamen.

Es bedurfte keines großen Nachdenkens, um einen Anlaß für ein Dankopfer zu finden. Man feierte damit unerwartete Einkünfte und Segnungen, brachte es anläßlich der Einlösung eines Gelübdes dar oder wollte damit ganz einfach seine Gottesliebe zum Ausdruck bringen. Je nach Art des Anlasses konnte ein solches Opfermahl zwischen einem und zwei Tagen dauern. Spätestens am dritten Tag, so lautete zumindest das göttliche Gebot, mußten die Reste der Mahlzeit verbrannt werden.

Bleibt noch das sogenannte Speiseopfer zu erwähnen, das zumeist als eine Art von „Zusatzopfer" für Brand-

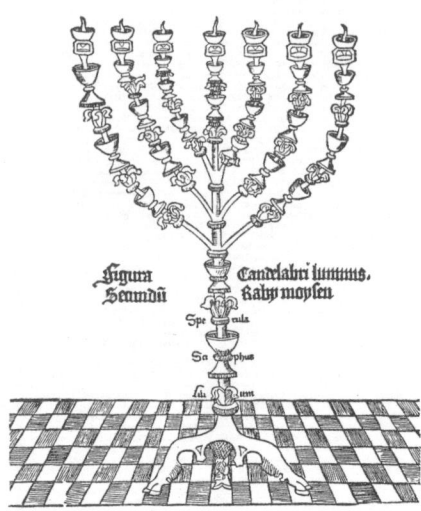

Figura
Semmon

Candelabri luminis.
Rabp mopfen

Specula

Sa...phus

fu...um

Dies ist der Ort, wo die Priester das Schuld- und das Sündopfer zubereiten und das Speiseopfer backen, damit sie es nicht in den Vorhof hinauszutragen brauchen und somit das Volk heiligen. Dann führte er mich in den Vorhof hinaus und ließ mich an allen vier Ecken vorbeigehen. Und siehe da, an jeder Ecke des Vorhofs lag noch ein weiterer Hof. (...) Alle vier Höfe an den Ecken waren gleich groß. Und die vier Höfe wurden von einer steinernen Mauer gesäumt, an deren Fuß Kochstellen angelegt waren. Da sagte er zu mir: „Das sind die Küchen, in denen die Tempeldiener das Schlachtopfer des Volkes zubereiten."
Ez 46,20–24

oder Dankopfer dargebracht wurde. In der Tat handelte es sich dabei für gewöhnlich um Beilagen und Zutaten, vom Brot über das Öl bis hin zum Salz oder dem Honig. Auch das Trankopfer – zumeist eine ausreichende Menge Wein – gehörte zu dieser Kategorie. So bekam das Speiseopfer gleich einen doppelten Sinn: Auf der einen Seite dokumentierte man dadurch, daß auch die Erträge der täglichen Feldarbeit Gott geweiht waren, auf der anderen Seite sorgte man dafür, daß aus dem rituellen Opfermahl auch tatsächlich eine vollständige Mahlzeit wurde.

Das Testament schlemmt

D ie Vorgabe Jahwes ist ziemlich eindeutig: „Dreimal im Jahr sollst du mir ein Fest feiern", spricht der Herr im Buch Exodus (2 Mos 23,14) zum Volke Israel – und das gesamte Alte Testament ist eine recht eindrucksvolle Bestätigung, daß Israel diese Mahnung mehr als nur ernst genommen hat.

Anläßlich der Eröffnung des Salomonischen Tempels wurde beispielsweise, wie wir aus dem ersten Buch der Könige (1 Kg 8,65) erfahren, vierzehn Tage lang ununterbrochen gefeiert. Daß es sich dabei nicht nur um eine seltene Ausnahme gehandelt haben kann, bestätigt sich im selben Buch (1 Kg 5,2–3): „Der tägliche Unterhalt Salomos belief sich auf dreißig Kor (1 Kor = 220 Liter) Feinmehl, sechzig Kor gewöhnliches Mehl, zehn Mastrinder, zwanzig Weiderinder, hundert Schafe, nicht gerechnet die Hirschen, Gazellen und das gemästete Geflügel."

Wie eindrucksvoll die salomonische Tafelkultur tatsächlich gewesen sein muß, versteht man erst, wenn man erfährt, wie die Königin von Saba, die ja auch nicht gerade eine ärmliche Hofhaltung pflegte, auf die salomonische Prunkentfaltung reagierte. Als die abessinische Herrscherin, die fast 2000 Kilometer auf einem Kamel zurück-

Dreimal im Jahr sollst du mir ein Fest feiern.
2 Mos 23,14

Sieben Tage lang sollst du das Laubhüttenfest feiern, nachdem du deine Getreideernte und deine Weinlese eingebracht hast. Du sollst an deinem Feste fröhlich sein, du, dein Sohn und deine Tochter, dein Knecht und deine Magd, der Levit sowie der Fremde, die Waise und die Witwe, die in deinem Orte wohnen.
5 Mos 16,13–14

Als nun die Königin von Saba der ganzen Weisheit Salomos gewahr wurde und auch noch den Palast sah, den er erbaut hatte, die Speisen auf seiner Tafel, wie seine Beamten dasaßen und seine Diener auftrugen, ihre Kleider und die Mundschenken, das Brandopfer, das er im Tempel darzubringen pflegte – da stockte ihr der Atem.
1 Kg 10,4–5

53

gelegt hatte, um Salomo zu treffen, seinen Palast und vor allem die Pracht an der Tafel des Königs von Israel sah, da blieb ihr einfach die Spucke weg. Oder, um es biblisch zu formulieren: Es „stockte ihr", wie es in 1 Kg 10,4–5 geschildert wird, „schlichtweg der Atem".

Das Volk Gottes feierte fraglos gerne. Doch ist die Aufnahme ausgedehnter Fest-Szenerien in die Heilige Schrift nicht automatisch mit einer göttlichen Sanktionierung dessen verbunden, was sich dort so alles – insbesondere auch zwischen den Zeilen – abgespielt haben mag. Das erwählte Volk erwies sich nämlich im Laufe seiner Geschichte oft als alles andere denn gottesfürchtig. Immerhin tanzte es auch bei der ersten sich bietenden Gelegenheit unter „lautem Singen" (2 Mos 32,18) ums Goldene Kalb, huldigte zeitweise dem Baalskult (Ri 8,33; Ri 9,4–46)

und wurde darob von Jahwe auch immer wieder mit durchaus abschreckenden Strafen bedacht, ohne daß es sich deswegen ernsthaft gebessert hätte.

Biblische Festmähler werden jedoch nicht nur von den Israeliten selbst zelebriert. Neben den Gelagen König Salomos, aber auch König Davids (1 Chr 12,41) und König Hisikijas (2 Chr 30,22–24) sind es vor allem die orgiastischen Feste der persischen und babylonischen Herrscher, denen das Alte Testament einigen Raum widmet.

Das Festmahl, das der Perserkönig Artaxerxes in der Burg Susa anläßlich seiner Thronbesteigung gab, dauerte gar hundertachtzig Tage lang und war nicht nur in jeder Weise vom Feinsten, sondern huldigte auch einer schrankenlosen Permissivität, weil der König ausdrücklich anordnete, daß während der Festtage jedes Mitglied seines Hofstaats tun und lassen könne, was es wolle (Est 1,5–8).

Mit ähnlicher Akribie wird das später dank Heinrich Heine auch in den deutschen Balladenschatz eingegangene Gastmahl des Belsazar beschrieben, das in seinen Folgen zu jenem „Mene Tekel" führte, welches den Babylonierkönig – nachdem Gott die Tage seiner Herrschaft gezählt, gewogen und zu leicht befunden hatte – noch in derselben Nacht das Leben kostete. (Dn 5,1–30) Es fällt auf, daß sich das Neue Testament der Schilderung von orgiastischen Szenarien aller Art nicht mehr mit jener Detailtreue annimmt, wie dies im Alten Bund der Fall ist. Die Beschreibung der notorischen Orgien des Königs Herodes, vor allem jener, die zu Salomes Tanz und der Enthauptung Johannes des Täufers führten, ist aus literarischer Sicht von einer geradezu frugalen Knappheit. (Lk 19,20 und Mk 6,17–28) Bei Markus ist lediglich von einem Festessen die Rede, das Herodes „für seine Würdenträger und Offiziere und die Vornehmen Galiläas" gab. Um sich eine Vorstellung davon zu machen, wie es bei den herodianischen Ausschweifungen tatsächlich zugegangen sein mag, muß man daher außerhalb der Bibel weiterrecherchieren. Gustave Flaubert beispielsweise versuchte in seiner „Herodiade" nach intensivem Quellen-

Drei Jahre, nachdem König Artaxerxes in der Burg Susa den Thron seines Reiches bestiegen hatte, gab er für all seine Fürsten und Diener ein Gastmahl. (...) Volle hundertachtzig Tage lang stellte er (...) die ganze Pracht seiner Majestät zur Schau. Nach dieser Zeit veranstaltete der König für das ganze Volk (...) ein siebentägiges Gastmahl im Hofgarten des Königspalastes. Feines Leinen, Baumwollstoffe und Purpurtücher hingen an Byssus- und Purpurbändern in silbernen Ringen und an weißen Marmorsäulen. Goldene und silberne Ruhelager waren auf einem Fußboden aus Smaragd und weißem Marmor, aus Perlmutter und kostbaren Steinen bereitet. Die Getränke wurden in goldenen Bechern gereicht, und jeder Becher hatte eine andere Form. Königlicher Wein war – dem Vermögen des Königs entsprechend – reichlich vorhanden. Getrunken wurde gemäß der königlichen Weisung: „Bei dem Gelage herrsche keinerlei Zwang, und ein jeder soll tun, was ihm beliebt."
Est 1,3–8

*Der König Belsazar gab
einmal für seine Fürsten
(...) ein großes Gast-
mahl, und er zechte mit
den tausend. Im Wein-
rausch befahl Belsazar,
die goldenen und silber-
nen Gefäße herbeizu-
bringen, die sein Vater
Nebukadnezar aus dem
Tempel zu Jerusalem
hatte entfernen lassen;
jetzt sollten der König
und seine Fürsten sowie
deren Gemahlinnen und
Nebenfrauen daraus trin-
ken. Darauf wurden die
goldenen und silbernen
Gefäße herbeigeschafft,
die man aus dem Tem-
pel, dem Hause Gottes
zu Jerusalem, weg-
genommen hatte, und
der König sowie seine
Fürsten und deren Ge-
mahlinnen und Neben-
frauen tranken daraus.
Sie zechten und priesen
dabei ihre Götzen aus
Gold und Silber, aus
Erz, Eisen, Holz und
Stein. Noch zur selben
Stunde erschienen Finger
einer menschlichen
Hand und schrieben
etwas auf die weiß-
getünchten Wände des
Königspalastes, gerade
gegenüber dem Leuch-
ter; und der König sah
die schreibende Hand.
Da erbleichte er, die
Hüftgelenke waren ihm
wie aufgelöst und seine
Knie schlotterten.
Dn 5, 1–6*

studium und wohl auch unter intensivem Bemühen seiner eigenen Imaginationskraft, eine solche Orgie aus kulinarischer Sicht zu rekonstruieren. Über ein aus diesem
Anlaß kredenztes Gericht namens „Minervas Schild"
heißt es etwa: „Er bereitete es aus Schollenleber, Pfauen-
hirn, Flamingozungen und der Milch des Neunauges zu."
Außerdem auf der Speisekarte auf der herodianischen Festung in Machairos: Lämmerschwänze, Stiernieren,
Springmäuse, Nachtigallen sowie Palmen- und Tamaris-
kenwein.

Ob derlei Ausschweifungen freilich noch etwas mit der göttlichen Aufforderung zum Festefeiern zu tun haben, steht auf einem anderen Blatt. Jesus, der einem festlichen Essen im Kreise von einfachen Leuten, wie man weiß, alles andere als abgeneigt war, hat jedenfalls ziemlich klare Worte dafür gefunden, wohin derlei Prasserei führt: nämlich in „große Pein und Feuersglut" (Lk 16,19), sprich: mitten in die Hölle.

Dieses Zitat hat jedoch in einem Buch, das sich mit allem beschäftigt, „was Gott erlaubt hat", im Grunde genommen nichts zu suchen. Da trifft schon eher zu, was Elias Canetti in „Masse und Macht" über das tiefste Wesen des Festes geschrieben hat: „Nichts und niemand droht, nichts treibt in die Flucht, Leben und Genuß während des Festes sind gesichert. Viele Verbote und Trennungen sind aufgehoben, ganz ungewohnte Annäherungen werden erlaubt und begünstigt. Die Atmosphäre für den einzelnen ist eine der Lockerung und nicht der Entladung. Es gibt kein Ziel, das für alle dasselbe ist und das alle zusammen zu erlangen hätten. Das Fest ist das Ziel, und man hat es erreicht."

Schöne Frauen und lüsterne Tischgenossen

Die Liebe geht auch durch biblische Mägen. Wo gezecht, geschlemmt und gefeiert wird, da sind meist schöne und vor allem auch kluge Frauen mit im Spiel. Daß man die Männerwelt mit kulinarischen Genüssen immer noch am besten für sich einnehmen kann, ist durchaus auch eine alttestamentarische Erfahrung.

Abigail beispielsweise, die Frau des „rohen und bösartigen" (1 Sm 25,3) Großgrundbesitzers und alten Tyrannen Nabal, führte das Schicksal mit just jenem David zusammen, den ihr Mann soeben – heute würde man sagen: aus unternehmenspolitischen Gründen – schmachvoll von der Tür gewiesen hatte. Abigail, die von Nabals rücksichtslosem Verhalten gegenüber dem jungen Heerführer erfuhr und sich dafür schämte, sann auf irgendeine Form von Wiedergutmachung: Sie brachte also David selbst, ohne ihren Mann davon zu informieren, ein großzügig bemessenes „Lunchpaket" in die Wüste nach: insgesamt 200 Brote, zwei Krüge Wein, fünf gebratene Lämmer, fünf Maß geröstetes Korn, 100 Rosinen- und 200 Feigenkuchen. So lernte David Abigail kennen und wohl auch – wenngleich das erste Buch Samuel sich über die Details ausschweigt – lieben. David war der schönen jungen Frau mit dem scharfen Verstand (1 Sm 25,3) jedenfalls zutiefst dankbar, nicht nur weil sie ihn mit Nahrungsmitteln versorgt, sondern auch weil sie ihn vor Blutschuld bewahrt hatte. Hätte sie sich nämlich nicht mit ihren Geschenken eingestellt, so verbalisiert er recht kräftig, wäre die Rache für die erlittene Schmach auf dem Fuß gefolgt und „von Nabals Leuten am nächsten Morgen nicht ein einziger übriggeblieben, der an die Wand pißt" (1 Sm 25,34).

Als Abigail nach Hause kam, fand sie ihren Mann wieder einmal nach einem „Gastmahl, das jenem eines

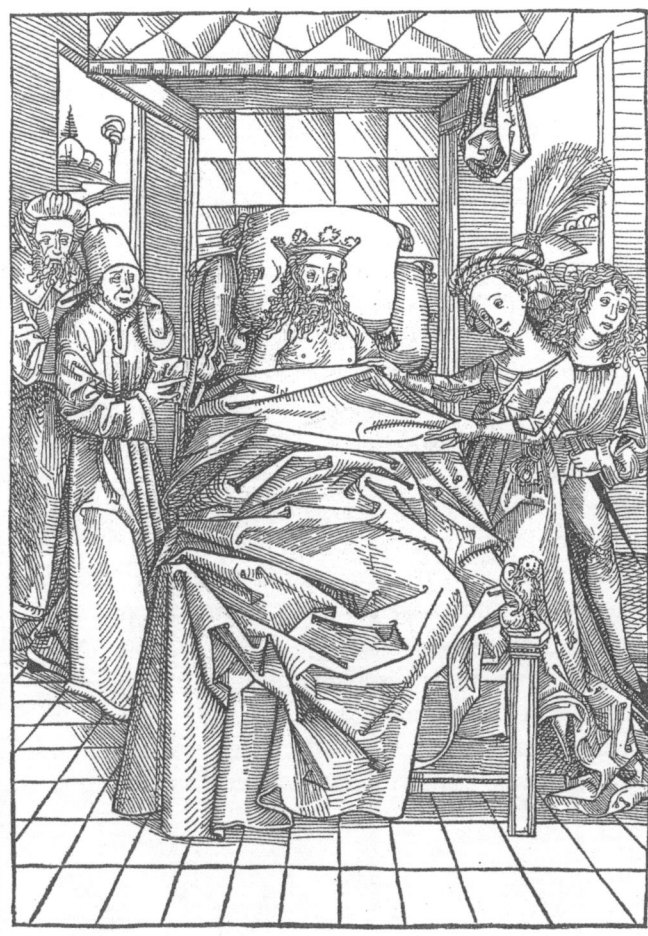

Königs glich" stockbetrunken vor und konnte erst, nachdem sich Nabals Morgenkater verflüchtigt hatte, von
ihrem Tête-a-tête mit David berichten. Offenbar begriff
Nabal nunmehr, daß er seinen Namen (Nabal bedeutet
soviel wie Narr oder Tor) zu Recht trug, denn „es erstarb
ihm das Herz im Leibe und er war wie versteinert". Zehn
Tage darauf segnete er dann das Zeitliche, und Abigail
konnte schon sehr bald die Früchte ihrer kulinarischen

Verdienste ernten: Sie „bestieg ihren Esel, folgte den Boten Davids und wurde sein Weib"(1 Sm 25,42).

Davids Sohn Amnon hatte vom Charakter seines Vaters offenbar nicht allzuviel geerbt. Das Liebeserlebnis, mit dem er im Alten Testament verewigt wurde, ist zwar ebenfalls nicht frei von kulinarischen Begleiterscheinungen, es endete jedoch fatal.

Amnon hatte nämlich ein Auge auf seine Halbschwester Tamar geworfen, die durch seine Begierde zu einer der tragischen Frauengestalten der Bibel wurde. Nicht nur weil sie seine Schwester, sondern vor allem „weil sie eine Jungfrau war, kam es Amnon unmöglich vor, ihr zu nahe zu treten" (2 Sm 13,2). Ein Freund namens Jonadab riet ihm daher zu einer List. Er möge sich doch krank stellen und auf seinen Vater David einwirken, Tamar zu überreden, ihm etwas Kräftigendes zu kochen. David schickte Tamar tatsächlich an Amnons Krankenbett, und diese machte sich auch sogleich ans Kuchenbacken. Amnon allerdings nützte die Situation, sobald er mit ihr allein war, weidlich aus und vergewaltigte die Köchin.

Wer nun freilich glaubt, daß Amnon für seine Tat postwendend vom Zorn Gottes gestraft worden wäre, der irrt. Als Tamar sich in ihrer Not an den Bruder Absalom

wandte, riet ihr dieser lediglich fürs erste, sich die Sache doch nicht so zu Herzen zu nehmen, denn schließlich habe es sich ja nur um ihren Bruder gehandelt. (2 Sm 13,20) David, der von der Affäre ebenfalls erfuhr, ergrimmte zwar darob, „er tat aber dem Gemüt seines Sohnes Amnon nicht weh; denn er liebte ihn, weil er sein Erstgeborener war" (2 Sm 13,21). Die geschändete Jungfrau Tamar lebte fürderhin einsam im Hause ihres Bruders Absalom, der mit seinem Halbbruder ab diesem Zeitpunkt kein Wort mehr, weder im Guten noch im Bösen, sprach (2 Sm 13,21–22) und ihn schließlich – Gottes Mühlen mahlen langsam, aber sicher – bei einem Gelage ermorden ließ. Eine seiner drei Töchter nannte Absalom später ebenfalls Tamar, und sie wurde – wen wundert's? – „eine Frau von schöner Gestalt" (2 Sm 14,27).

Letal, wenngleich auf eine ganz andere Weise, ging auch ein Liebesmahl völlig unterschiedlicher Art aus. Während der Feminismus in Tamars Angelegenheit nicht gerade Triumphe feierte, brachte spätestens Judit die Sache ihres Geschlechts wieder ins rechte Lot.

Judit war eine ebenso schöne wie gottesfürchtige hebräische Witwe, deren Mann im Verlauf der Weizenernte verstorben war. Als bei der Belagerung der Stadt Betylua

(Judit) legte ihre Freu-
denkleider an. (...) Sie
umgürtete ihre Füße mit
Sandalen und legte ihre
Schrittkettchen, Arm-
bänder, Fingerringe,
Ohrgehänge und ihren
ganzen Schmuck an. Sie
schmückte sich so sehr,
um die Augen der Män-
ner damit zu bestricken,
die sie sehen würden.
Ihrer Magd reichte sie
einen Schlauch Wein
und ein Gefäß Öl, füllte
ihren Brotsack mit Ger-
stenbroten, Feigenkuchen
und reinen Broten,
packte all diese Dinge
zusammen und lud
sie ihr auf.
Jdt 10,3–5

durch Nebukadnezars Feldherrn Holofernes die Nahrungsmittel knapp wurden und die Wasserversorgung
zusammenbrach, ärgerte sie sich so sehr über den Klein-
mut ihrer Landsleute, daß sie nicht nur eine flammende
Rede (Jdt 8,32–35) hielt, sondern die Befreiung ihrer Stadt
selbst in die Hand nahm.

Das Hauptproblem bei ihrem Gang ins feindliche Lager, wo sie sich an Holofernes heranmachen und diesen
töten wollte, sah Judit überraschenderweise nicht in der
Planung des Attentats selbst, sondern vielmehr in ihrem
persönlichen Speiseplan. Wie sollte sie als fromme Jüdin
mehrere Tage im assyrischen Heerlager verbringen, ohne
sich dort von Gerichten ernähren zu müssen, die alles
andere als koscher waren?

Judit traf also entsprechend Vorsorge und ließ sich von
ihrer Magd einen Schlauch Wein, Öl, einen Brotsack und
etwas Kuchen zusammenpacken, genug jedenfalls, um
damit auch dort überleben zu können, wo weit und breit
kein Levit war, um ein scharfes Auge auf die Küche zu
haben.

Judit, wunderschön und mit jeder Menge wertvollstem
Geschmeide angetan, bezauberte erwartungsgemäß die
assyrischen Vorposten und wurde direkt ins Zelt des
Holofernes geführt. Nachdem die beiden ein wenig miteinander politisiert hatten, kam die Rede sehr schnell aufs
Essen: Holofernes „befahl, sie dorthin zu führen, wo
seine Silbersachen aufgestellt waren, und er gab Weisung,
ihr von seinen leckeren Speisen aufzutragen und sie von
seinem Wein trinken zu lassen" (Jdt 12,1). Judit antwortete bescheiden, man solle bloß um ihretwillen kein
großes Aufhebens machen, sie habe sich ihren Reise-
proviant ohnedies selbst mitgebracht.

Vier Tage blieb Judit im Umkreis des Holofernes, der
sich nicht damit abfinden wollte, daß eine so schöne Frau
in seinem Lager lebte, ohne dasselbe mit ihm zu teilen. Er
ließ sie also höflich zum Abendessen bitten, und siehe da:
Judit kam tatsächlich, worüber das Herz des Holofernes
„außer sich vor Erregung" (Jdt 12,16) geriet. Die Erregung

Am vierten Tage be-
reitete Holofernes aus-
schließlich seinen
Dienern ein Mahl und
lud sonst niemand von
seinem Hofstaat dazu
ein. Da sprach er zum
Eunuchen Bagoas, dem
Verwalter seiner Besitz-
tümer: „Geh hin und
überrede die hebräische
Frau, die bei dir ist, daß
sie zu uns kommen und
mit uns essen und trin-
ken soll. Denn siehe, es
wäre eine Schande für
uns, ein solches Weib an
uns vorbeizulassen, ohne
mit ihr verkehrt zu
haben.
Jdt 12,10–12

Holofernes sprach zu ihr:
„Nun trink und sei mit
uns fröhlich!" Da erwi-
derte Judit: „Ja, ich will
trinken, o Herr! Denn
heute ist mein Leben in
mir mehr erhöht worden
als alle Tage seit meiner
Geburt." Dann nahm
sie, aß und trank in sei-
ner Gegenwart all das,
was ihre Dienerin ihr
bereitet hatte. Holofernes
erfreute sich an ihr und
trank sehr viel Wein,
mehr als er jemals an
einem Tage seit seiner
Geburt getrunken hatte.
Jdt 12,17–20

dürfte anhaltender Natur gewesen sein, denn Holofernes
„erfreute sich an ihr und trank mehr Wein, als er jemals an einem Tage seit seiner Geburt getrunken hatte"
(Jdt 12,20). Judit indessen hatte keinerlei Anlaß, sich gegen
Gottes Speisegebote zu vergehen, denn sie aß und trank,
während sie Holofernes umgarnte, lediglich, was ihre
Dienerin für sie zubereitet hatte.

Der weitere Verlauf der Geschichte darf als bekannt
vorausgesetzt werden. Judit nahm das Schwert des von
Sinnesfreuden und einem Übermaß an Taumelbechern
benebelten Feldherrn an sich und trennte mit zwei wohl-

geführten Schlägen das Haupt des Holofernes von dessen Nacken ab. (Jdt 12,8) Den abgeschlagenen Kopf packte sie in ein Mückennetz und nahm ihn in just jenem Reisesack zurück nach Betyula mit, in dem sie zuvor ihren Proviant ins assyrische Lager transportiert hatte.

Die Art und Weise, auf welche Königin Ester später ihr Volk vor einem blutgierigen Hofschranzen rettete, war da schon etwas vornehmer, wenngleich die Folgen sich für den Betroffenen letztlich als die nämlichen herausstellten. Ester war eine – ebenfalls sehr schöne – junge Exil-Jüdin, die durch ihren Onkel Mordechai „die nötige Pflege und die richtige Kost" (Est 2,9) erhalten hatte, um die Gunst des Perserkönigs Artaxerxes zu erringen, der sie, nachdem er seine Gattin Waschti wegen Mangels an Ehrfurcht verstoßen hatte, zu seiner Hauptfrau machte.

Mit Ester schien Artaxerxes, der von deren jüdischer Herkunft allerdings nichts wußte, jedenfalls mehr Freude als mit Waschti gehabt zu haben. Er fand sogar soviel Gefallen an ihr, daß er den klassisch-generösen Ausspruch jedes Märchenkönigs tat (das Buch Ester ist nicht historisch, sondern basiert auf einer Novelle), er würde ihr jeden Wunsch erfüllen, und sei es die Hälfte seines Königreiches.

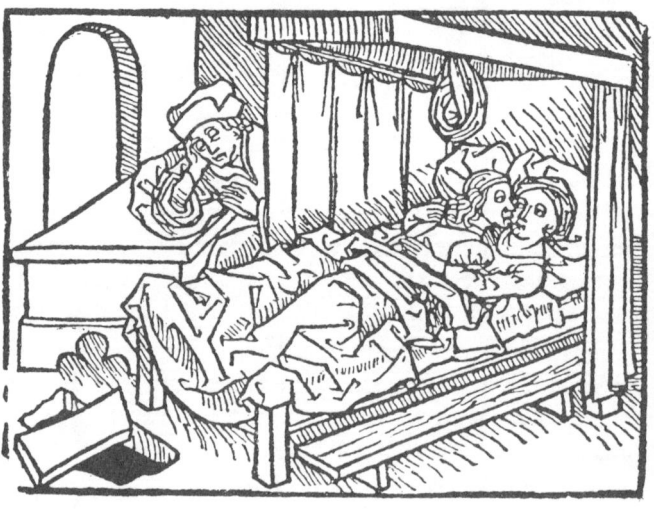

Mittlerweile hatte der Wesir Haman aus Eifersucht gegen seinen Rivalen Mordechai, der Artaxerxes das Leben gerettet hatte, eine Judenverfolgung angezettelt und für diesen sogar bereits einen Galgen errichten lassen. Ester brauchte daher nicht allzulange nachdenken, was sie sich wünschte. Sie bat den König, mit Haman zu einem Gelage zu erscheinen, das sie für ihn ausrichten wolle, und vereitelte dort mit königlicher Erlaubnis Hamans Plan, die Juden im Perserreich auszurotten. Für Haman endete Esters Gelage tödlich: Er wurde auf dem für Mordechai bestimmten Pfahl gehängt.

Aus Anlaß der Rettung des Volkes Israel vor dieser Gefahr feiern die Juden heute noch das Purim (der Name Pur stammt von dem Los, das über Israel geworfen wurde), eines ihrer weltlichsten Feste, das als Anlaß für ein fröhliches Gelage dient, in dessen Verlauf Speisen ausgetauscht und die Armen beschenkt werden. Außerdem wird vielerorts auch die Geschichte Esters als Theaterstück aufgeführt.

Das Hohelied oder Salomos vergebliches Liebesmahl

Das Hohelied, auch „Lied der Lieder" genannt, gilt mit Recht als das unkeuscheste Buch der Bibel. Angesichts seines vor keiner Frivolität zurückscheuenden erotischen Bilderreichtums („Deine Brüste sind wie zwei Kitzen, wie Zwillinge einer Gazelle", „Ein Lustgarten sproßt aus dir" u. ä.) hat sich schon so mancher prüdere Bibelleser gewundert, wie ein solcher zumindest auf den ersten Blick ganz und gar untheologischer Soft-Porno überhaupt jemals von der Provinzialsynode zu Hippo 393 n. Chr. kanonisiert und durch das Konzil zu Trient 1546 auch noch bestätigt werden konnte.

Die Erklärungen dafür sind so zahlreich wie die Interpretationen, die man diesem mit seinen acht Kapiteln durchaus überschaubaren Werk angedeihen ließ. Man kann das Hohelied ebenso in Dialoge aufteilen wie auch als Abfolge innerer Monologe verstehen, man kann es jedoch auch ganz einfach als eine lose Sammlung von Liebesgedichten lesen. Als Allegorie für die einem Ehebund gleichende Liebe Jahwes zum Volk Israel, die sich durch

die Ansprüche eines noch so mächtigen weltlichen Herr-
schers nicht stören läßt, will es vor allem die jüdische Lesart verstanden wissen. Das Christentum wiederum sieht
darin eine alttestamentarische Vorwegnahme jener Liebe,
die Christus im Neuen Testament zu seiner Gemeinde
entwickeln sollte, und weiß auch mit marianischen Interpretationen aufzuwarten. Altertumsforscher hingegen
orteten Anspielungen auf den Adonis-Tammuz-Kult
oder die Fruchtbarkeitsgöttin Astarte darin, und schließlich sind da auch noch die Literaturfreunde, die im
Hohelied nicht mehr und nicht weniger sehen, als es
tatsächlich ist: nämlich eine der frühesten und schönsten
Sammlungen von Liebeslyrik, die durch die Klammer
einer Rahmenhandlung zusammengehalten wird.

Die Rahmenhandlung erzählt eine Dreiecksgeschichte.
Protagonisten sind ein König – aller Wahrscheinlichkeit
Salomo selbst, der auch namentlich genannt wird – , eine
schöne Winzerin vom Lande, die nicht ganz freiwillig in
den königlichen Harem eingegliedert werden soll, und ein

Dein Schoß ist wie eine runde Schale, an würzigem Wein mangle es ihr nicht.
Hl 7,3

nicht minder schöner Hirtenknabe, der zuvor der Geliebte des Mädchens war.

Die Szene spielt in den königlichen Gärten zu Jerusalem, in welchem das sulamithische Winzermädchen gerade eintrifft und von ihren Schicksalsgefährtinnen – der Harem König Salomos umfaßte zu seinen besten Zeiten siebenhundert Frauen und dreihundert Nebenfrauen – auf ihre delikate Aufgabe vorbereitet wird.

Salomo darf man sich dabei freilich nicht als unappetitlichen alten Lustgreis vorstellen, sondern vielmehr als schönen jungen Mann, dem man durchaus abnimmt, daß er mit seiner Weisheit, seinem Witz, seiner Macht und nicht zuletzt mit seinem unvorstellbaren Reichtum Eindruck auf Frauen zu machen verstand. Immerhin war Salomo, als er die Führung Israels übernahm, weit unter dreißig, vermutlich sogar um die zwanzig Jahre alt.

Salomo tritt in seinem Haremsgarten daher auch gar nicht erst als gestrenger Herrscher auf, der die ihm zustehenden Liebesdienste einfordert, sondern als durchaus selbstbewußter Werber. Allein: Selbst seine poetisch noch so elaborierten Avancen nützen nichts. Das Mädchen läßt sich vom Glanz des salomonischen Palastes und von der Schönheit seiner Gärten ganz und gar nicht beeindrucken. Das vorbereitete Liebesmahl bleibt, ebenso wie das Mädchen, unangetastet. Während Salomo die Vorzüge ihres Körpers bilderreich preist, hängt sie in ihren Erzählungen und Träumen nur dem verlorenen Geliebten nach.

Salomo verhält sich, wie man aus dem etwas kryptisch formulierten Schluß des Hohelieds schließen kann, letztlich jedoch salomonisch und zwingt das Mädchen nicht, seine Frau zu werden, sondern läßt sie in ihren Weinberg zurückkehren.

„Fort, fort, mein Geliebter, der Gazelle gleich, dem jungen Hirsch auf den Balsambergen." So endet jenes vor allem von Verbalerotik bestimmte Liebesmahl, dessen zahlreich aufgeführte Speisen und Getränke vor allem als Metaphernlieferanten zu dienen scheinen. Tatsächlich gegessen wird im Hohelied nämlich nirgends.

Deine Brüste sind wie die Trauben des Weinstocks, dein Atem verströmt Apfelduft, und dein Mund ist wie köstlicher Wein.
Hl 7,9

Es duften die Liebesäpfel; und vor unserer Tür warten allerlei köstliche Früchte, frische und ausgereifte, die ich für dich, mein Geliebter, aufgespart habe.
Hl 7,14

Elias: Auch Propheten haben Hunger

Und es erging das Wort Jahwes an Elias: „Geh weg von hier, wende dich gen Osten hin und nimm am Bach Kerit östlich des Jordan Zuflucht! Aus dem Bach sollst du trinken, und den Raben habe ich befohlen, daß sie dich dort mit Nahrung versorgen." Elias ging weg und tat, was ihm der Herr geheißen hatte. Er begab sich zum Bach Kerit östlich des Jordan und schlug dort sein Lager auf. Die Raben brachten ihm Brot und Fleisch am Morgen, und ebenso brachten sie ihm am Abend Brot und Fleisch. Seinen Durst stillte er aus dem Bach. Nach einiger Zeit aber vertrocknete der Bach, da im Lande kein Regen fiel. Da sprach der Herr zu Elias: Brich auf nach Sarepta, das zu Sidon gehört, und verweile dort! Ich habe dort einer Witwe befohlen, dich zu versorgen. Er machte sich also auf und ging nach Sarepta. Als er an das Stadttor kam, traf er dort eine Witwe beim Holzsammeln. Er bat sie: Bring mir einen Krug mit etwas Wasser zum Trinken! Als sie wegging, um es zu holen, rief er ihr nach: Bring mir auch einen Bissen Brot mit!

Im erbitterten Kampf zwischen weltlicher und geistlicher Macht mußte Israels Gott Jahwe immer wieder zu recht drastischen Mitteln greifen, um seinem erwählten Volk zu beweisen, wo der rechte Weg langging. So geschah es etwa unter der Herrschaft des Königs Ahab und der Königin Isebel, als große Teile der Israeliten wieder einmal den Versuchungen des kanaanitischen Baalskults erlegen waren.

Eine der wenigen Gegenstimmen, die sich noch gegen diesen immer populärer werdenden Götzenkult zu erheben wagten, war jene des Propheten Elias (auch: Elija, was auf hebräisch soviel wie „Gott ist Jahwe" bedeutet), den Gott in dieser schweren Zeit zu seinem Werkzeug machte.

Es stellte sich freilich das Problem, den Propheten während der von Jahwe strafweise verfügten mehrjährigen Dürre zumindest so weit durchzufüttern, daß dieser nicht auch selbst an den Folgen der dadurch auftretenden Hungersnot zugrunde ging.

Jahwe traf also entsprechend Vorsorge und vertraute den Appetit des Propheten zunächst den Raben an, die Elias in seinem Versteck am Bach Kerit mit Brot und Fleisch versorgen sollten. Da es sich bei den Raben um unreine Tiere handelt und niemals so recht klarwurde,

warum Gott die kulinarische Versorgung seines Dieners ausgerechnet dieser unkoscheren Vogelart überließ, ist über die wahre Natur dieser Raben ebensoviel gerätselt worden wie über die Art des beigebrachten Brotes und Fleisches.

Möglicherweise handelte es sich bei den Lieferanten um durchaus menschliche „Raben", die einem jener in dieser Gegend häufig anzutreffenden Beduinenstämme angehörten, welche sich in erster Linie von Heuschrecken ernährten. Sie buken daher auch ihr Brot gerne mit Hilfe von Heuschreckenmehl.

Das klingt für mitteleuropäische Ohren möglicherweise degoutanter, als es tatsächlich ist. Heuschrecken gelten, wie bereits erwähnt, in der nordafrikanischen Küche auch heute noch als Leckerbissen und sind eine beliebte Ingredienz des typischen arabischen Cous-Cous. Zu dessen Zubereitung werden die gerösteten Heuschrecken gewöhnlich zu einem Pulver zerrieben, das mit Milch gemischt und zu einem Teig verarbeitet wird, den man dann in Butter oder Salz bäckt.

Das Brot, das Elias vor dem Hungertod rettete, könnte auf ganz ähnliche Weise zubereitet worden sein, wie es heute noch bei manchen Beduinenstämmen der Fall ist. Ein klassisches Rezept für Heuschreckenbrot sieht beispielsweise vor, in der Wüste eine tiefe Feuergrube zu graben und darin die Glut zu erhitzen. Dieselbe wird, wenn die Grube heiß genug ist, wieder entfernt und mit lebenden Heuschrecken gefüllt, die man sofort mit Sand beschüttet. Darüber wird nun abermals ein Feuer entzündet.

Auf diese Weise werden die Heuschrecken zwei bis drei Tage an der Sonne getrocknet, anschließend zu Pulver verarbeitet und schlußendlich mit Wasser zu einer Art Mus verkocht, das als Grundlage für die Fladenbrotzubereitung verwendet wird.

Nach der Episode mit den kulinarischen Raben und dem im ersten Buch der Könige (1 Kg 17) ebenfalls beschriebenen Brot- und Ölwunder versteht es Jahwe auch

Doch sie antwortete: „So wahr der Herr, dein Gott, lebt: Ich habe nichts mehr vorrätig als eine Handvoll Mehl im Topf und ein wenig Öl im Krug. Ich sammle gerade ein paar Stück Holz auf und gehe dann heim, um für mich und meinen Sohn etwas zuzubereiten. Das wollen wir noch essen und dann sterben." Elias entgegnete ihr: „Hab keine Furcht! Geh nach Hause und tu, was du gesagt hast. Nur bereite zuerst für mich ein kleines Gebäck zu und bring es mir heraus! Danach kannst du für dich und deinen Sohn etwas kochen. Denn so spricht Jahwe, der Gott Israels: 'Der Mehltopf wird nicht leer werden und der Ölkrug nicht versiegen bis zu dem Tag, an dem der Herr wieder Regen auf den Erdboden fallen läßt.'" Sie ging und tat, wie es ihr Elias geheißen hatte. So hatte sie mit ihm und ihrem Sohn viele Tage zu essen. Der Mehltopf wurde nicht leer, und der Ölkrug versiegte nicht, gemäß dem Wort Jahwes, der durch Elias gesprochen hatte.
1 Kg 17,2–16

Elias bettete sich unter einen Wacholderstrauch und schlief ein. Da berührte ihn ein Engel des Herrn und sprach: „Steh auf und iß!" Als er um sich blickte, sah er neben sich einen in Asche gerösteten Brotfladen und einen Krug Wasser stehen. Er aß und trank, dann legte er sich wieder hin. Doch der Engel des Herrn erschien ein zweites Mal, berührte ihn abermals und sprach: „Steh auf und iß, da sonst der Weg zu weit für dich ist!" Da stand Elias auf, aß und trank abermals und vermochte aufgrund dieser stärkenden Speise vierzig Tage und Nächte bis zum Gottesberg Horeb zu wandern.

1 Kg 19,5–8

noch ein drittes Mal, den mittlerweile schon an der Menschheit verzweifelnden Elias mit Hilfe einer wundersamen Mahlzeit bei der Stange zu halten. Als Elias, von König Ahab verfolgt und von dessen Häschern mit dem Tod durch das Schwert bedroht, in die Wüste flüchtete, wo er sich beim Rasten unter einem Wacholderstrauch nur noch den Tod herbeiwünschte, erschien ihm ein Engel des Herrn und richtete die bekannte Aufforderung an ihn: „Steh auf und iß!" (1 Kg 19,5) Elias blickte um sich und fand sich sogleich mit gerösteten Fladen und einem Krug Wasser bewirtet. Nach einem Verdauungsschläfchen sättigte sich Elias an dieser ebenso einfachen wie offensichtlich kräftigenden Nahrung noch ein zweites Mal. Jetzt war der streitbare Prophet stark genug, um vierzig Tage und vierzig Nächte ohne Unterbrechung bis zum Berg Horeb zu marschieren, wo er von Jahwe weitere Anweisungen für das zukünftige Schicksal des Volkes Israel entgegennahm.

Elischas Rezept gegen den „Tod im Topf"

Der Tod ist in dem Pott, obschon es kommt von Gott." Die Sottise, die der karolingische Gelehrte Alkuin in erster Linie auf die nicht immer nur heilsamen Wirkungen des Gerstensaftes gemünzt hat, ist tatsächlich eine Anspielung auf eine alttestamentarische Begebenheit, die mit dem Propheten Elischa in enger Verbindung steht.

Elischa, der Nachfolger des Elias, stellte bereits bei seinem Eintritt in die biblische Geschichte (1 Kg 19,19-21) recht anschaulich unter Beweis, daß er nicht nur ein Mann Gottes, sondern auch einer war, der den kulinarischen Genüssen des Lebens durchaus etwas abgewann. Bevor er nämlich Elias, der ihn berufen hatte, nachfolgte, richtete Elischa zuerst noch ein großes Fest für seine Eltern und Angehörigen aus, für das er zwei Rinder schlachtete und auch selbst zubereitete. Er muß dabei allerdings ziemliche Eile an den Tag gelegt haben. Denn Elischa hielt es nicht einmal für nötig, den geschlachteten Rindern beim Kochen das Joch abzunehmen. Er garte es einfach mit.

Elischa (...) nahm ein Paar Rinder, schlachtete sie und kochte das Fleisch mitsamt dem Joch. Dann gab er es den Leuten zu essen.
1 Kg 19,21

Und es begab sich, daß Elischa nach Schunem hinüberging, wo eine vornehme Frau wohnte, die ihn inständig bat, doch einmal bei ihr zu speisen. Seit diesem Tag kehrte er jedes Mal, wenn er dort vorbeikam, zum Essen ein. Da sprach die Frau zu ihrem Manne: „Ich weiß, daß es ein heiliger Mann ist, der da immer bei uns einkehrt. Wir wollen daher ein kleines, gemauertes Obergemach für ihn herrichten und dort auch ein Bett, einen Stuhl und einen Leuchter für ihn bereitstellen. Sooft er zu uns kommt, kann er dort wohnen."
2 Kg 4, 8-10

Auch als Elischa bereits als großer Prophet durchs Land zog, war er einer kleinen kulinarischen Ablenkung offenbar alles andere als abgeneigt. Nachdem er einmal bei einer vornehmen Frau in Schunem eingekehrt und dort gut bewirtet worden war, „kehrte er jedes Mal, wenn er dort vorbeikam, zum Essen ein" (2 Kg 4,8). Daß er das ziemlich häufig tat, läßt sich daraus schließen, daß die Frau von Schunem dem Propheten sogar ein eigenes Gästezimmer im Obergeschoß einrichtete, in das er sich, sooft er wollte, zurückziehen konnte. (2 Kg 4,10) Alkuins Replik auf den „Tod im Pott" bezieht sich allerdings nicht auf die Kochkünste seiner schunemitischen Gastgeberin, sondern auf ein Wunder, das Elischa auf dem Weg nach Gilgal wirkte, wo gerade eine Hungersnot herrschte. (2 Kg 4,38–41) Elischa befahl daher seinem Diener, einen Topf für die Mahlzeit der Prophetenjünger aufzusetzen, aus deren Runde einer die Zutaten für die Suppe in der nahen Umgebung pflückte.

Da unter diesen Gemüsen auch ein allen unbekanntes „Rankengewächs" war, zeigte sich die Mahlgemeinschaft trotz des knurrenden Magens zunächst skeptisch, und als einer der Jünger von der Suppe kostete, tat er jenen legendären Ausspruch: „Der Tod ist in dem Topf, Mann Gottes!" Elischa griff daraufhin selbst zum Kochlöffel, ließ sich etwas Mehl bringen, rührte es in die Brühe ein – und plötzlich fanden alle die Gemüsesuppe wieder lecker.

Das hebräische Wort „oroth", das in den meisten Bibelübersetzungen als „wildes Rankengewächs", manchmal jedoch auch ganz simpel als „Kräuter" wiedergegeben wird, bezeichnet aller Wahrscheinlichkeit nach den durchaus eßbaren Feldraukensenf (Eruca sativa), der in der Brühe möglicherweise etwas bitter vorschmeckte. Elischa band die Suppe daraufhin mit Mehl, was sie offensichtlich milder und verträglicher machte. Vom Abschmecken scheint der Prophet, der lange vor Jesus auch durch eine wunderbare Brotvermehrung (2 Kg 4, 42–44) von sich reden machte, jedenfalls etwas verstanden zu haben.

Hiob und der gute Geschmack

Das große Buch des Leidens setzt wie kein anderes die Erfahrung von Genuß und Freude voraus.

Hiob wird uns zwar gleich zu Beginn dieses novellenhaften Weisheitsbuches als gottesfürchtiger Mann vorgestellt, es wird jedoch auch nicht verschwiegen, daß seine Sippe einen durchaus großzügigen Haushalt führte. Abwechselnd richteten seine Söhne mit einer gewissen Regelmäßigkeit große Familienfeste aus, in deren Verlauf die Angehörigen Hiobs aus dem vollen schöpfen konnten. Tausend Rinder standen zur Verfügung, siebentausend Ziegen und Schafe erwiesen sich als eine lebendige Speisekammer. Dazu kamen dreitausend Kamele, fünfhundert Esel und jede Menge Bediente, die den Festmählern im Hause Hiob wohl auch den entsprechenden Prunk zu verleihen vermochten.

Hiob selbst schien allerdings seine berechtigten Zweifel gehabt zu haben, ob der Wohlstand, der den Alltag seiner Familie bestimmte, wirklich gottgefällig war. Jedes-

Hiob übertraf alle Bewohner des Ostens an Ansehen. Jeder seiner Söhne pflegte an einem anderen Tag in seinem Hause ein Gastmahl abzuhalten. Dann ließen sie ausschicken und luden auch ihre drei Schwestern ein, mit ihnen zu essen und zu trinken.
Ib 1,3–4

Ißt man denn fade Speisen ohne Salz? Wem schmeckt schon ein schleimiger Dotter? Es widerstrebt mir, es anzurühren, und doch ist dies die Speise meiner Krankheit.
Ib 6,6–7

Liegt denn ein Unrecht auf meiner Zunge, oder schmeckt mein Gaumen das Schlechte nicht mehr heraus?
Ib 6,30

Der eine stirbt auf der Höhe seines Glücks, frei von Sorgen und in völliger Ruhe. Seine Lenden strotzen von Fett, und wohlgetränkt ist das Mark seiner Knochen. Der andere stirbt mit verhärmter Seele und hat niemals etwas Gutes genossen. Zusammen liegen sie im Staube, beide deckt der Moder zu.
Ib 21,23-26

mal, wenn ein solches Gastmahl beendet war, bestellte er daher seine Kinder zu sich, um sie zu „entsühnen" (Ib 1,5) und für jedes seiner Kinder ein Brandopfer darzubringen.

Das Buch Hiob läßt jedoch immer wieder durchblicken, daß dessen Protagonist auch selbst sehr wohl einen elaborierteren Gaumen sein eigen nannte. Als es Hiob später schlechtgeht, schimmern immer wieder ferne Erinnerungen an den Luxus früher Tage durch.

Die Frage, ob man denn Fades esse, ohne es zuvor zu salzen, ist eines der frühesten Zeugnisse der Geschichte des Würzens (Ib 6,6). Auch eine der ältesten Belegstellen der europäischen Käsekultur findet sich im Buch Hiob: „Hast du mich nicht wie Milch hingegossen und wie Käse gerinnen lassen?" (Ib 18,10)

Wenn Hiob vom Unrecht spricht, das auf seiner Zunge liegt, fällt ihm überraschend schnell auch sein Gaumen ein, der das Schlechte womöglich nicht mehr herausschmecken könne (Ib 6,30). Und aufgrund der Anspielung auf jenen Glücklichen, dessen Lenden fett sind und dessen Knochenmark wohlgetränkt ist (Ib 21,23-26), kann man vermuten, daß Hiob die Erfahrungen der Adipositas vielleicht am eigenen Leibe durchgemacht oder zumindest in seinem Familienkreis kennengelernt hat.

Die Vermutung Satans, daß Hiob Gott nur deswegen diene, weil dieser seinen materiellen Wohlstand sichere (Ib 1,10), war demnach so unberechtigt nicht. Und Jahwe geriet aufgrund von Hiobs offensichtlichem Wohlleben gegenüber Satan in einen derartigen Argumentationsnotstand, daß er all das Unheil zulassen mußte, welches den Glauben Hiobs in der Folge auf eine so bittere Probe stellen sollte. Nicht weil Hiob oder dessen Familie nicht gottgefällig lebten, kam das Leid über ihn, sondern weil Satan Jahwe in die Zwickmühle brachte, ihm seine Macht über die Menschen an einem lebendigen Beispiel veranschaulichen zu müssen.

Die wahre Größe Hiobs besteht daher auch nicht in erster Linie in der Contenance, mit der er sein Leid erträgt, sondern darin, daß Hiob überhaupt nicht ver-

steht, warum ihm all dieses Leid zugefügt wird, und Gott dennoch nicht verflucht. Hiob hat die engen Grenzen des menschlichen Verstandes zu akzeptieren gelernt. Somit war er auch in der Lage einzusehen, daß sein Elend keine Bestrafung für vergangene Sünden war, sondern konnte vielmehr begreifen, daß Gottes Gerechtigkeit ganz einfach nicht mit menschlichem Maß gemessen werden konnte. Nicht für sein Leid, sondern für diese Einsicht wird Hiob am Schluß dann auch belohnt, indem ihm sein Vermögen doppelt zurückerstattet wird.

In der Bibel liest man über Hiobs Heimkehr: „Da kamen all seine Brüder, Schwestern und früheren Bekannten und speisten mit ihm in seinem Haus." (Ib 42,11) Es durfte bei Hiobs also getrost auch wieder einmal so richtig geschlemmt werden.

Ezechiel oder die Bekömmlichkeit von Schriftrollen

Ezechiel, der große Prophet der babylonischen Gefangenschaft, war gewiß keiner der großen Esser des Alten Testaments. Dazu war er viel zu sehr damit befaßt, für sein Volk wegen dessen notorischen Sittenverfalls Sühne zu tun, ganz besonders aber wegen der zunehmenden Verehrung heidnischer Götzenbilder, die den sprichwörtlichen Becher der Sünden Judas allmählich zum Überlaufen brachte.

Gleichwohl darf die Gestalt des Ezechiel in einer kulinarischen Bibel nicht fehlen, da mit seiner Berufung eine der seltsamsten Mahlzeiten der Heiligen Schrift verbunden ist. Jahwe offenbart sich Ezechiel (den Luther zwecks leichterer deutscher Aussprache kurzerhand in Hesekiel umgetauft hat) nämlich nicht, wie den meisten anderen Propheten, an einer heiligen Stätte, sondern inmitten des heidnischen Feindeslands, am Fluß Kebar bei Babylon, gewissermaßen im Schatten der Tempel des Sumerergottes Marduk, der durch einen Schlangendrachen symbolisiert wird.

Hier, fernab der Heimat, befiehlt Jahwe dem von ihm erwählten Propheten, eine Schriftrolle mit Klageliedern schlicht und einfach aufzuessen. Als er das tat, war sie ihm „so süß wie Honig" im Mund (Ez 3,3), sie *schmeckte* ihm also.

Das Schmecken von Gottes Gegenwart und dem Reich Gottes ist eine Metapher, die in der Bibel immer wieder vorkommt (Ps 34,9; 1 Petr 2,3; Hebr 6,4–5). Der Geschmack des Himmels manifestiert sich im Manna ebenso wie in Ezechiels Schriftrollen, die sich durchaus als prophetischer Vorgriff auf das christliche Wort, das Fleisch geworden ist und unter uns gewohnt hat, verstehen lassen.

Die Analogie von Welt-Essen und Wort-Essen hat später auch den hl. Augustinus fasziniert, der – wohl bewußt

78

Er sagte zu mir: Menschensohn, iß, was da vor dir liegt. Iß diese Rolle! Dann geh hin und sprich zum Haus Israel! Ich öffnete meinen Mund, und er ließ mich die Rolle aufessen. Er sagte zu mir: Menschensohn, gib deinem Körper Nahrung und fülle dein Inneres mit dieser Rolle, die ich dir gebe. Ich aß sie auf, und sie wurde in meinem Mund so süß wie Honig.
Ez 3,1–3

auf die entsprechenden Stellen bei Ezechiel und in der Apokalypse (Offb 10,8–11) replizierend – von den „vielen dicken Büchern" schrieb, die ihm den Weg zum Herrn gewiesen haben: „Das waren die Speisebretter, auf denen mir, der ich doch nach dir Hunger verspürte, statt deiner Sonne und Mond serviert wurden, deine herrlichen

Werke, gleichwohl aber nur deine Werke und nicht du selbst. (...) Dennoch aß ich von diesen Speisen, weil ich sie für dich hielt, freilich nicht begierig, denn du schmecktest mir nicht danach, wie du wirklich bist – denn du warst ja in der Tat nicht jene leeren Hirngespinste –, auch war das für mich keine Nahrung, sondern es zehrte mich noch mehr aus. Eine Speise, die man träumend zu sich nimmt, ist Speisen, die man in wachem Zustand verzehrt, sehr ähnlich; dennoch ist der Ernährungswert für jene, welche schlafen, gleich Null: Sie schlafen nämlich."

Die Verkostung von Schriftrollen war allerdings keineswegs das einzige kulinarische Problem, das Jahwe dem Ezechiel zu lösen aufgab. Als er sich – um die Schuld des Hauses Israel zu symbolisieren und dessen zukünftiges Schicksal zu weissagen – dreihundertneunzig und vierzig Tage lang, zuerst auf der linken und dann nur auf der rechten Seite liegend, von Wasser und Brot ernähren mußte, gebot ihm Jahwe, letzteres vor aller Augen auf Menschenkot zu backen, um jedermann die Drastik der Lage des Volkes Israel vor Augen zu führen. Allein: Da streikte der ansonsten so gottesfürchtige Prophet und wies auf Jahwes eigene Speisegebote hin. Noch nie, erklärte er, habe er in seinem ganzen Leben irgend etwas Unreines gegessen und er wolle es, Prophezeiung hin oder her, auch weiter so halten. Jahwe erwiderte daraufhin generös: „Also gut, ich erlaube dir, dein Brot auf Rindermist statt auf Menschenkot zu backen." (Ez 4,15) Auch in weiteren anschaulichen, von Jahwe angeordneten symbolischen Handlungen verwendet Ezechiel immer wieder kulinarische Bezüge. Die bevorstehende Zerstörung Jerusalems wird dabei etwa durch ein Lamm veranschaulicht, das Ezechiel in einem Topf kochen und dann wieder herausnehmen soll, weil der Topf Rostflecken (sprich: die Blutflecken Jerusalems) hat, die erst entfernt werden müssen. Der Fehler läßt sich jedoch nur völlig beheben, indem man den ganzen Topf zum Schmelzen bringt. (Ez 24,3–5) Auch die Flecken auf der Seele Jerusalems können demnach nur durch völlige Zerstörung desselben getilgt werden. Während Ezechiel seinen Mitbürgern diese Allegorie unterbreitet, steht die assyrische Armee – am 15. Januar 588 v. Chr. – tatsächlich bereits vor den Toren Jerusalems und bereitet den Angriff vor.

Der Schluß des Buches Ezechiel birgt dann abermals eine kulinarische Vision, die diesmal allerdings ins Positive gekehrt, ja geradezu paradiesisch ist: Der Prophet sieht das wiederhergestellte Jerusalem mit einem neuen Tempel in einer fruchtbaren, fischreichen Flußlandschaft, die aus einer Tempelquelle gespeist wird. Zu beiden Ufern dieses Flusses „gedeihen alle Arten von Obstbäumen, deren Laub nicht welken wird und die niemals ohne Frucht sein werden", da „das Wasser des Flusses aus dem Heiligtum kommt. Die Früchte werden als Speise und die Blätter als Heilmittel dienen". (Ez 47,1–12)

Ezechiel sollte seine Schriftrolle also nicht umsonst gegessen haben.

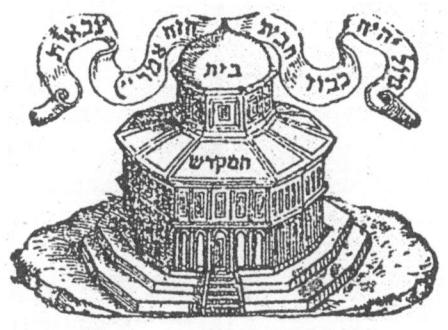

Daniel, ein Vegetarier aus Leidenschaft

Gib uns nur Gemüse zu essen und Wasser zu trinken! Dann vergleiche unser Aussehen mit jenem der Knaben, die sich von den Speisen des Königs ernähren. Je nachdem, was dabei herauskommt, verfahre dann weiter mit deinen Knechten! Der Erzieher nahm diesen Vorschlag an und führte mit ihnen eine zehntägige Probe durch. Am Ende der zehn Tage sahen sie besser und wohlgenährter aus als all die Knaben, die von den Speisen des Königs aßen. Da stellte der Erzieher diese Speisen und auch den Wein, den sie trinken sollten, beiseite und gab ihnen statt dessen Gemüse zu essen. Und Gott verlieh diesen vier Jünglingen Wissen und Verständnis in jeder Art von Schrifttum und Weisheit. Daniel verstand außerdem, Gesichte und Träume zu deuten.
Dn 1,12–17

Vier junge Israeliten, Hananja, Mischael, Asarja und Daniel, erhalten am Hof König Nebukadnezars so etwas wie ein Begabtenstipendium für Ausländer. Obwohl sie nicht dem assyrischen Volk angehören, werden sie, offenbar aufgrund ihrer hohen Begabung, schönen Gestalt und weil sie aus guter Familie stammen, in eine Eliteschule aufgenommen.

Solche Eliteschulen scheinen sich im alten Babylon von jenen unserer Tage einigermaßen unterschieden zu haben. Auf keinen Fall kann es sich dabei um eine Militärakademie in unserem Sinn gehandelt haben. Das ganze Sinnen und Trachten der Pädagogen stand nämlich danach, die Jünglinge mit auserlesenen Speisen und vor allem auch Wein gut bei Kräften zu halten, damit der König niemals den Eindruck hatte, es könnte ihnen an etwas fehlen.

Der Tutor, der für Daniel und seine Freunde zuständig war, sah sich jedoch schon bald mit einer für ihn ziemlich heiklen Situation konfrontiert. Die vier Burschen waren nämlich nicht nur gläubige Israeliten und als solche in keiner Weise an der unkoscheren babylonischen Küche interessiert, sie entpuppten sich als fanatische Vegetarier und Abstinenzler obendrein.

Da der königliche Pädagoge seinen Zöglingen durchaus mit Sympathie gegenüberstand, hatte er persönlich absolutes Verständnis für deren Sonderwünsche nach einem eigenen Speiseplan. Allein: Das babylonische Gesundheitsbewußtsein dürfte sich von jenem unserer Tage wohl doch in einigen wesentlichen Dingen unterschieden haben. Denn der Erzieher hatte schlicht und einfach Angst, daß seine Schutzbefohlenen im wahrsten Sinne des Wortes vom Fleisch fallen könnten, wenn sie auf letzteres – und außerdem noch auf den kräftigenden Rebensaft –verzichteten. Der König, so mutmaßte er, würde die Mangelerscheinungen an den blassen Gesichtern und

In Judäa lebte damals
Habakuk, der Prophet.
Dieser hatte gerade eine
Mahlzeit gekocht und
Brot in den Napf ge-
brockt, und er ging hin-
aus auf den Acker, um
das Essen den Feldarbei-
tern zu bringen. Da
sprach ein Engel des
Herrn zu Habakuk:
„Bring die Mahlzeit,
welche du in Händen
hältst, nach Babylon zu
Daniel in die Löwen-
grube!" Habakuk ant-
wortete: „O Herr, ich
habe Babylon noch nie
gesehen, und auch die
Grube kenne ich nicht."
Da faßte ihn der Engel
des Herrn am Schopf,
zerrte ihn an seinen
Haaren fort und ver-
setzte ihn mit einem ein-
zigen Atemzug nach
Babylon, direkt an den
oberen Rand der Grube.
Habakuk rief: „Daniel,
Daniel, nimm das Essen,
das Gott dir geschickt
hat."
Dn 14,33–37

ausgezehrten Gliedern der jungen Leute sofort erkennen und ihn selbst dafür verantwortlich machen.

Daniel machte daraufhin den Vorschlag, eine Art zehntägiges Wettessen zwischen Vegetariern und Nicht-vegetariern sowie Wasser und Weintrinkern zu veran-stalten und am Ende dieser Probezeit festzustellen, wel-che von den beiden Gruppen über die bessere körperliche Konstitution verfügte. Es erwies sich sehr schnell, daß Daniels Diätetik der babylonischen haushoch überlegen war – und das keineswegs nur in Hinblick auf die Kör-perkraft, sondern auch auf die intellektuellen Fähigkeiten. Daniel avancierte nämlich nach Absolvierung seiner Aus-bildung sehr schnell zum königlichen Traumdeuter, gehörte also der Gruppe der Weisen an – laut Dn 1,20 war er den Zauberern und Wahrsagern im ganzen Reich an Weisheit zehnmal überlegen – und hatte eine entspre-chend bedeutende Sonderstellung bei Hofe inne.

Seinem Bekenntnis zum Vegetarismus ist Daniel dabei stets treu geblieben. Auch jene Mahlzeit, die Daniel am Schluß des nach ihm benannten Buches durch ein göttliches Wunder in der Löwengrube vor dem Hungertod rettete – die wilden Tiere weigerten sich ja bekanntlich, den Vegetarier Daniel zu verspeisen –, dürfte, da sie ja ursprünglich als Mahlzeit für die Feldarbeiter und keineswegs als Festessen gedacht war, ein fleischfreies Topfgericht gewesen sein, in das der Prophet Habakuk ein paar Krümel Brot gebrockt hatte.

„Bringt ein Kälbchen her!": Eß- und Tischsitten zur Zeit Jesu

Jesus sprach viel vom, vor allem aber auch beim Essen und Trinken. Viele seiner großen Auftritte hatte er bei Festen und Festmählern, und wenn er Volksreden hielt, so sorgte er stets dafür, daß sein Publikum auch etwas zu beißen hatte. Die bilderreiche Sprache Jesu ist voll von kulinarischen Metaphern und Gleichnissen. Betrachtet man Jesus zunächst nicht als Religionsstifter, sondern als politisch agierenden Populisten, so kann man mit Fug und Recht behaupten, daß er das Einmaleins des antiken Propagandismus im kleinen Finger hatte. „Panem et circenses" – Brot und Spiele – lautete im Imperium Romanum die Maxime jedes einigermaßen erfolgreichen Politikers und Volkstribunen. Auch Jesus wußte offenbar ganz genau, daß ein hungriges Auditorium eine schlechte Zuhörerschaft abgab. Und auch wenn er keine Spiele im circensischen Sinne anzubieten hatte, so wußte er sein Publikum doch immer wieder durch spektakuläre „Showeinlagen" – ihrer didaktischen

Bringt das Mastkalb herbei und schlachtet es! Wir wollen schmausen und fröhlich sein!
Lk 15,23

Wenn einer von euch einen Sklaven hat, der den Acker bestellt oder das Vieh hütet, wird er etwa zu ihm, wenn er vom Acker kommt, sagen: „Nimm Platz, um zu essen?" Wird er nicht vielmehr zu ihm sagen: „Mach mir etwas zu essen, gürte dich, und bediene mich; wenn ich gegessen und getrunken habe, kannst auch du essen und trinken."
Lk 17,7–8

Alle Zöllner und Sünder kamen zu ihm, um ihn zu hören. Die Pharisäer und die Schriftgelehrten empörten sich darüber und sagten: Er gibt sich mit Sündern ab und ißt sogar mit ihnen.
Lk 15,1–2

Mit dem Himmelreich ist es wie mit dem Sauerteig, den eine Frau unter einen großen Trog Mehl mischte, bis das Ganze durchsäuert war.
Mt 13,33

Als Jesus in seinem Haus beim Essen war, aßen viele Zöllner und Sünder zusammen mit ihm und seinen Jüngern; denn es folgten ihm schon viele. Als die Schriftgelehrten, die zur Partei der Pharisäer gehörten, sahen, daß er mit Zöllnern und Sündern aß, sagten sie zu seinen Jüngern: Wie kann er zusammen mit Zöllnern und Sündern essen?
Mk 2,15–16

Funktion nach waren die Wunder nämlich genau das – zu beeindrucken.

Nicht nur Jesus selbst war also dem leiblichen Wohl seiner Klientel gegenüber durchaus aufgeschlossen. Auch seine Jünger waren offenbar alles andere denn Kinder von Traurigkeit. Lukas weist sogar (Lk 5,33–34) explizit darauf hin, daß die Apostel offenbar ein besonders auffälliges Verhältnis zu Speis und Trank hatten. Während die Proponenten anderer jüdischer Sekten vor allem durch Askese Aufsehen erregten, taten sich die Jünger Jesu beim Essen und Trinken in aller Öffentlichkeit keinen Zwang an.

Jesus, dem dieser allzusehr zur Schau getragene Hedonismus möglicherweise mitunter auch etwas peinlich war, wies in diesem Zusammenhang darauf hin, daß die Zeiten des Fastens schon noch kommen würden, wenn die Festgemeinde, als deren „Bräutigam" er sich verstand, erst einmal führerlos sein würde.

Das Lehramt Jesu hat sich wohl auch häufig in Kneipen oder in den Hinterzimmern relativ finsterer Zeitgenossen mit wenig Sozialprestige abgespielt. Der Einwand, Jesus zeche mit seinen Jüngern in Gegenwart von Unwürdigen, diente seinen Gegnern jedenfalls immer wieder als eines ihrer Hauptargumente gegen den Messias – und bleibt auch in den Evangelien keineswegs unerwähnt. (Mt 11,18–19; Mk 2,15–16)

Die wirtschaftliche Welt, in die Jesus hineingeboren wurde, darf mit Fug und Recht als eine Welt der Hochkonjunktur bezeichnet werden. Das römische Imperium war auf multinationalen Handelsinteressen mehr als auf einer gemeinsamen Ideologie begründet. Die Römer hatten keinerlei Problem, ihrem religiösen Kanon ständig neue Gottheiten hinzuzufügen, wenn sich daraus finanzielle Vorteile ergaben. Es gab sogar – wie man nicht zuletzt dem Gleichnis von den anvertrauten Pfunden bei Lk 19,13 entnehmen kann – so etwas wie ein florierendes Bankwesen. Der Außenhandel blühte. Modernste Bewässerungstechnologien machten einen lukrativen Land-

Der Hausherr wird euch
einen großen Raum im
Obergeschoß zeigen, der
schon für das Festmahl
hergerichtet und mit
Polstern ausgestattet ist.
Dort bereitet alles für uns
vor!
Mk 14,15

Ich lebe von einer Speise,
die ihr nicht kennt.
Jo 4,32

bau selbst in Wüstengebieten möglich, und es mangelte
auch nicht an Luxusgütern wie teuren Gewürzen, Elfenbein, Perlen, Juwelen und – last not least – Delikatessen.

Der Einfluß römischer Lebensgewohnheiten auf den
Alltag in den Provinzen kann vielleicht mit jenem verglichen werden, mit dem die amerikanische Kultur heute
nicht nur ihre Satellitenstaaten und Verbündeten, sondern
auch entlegenste Gebiete der Welt prägt. Es ist nicht mehr
die bei allem Auseinanderdriften letztlich doch homogene
Welt des Alten Testaments, mit der wir es jetzt zu tun haben. Und es geschah durchaus mit Bedacht, wenn sich die
nationalen jüdischen Sekten wie Pharisäer, Sadduzäer,

Sie sprachen zu ihm:
„Die Jünger des Johannes
fasten und beten viel,
ebenso die Jünger der
Pharisäer; deine Jünger
aber essen und trinken."
Jesus erwiderte ihnen:
„Könnt ihr denn die
Hochzeitsgäste fasten
lassen, solange der
Bräutigam unter ihnen
weilt?"
Lk 5,33–34

Essener und Zeloten vor allem durch eine besonders dezidiert zur Schau getragene Askese von den hedonistischen Einflüssen der Kolonialmacht Rom abzugrenzen versuchten.

Rom – das war, wenn man einmal von Steuerlasten und politischer Knebelung absieht, gelebte Permissivität. Das Joch der Kolonialherrschaft wurde durch die Teilnahme an allerhand alltäglichem Luxus versüßt. Die von Archestratus und Apicius akribisch aufgezeichneten Köstlichkeiten der römischen Küche, darunter Gerichte aus Fasanen- und Pfauengehirnen, Makrelenlebern und Flamingozungen, dürften in der Hofhaltung des Herodes ebenso wie an der Tafel des Pontius Pilatus durchaus gefehlt haben.

Auf das einfache Volk fiel freilich allenfalls ein Schatten dieses Wohlstands ab. Der Speisezettel in der jüdischen Durchschnittsfamilie war mit jenem der Patriziertafeln sicherlich nicht annähernd vergleichbar. Das Frühstück wurde – schließlich arbeiteten die meisten Menschen hart im Feld-, Acker- und Weinbau – als ebenso wichtige wie kräftigende Mahlzeit verstanden. Es bestand in erster Linie aus Brot, das man in Wein tunkte, oder aber auch gemeinsam mit Datteln, Rosinen, Honig und Oliven, vielleicht auch mit Käse, verzehrte. Daß das Mittagessen bereits gegen elf Uhr eingenommen wurde, läßt den Schluß zu, daß die Zeitgenossen Jesu ein Volk von Frühaufstehern waren. Der neutestamentliche „Lunch" bestand jedenfalls zumeist aus Weizenbrei oder Brot, Salat, Oliven, Käse, Früchten, Nüssen und Speiseresten vom Vorabend.

Der späte Nachmittag stand schließlich im Zeichen der täglichen Hauptmahlzeit, die üblicherweise aus drei Gängen, bei Festmählern auch aus sechs bis sieben Gängen bestand. Die Zubereitung dieses insgesamt doch recht reichlichen Abendessens nahm die Frauen oft bereits vom Morgen an in Anspruch, weil die Versorgung im wesentlichen auf Autarkie beruhte. Getreide mußte gemahlen, Brot gebacken, Bier gebraut, Milch gemolken und

Gemüse gepflückt sowie zugerichtet werden. Man kann davon ausgehen, daß unter der Woche fast ausschließlich Vegetarisches und Fische auf dem Speisezettel standen. Das Fleisch blieb rituellen Opfermählern an besonderen Festtagen vorbehalten. Nur für die Alltagsverpflegung wurden Tiere allein schon aufgrund der mosaischen Gesetze nicht geschlachtet. Da mußte schon ein verlorener Sohn (Lk 15,23) heimkehren, damit es einem Kälbchen an den Kragen gehen konnte.

Restaurants im heutigen Sinne gab es zur Zeit Jesu gewiß nicht, wohl aber Hinterzimmer gastfreundlicher Familien, in denen – wie beim Letzten Abendmahl – für größere Gesellschaften gekocht wurde. Von den Griechen und Römern übernahm man in vornehmeren Kreisen offenbar auch die Übung, zu Festmählern besonders interessante Zeitgenossen gratis einzuladen, um die Konversation zu beleben. Eine Sitte, von welcher der besonders häufig zu Tisch gebetene Jesus vor allem am Beginn seiner Karriere durchaus zu profitieren schien.

Heuschrecken oder Schweinefutter:
Was aß Johannes der Täufer?

Schon das Buch Leviticus läßt keinen Zweifel daran: Geflügelte Insekten sind, solange sie Schenkel besitzen, mit deren Hilfe sie sich auf dem Boden hüpfend und springend weiterbewegen können, ein gottgefälliges Essen. (Lv 11,20–22) Jahwe zählt in weiterer Folge gleich eine ganze Reihe von Heuschreckenarten auf, deren Genuß er seinem erwählten Volk, sei's als diätetische Proteinquelle, sei's aus rein praktischen Gründen, mit besten Empfehlungen anheimstellt. Selbst der ansonsten so strenge Koran hat diese Toleranz gegenüber dem Grashüpferverzehr übernommen, wenn er den Propheten ausdrücklich sagen läßt, Gott habe „zwei Tierarten zu essen erlaubt, ohne sie zu schlachten: Fische und Heuschrecken. (...) Wer nicht von meinen Heuschrecken, von meinen Kamelen und von meinen Schildkröten ißt, ist meiner nicht würdig, spricht der Prophet." Und auch in der Thora findet sich eine ausdrückliche Empfehlung des Heuschreckengenusses: „Ihr aber werdet essen: die Heuschrecke um ihrer Art willen, die Ameise um ihrer Art willen, den Grashüpfer um seiner Art willen."

Ein Volk, das wie die Israeliten große Zeiträume seiner Geschichte in der Wüste zubrachte, war wohl auch tatsächlich auf die zahlreichen Arten von Grashüpfern und Riesenheuschrecken angewiesen, um seinen Nahrungsbedarf in kargen Gegenden einigermaßen zu decken. Ob sie freilich damals mit dem nämlichen Genuß verzehrt wurden, wie dies heutzutage in der arabischen Küche der Fall ist, in welcher Heuschrecken als besondere Delikatesse gelten, sei allerdings dahingestellt. Daß es freilich ausgerechnet Johannes der Täufer ist, der als maßgeblicher Heuschrecken-Vorkoster in die Heilige Schrift eingegangen ist, läßt schon einige Zweifel daran aufkommen, ob man die kleinen Fluginsekten tatsächlich für Vertreter der gehobenen Gourmandise gehalten hat.

Von der Herkunft und den damit verbundenen Eß-
gewohnheiten Johannes des Täufers wissen wir leider
nichts, wohl aber, daß er ein Gewand aus Kamelhaar sowie einen ledernen Gürtel trug und sich von Heuschrecken und wildem Honig ernährte. Bei Johannes, der
durch die von Oscar Wilde dramatisierte Salome-Episode
als Jochanaan auch in die Weltliteratur Eingang fand, handelte es sich zweifellos um eine historische Figur. Der
römische Historiker Flavius Josephus beschreibt ihn als
einen Mann von edler Gesinnung, „der die Juden veran-
laßte, nach Vollkommenheit zu streben und sie er-
mahnte, Gerechtigkeit gegeneinander und Frömmigkeit
gegenüber Gott zu üben".

Sollte der Heuschreckengenuß tatsächlich der Inbegriff
dieser Frömmigkeit gewesen sein?

Insektenverächter – und die waren unter den Exegeten
und Bibelforschern der vergangenen Jahrhunderte zweifellos in der Mehrzahl – haben immer wieder zu beweisen versucht, daß es sich bei den Heuschreckenmahl-
zeiten des Johannes tatsächlich um einen Übersetzungsfehler handeln müsse. In Wahrheit sei von den Früchten
des Johannisbrotbaumes die Rede gewesen, die in der
Antike bereits bekannt waren und häufig auch als
Schweinefutter Verwendung fanden. Es handelt sich

dabei um lange, schwarze Schoten, die wie Stangenboh-
nen aussehen und ebenso süß wie mehlig schmecken. Sie
galten bis vor kurzem als klassische Armeleutekost und
wurden – tempora mutantur – erst in jüngster Zeit durch
den Bio-Boom als gesunde Reformkost wieder gesell-
schaftsfähig.

Die Frage, ob sich Johannes der Täufer nun „fleischlich" von Heuschrecken oder rein pflanzlich von Johannisbrotschoten ernährte, läßt sich nicht endgültig klären.

Vielleicht aß er auch beides. Denn wählerisch durfte, wer sich – wie es damals häufig vorkam – zur Läuterung einer rituellen Hungerkur in der Wüste unterzog, ohnedies nicht sein. Die dort vorrätige „Mischkost" bestand zweifellos aus eßbaren Insekten, Johannisbrotschoten, den süßen Sabrefrüchten einer speziellen Kakteenart und – last not least – dem guten alten Manna, jenem bereits Moses bekannten Sekret der gleichnamigen Schildlaus, die auf den Tamariskensträuchern in der Wüste ihr Leben fristet – und möglicherweise auch für Johannes den Täufer den ein oder anderen durchaus asketisch gemeinten Happen abwarf.

Fast zweitausend Jahre später hat der Maler Henri Toulouse-Lautrec den seltsamen kulinarischen Vorlieben des Heiligen vom Jordanfluß jedenfalls ein Denkmal ganz besonderer Art gesetzt: Er nahm in seine Rezeptsammlung auch ein ganz spezielles Insektenrezept auf: „Geröstete Heuschrecken nach der Art von Johannes dem Täufer."

Pereat aqua, fiat vinum:
Die Hochzeit zu Kana

Und am dritten Tag fand zu Kana in Galiläa eine Hochzeit statt, und die Mutter Jesu war dabei anwesend. Auch Jesus und seine Jünger waren zu dieser Hochzeit geladen. Als der Wein ausging, sagte die Mutter Jesu zu ihm: „Sie haben keinen Wein mehr." Jesus erwiderte ihr: „Was willst du von mir, Frau? Meine Stunde ist noch nicht gekommen." Da sprach seine Mutter zu den Dienern: „Alles, was er euch sagt, das tut!" Es waren dort sechs steinerne Wasserkrüge aufgestellt, wie es der bei den Juden üblichen Reinigung entsprach; sie faßten jeweils zwei bis drei Maß. Jesus sprach zu den Dienern: „Füllet die Krüge mit Wasser!" Und sie füllten sie bis an den Rand. Dann sagte er zu ihnen: „Schöpfet jetzt und bringet es jenem, der für das Festmahl zuständig ist." Und sie brachten es zu ihm. Dieser kostete das Wasser, das zu Wein geworden war, wußte aber nicht, woher der Wein kam; die Diener aber, die das Wasser geschöpft hatten, wußten es. Da rief der Speise-

Es vergehe das Wasser, es werde der Wein." Dieser Trinkspruch findet sich in der Gravur einer im Museum zu Reichenberg zu bewundernden, diamantgerissenen Schale aus dem Jahre 1600. Durch die Wahl der antiken Sprache gibt er sich zweifellos einen kirchenlateinischen Anstrich, und es kann nicht geleugnet werden, daß darin auch ein Hauch von nahezu liturgischem Pathos mitschwingt.

Daß der Wein in der Bibel weit über tausendmal Erwähnung findet, wird noch Gegenstand ausführlicher Erörterungen sein. Fest steht jedoch, daß die europäische Weinkultur durch die Schilderung der Hochzeit zu Kana im Johannesevangelium einen biblischen Katalysator erhalten hat, der bis in unsere Zeit nachwirkt. „Pereat aqua, fiat vinum" – auch dieser Spruch wäre ohne das Wunder Jesu, das mit Recht immer wieder als eine durch Jesus selbst vorgenommene Apologie des Weingenusses verstanden wird, undenkbar.

Das durch vielerlei Anspielungen und Zitate sowie eine bemerkenswerte Vorliebe für Gleichnisse aus dem Bereich des Weinbaus belegte Naheverhältnis Jesu zum Rebensaft scheint sogar einigen seiner späteren Propagandisten suspekt gewesen zu sein. Weder Markus noch Matthäus und Lukas finden das Ereignis der Hochzeit zu Kana erwähnenswert, was um so befremdlicher stimmt, als es sich dabei ja um das anerkanntermaßen erste Wunder handelte, mit dem der Messias an die Öffentlichkeit trat. Außerdem hätte zumindest Matthäus ebenfalls darüber genau Bescheid wissen müssen, da er einer jener zwölf Jünger war, die dem Ereignis als Augenzeugen beiwohnten.

Ausgerechnet der Evangelist und Apostel Johannes, der im übrigen dem Anekdotischen eher abgeneigt ist, die meisten Wunder ausläßt und sich statt dessen um so

mehr dem theologischen Fundament der Lehre Jesu zuwendet, berichtet in extenso und mit einem für die Evangelien eher unüblichen Detailreichtum über das Wunder
der Verwandlung von Wasser in Wein. Er erinnert sich
genau, um wie viele Krüge es sich handelte, ja erwähnt
mit geradezu journalistischer Akribie sogar deren unterschiedlichen Fassungsraum.

Die Stelle im Johannesevangelium ist darüber hinaus
auch kulturgeschichtlich von Interesse. Klärt sie uns
doch darüber auf, daß man die Weinfolge zu biblischer
Zeit offenbar vom Guten zum Schlechten, vom edlen
Tropfen zum einfachen Trinkwein hin aufbaute. Man
ging also davon aus, daß mit zunehmendem Weingenuß

*meister den Bräutigam
herbei und sagte zu ihm:
„Jedermann setzt zuerst
den guten Wein vor und
erst, wenn die Gäste zu-
viel getrunken haben,
den weniger wertvollen.
Du jedoch hast den
guten Wein bis jetzt auf-
gehoben." So tat Jesus
sein erstes Zeichen, zu
offenbarte seine Herrlichkeit, und seine Jünger
glaubten an ihn.*
Jo 2,1–11

die Geschmackspapillen für feinere Nuancen weniger aufnahmefähig waren. Vielleicht sollte man sich heute, da die Weinfolge genau umgekehrt gehandhabt wird, dieser biblischen Sitte wieder einmal besinnen. Denn wie viele große Weine wurden am Ende von Verkostungen zu nachtschlafener Stunde schon von einem Häuflein angeheiterter Kenner und Nichtkenner „vernichtet", ohne daß sie noch irgend jemand tatsächlich zu schätzen wußte?

Wie dem auch sei: Die Beschreibung der Hochzeit von Kana ist, aus önologischer wie auch aus kulinarhistorischer Sicht, zweifellos ein Meilenstein in der Weingeschichte. Es lohnt sich daher für unser Thema, noch ein wenig bei den genauen Umständen zu verweilen, unter denen sie stattfand.

Kana – heute Chirbet Qana – ist ein kleines, in einer besonders fruchtbaren Gegend Galiläas, gute zehn Kilometer nördlich von Nazareth inmitten von Granatapfel- und Olivenhainen gelegenes Dorf. In der kleinen Franziskanerkirche, die auf den Fundamenten einer Basilika aus dem 6. Jahrhundert erbaut wurde, sind heute noch einige nachgebildete Steinkrüge zu sehen, die an das Wunder erinnern. Daß glücklicherweise so viele Wasserkrüge vorhanden waren, um den Durst einer größeren Hochzeitsgesellschaft zu stillen, ist nämlich sicherlich kein Zufall, sondern liegt vielmehr an der jüdischen Gewohnheit, sich während eines langen Festmahles oft dutzende Male die Hände zu waschen.

Der Wein spielte bei jüdischen Festen seit jeher eine wesentliche Rolle, und Jesus wußte sehr wohl, daß er richtig verstanden werden würde, wenn er sich einmal selbst den „rechten Weinstock" (Jo 15,1) nannte. Immerhin hatte auch Jahwe selbst das Volk Israel mehrmals (Ps 80,9–16; Hos 19,1) mit einem Weinstock oder mit einem Weinberg (Jr 12,10) verglichen.

Historisch betrachtet ist der Wein jenes Getränk, das den Übergang des Volkes Israel vom nomadischen zum seßhaften Leben symbolisierte. Jeder Sabbath beginnt daher im jüdischen Ritual auch stets mit einem sogenannten Kiddush, einer Art von Weinsegen. Es gibt sogar eine Vorschrift, die festlegt, daß beim Passah-Fest vier Becher Wein, bei Hochzeiten zwei und bei der Beschneidung ein Becher Wein zu leeren seien. Als „Becher des Trostes" wurden beim Leichenschmaus in früherer Zeit sogar zehn Becher Wein gewährt. Es sollte in diesem Zusammenhang auch jene Stelle aus dem Talmud nicht übersehen werden, in welcher dem Gläubigen geraten

wird, sich anläßlich des Purim-Festes so sehr zu berauschen, daß man zwischen „gesegnet sei Mordechai" und „verflucht sei Haman" nicht mehr zu unterscheiden vermöge.

Jesus wußte also – wenngleich er seiner Mutter gegenüber zu bedenken gab, daß „seine Zeit noch nicht gekommen" sei – sehr wohl, daß die Sprache des Weines ein Medium war, mit Hilfe dessen er bei seinen Landsleuten auf besonderes Verständnis hoffen durfte. Im jüdischen Ritual spielt der Wein bis heute eine wesentliche Rolle, die sich gleichwohl von jener der christlichen Zivilisation unterscheidet. Während die vom Christentum geprägte abendländische Kultur immer wieder vor dem Problem des maßlosen Weintrinkens stand, scheint das Judentum jedenfalls eine wesentlich gemäßigtere Haltung zum Weingenuß einzunehmen. Eine Untersuchung über

98

das Trinkverhalten von Juden in den USA hat zwar eindeutig ergeben, daß der Prozentsatz der Wein- und Alkoholkonsumenten unter der jüdischen Bevölkerung wesentlich höher ist als in anderen ethnischen und religiösen Gruppen. Sie brachte aber gleichzeitig zutage, daß es viel weniger jüdische Gewohnheitstrinker und Alkoholsüchtige gibt.

Vielleicht liegt das nicht zuletzt auch daran, daß das Judentum der Hochzeit zu Kana bekanntermaßen keine Bedeutung beimißt, während die Geschichte der wunderbaren Wandlung von Wasser in Wein im Christentum, vor allem aber in dessen notorisch weinfreundlichen Klöstern, immer wieder als göttliche Absolution für den schrankenlosen Weingenuß verstanden (manche Exegeten würden wohl auch sagen: mißverstanden) wurde.

... und damit erklärte er
alle Speisen für rein.

Begreift ihr denn nicht, daß alles, was in den Mund hineinkommt, in den Bauch gelangt und von dort in den Abort ausgeworfen wird? Was hingegen aus dem Munde herauskommt, das stammt aus dem Herzen, und es verunreinigt den Menschen. Denn aus dem Herzen kommen böse Gedanken, Mord, Ehebruch, Unzucht, Diebstahl, falsches Zeugnis, Lästerung. Das ist es, was den Menschen verunreinigt, aber mit ungewaschenen Händen essen verunreinigt den Menschen nicht.
Mt 15,17–20

Es ist immer wieder gerätselt worden, welchem Phänomen es denn in erster Linie zu verdanken war, daß aus einer zunächst völlig unbedeutenden jüdischen Sekte binnen relativ kurzer Zeit eine der machtvollsten Weltreligionen wurde.

Man kann dafür zweifellos vielerlei theologische, politische und auch soziologische Argumente ins Treffen führen. Einer der wichtigsten Gründe für die überdurchschnittlich schnelle Rezeption des Evangeliums liegt allerdings gewiß im Praktischen. Im theologischen und ideologischen Dickicht der Spätantike stellte sich das Christentum nämlich sehr schnell als eine Art kleinster gemeinsamer Nenner aller möglichen kulturellen Äußerungen und Lebensweisen heraus. Wo es um die menschlichen Grundbedürfnisse – das Essen und Trinken – ging, übte sich die neue Religion nämlich in einer nie zuvor gekannten Toleranz. Sie erwies sich damit als kosmopolitisch und unabhängig von aller Ethnizität, ja mehr noch: Sie bot sich als multikulturelles Bekenntnis für einen Vielvölkerstaat wie das späte Imperium Romanum Kaiser Konstantins geradezu an.

Der Ursprung dieser Entwicklung – und im Grunde genommen eine frühe Vorwegnahme dessen, was wir heute als multikulturelle Küche bezeichnen – liegt in einer Begebenheit, die uns von Matthäus (Mt 15,17–20) und noch etwas genauer von Markus (Mk 7,1–23) geschildert wird. Die Geschichte trägt sich vermutlich auf einem Platz oder in einer Halle vor dem Hause des Simon Petrus in Kapernaum zu, wo sich wieder einmal eine Abordnung von Pharisäern und Schriftgelehrten eingefunden hat, um ein Rededuell mit Jesus auszutragen, der hier seinen Wohnsitz aufgeschlagen hat.

Einige der Jünger Jesu machten es den Pharisäern offenbar zunächst ziemlich leicht, einen Aufhänger für die

an den Lehren Jesu vorgebrachte Kritik zu finden. Vermutlich war der eine oder andere von ihnen gerade mit dem Verzehr eines Brotes beschäftigt. Da es sich bei den Aposteln, wie man weiß, um ziemlich einfache Menschen handelte, mag es durchaus sein, daß die Betreffenden ihre Hände für jedermann sichtbar schon länger nicht gewaschen hatten.

Bevor die Pharisäer also noch mit ihrem theologischen Disput begannen, probierten sie also gleich einmal einen rhetorischen Untergriff aus: Was, unterstellten sie, muß das für ein komischer Prophet sein, der seine Anhänger nicht einmal dazu bringt, das primitivste von Gottes Reinheitsgeboten einzuhalten, nämlich sich vor dem Essen die Hände zu waschen?

Und es versammelten sich um ihn die Pharisäer und einige Schriftge-lehrte, die aus Jerusalem gekommen waren. Und als sie einige seiner Jünger mit unreinen, das heißt ungewaschenen Händen essen sahen – die Pharisäer und alle Juden essen nämlich, getreu der Überlieferung der Alten, nur, wenn sie sich mit einer Handvoll Wasser die Hände abge-waschen haben; auch wenn sie vom Markt kommen, essen sie nicht, ohne sich gewaschen zu haben, und noch vieles andere gibt es, was sie der Überlieferung nach beobachten: das Ab-spülen von Bechern, Krügen und Kupfer-geschirr –, da fragten ihm die Pharisäer und Schrift-gelehrten: „Warum han-deln deine Jünger nicht nach der Überlieferung ihrer Vorfahren und nehmen ihre Mahlzeiten mit unreinen Händen ein?" Er aber sprach zu ihnen: „Richtig hat Jesaja von euch Heuch-lern geweissagt, wie ge-schrieben steht: Dieses Volk ehrt mich mit den Lippen, doch ihr Herz ist fern von mir. "

Mk 7,1–7

Christus parierte diese Vorwürfe wortgewandt mit einem Jesaja-Zitat, das die Pharisäer bloßer Lippen-bekenntnisse überführte, und ging dann mit geschliffener sprachlicher Klinge zum Gegenangriff über, indem er nicht mehr und nicht weniger tat, als die alttestamentari-

schen Speisegebote in einer durchaus genial zu nennen-
den rhetorischen Volte der Sinnlosigkeit zu überführen.
Was sollten denn Reinheitsgebote für einen Sinn haben,
meinte er, wenn sie sich doch nur auf Dinge bezögen,
welche letztlich dem menschlichen Verdauungskreislauf
zugeführt wurden und im Abort landeten. Die wirkliche
Unreinheit, nämlich jene des Herzens und der daraus
strömenden Gedanken, würde davon doch überhaupt
nicht berührt.

Markus, der Pastoralassistent des Missionars Paulus,
zögert nicht, in diesem Zusammenhang kommentierend
anzumerken, daß Jesus mit diesen Worten „alle Speisen
für rein erklärte" und somit die jüdischen Speisegesetze
schlichtweg aufhob. Wie unerhört ein solcher Gedan-
kengang damals geklungen haben muß, sieht man nicht
zuletzt daran, daß Jesus sich vergewissert, auch tatsäch-

Und er rief das Volk wieder zusammen und sprach zu ihnen: „Hört mir alle zu und begreift: Nichts, was von außen in den Menschen eindringt, vermag ihm unrein zu machen, sondern das, was aus dem Menschen herauskommt, ist es, was ihn verunreinigt. Wer Ohren hat zu hören, der höre." Und als er von der Menge weg in sein Haus gegangen war, fragten ihn seine Jünger nach dem Sinn dieser rätselhaften Rede. Er antwortete ihnen: „Begreift denn auch ihr es nicht? Versteht ihr nicht, daß alles, was von außen in den Menschen hineinkommt, ihm nicht unrein machen kann, weil es nicht in sein Herz hineingelangt, sondern in den Bauch, und anschließend in den Abort gelangt." Und damit erklärte er alle Speisen für rein. Dann fügte er hinzu: „Was aus dem Menschen herauskommt, das macht den Menschen unrein. Denn von innen, aus dem Herzen der Menschen, kommen die bösen Gedanken, Unzucht, Diebstahl, Mord, Ehebruch, Habsucht, Bosheit, Arglist, Ausschweifung, Neid, Lästerung, Hochmut, Unbesonnenheit. All dieses Böse kommt von innen heraus und macht den Menschen unrein.
Mk 7,14–23

lich richtig verstanden worden zu sein: „Wer Ohren hat zu hören, der höre!" (Mk 7,16; das Zitat wurde allerdings erst von späteren Textzeugen eingefügt.)

Die revolutionäre Sprengkraft dieser Jesusworte war freilich keineswegs nur für die ihm gegenüberstehenden Pharisäer spürbar. Fast alle Religionen der Welt haben ihre Nahrungstabus und Speisegesetze. Lediglich das Christentum kennt – von den freilich mit keinerlei Tabuisierung verbundenen Fastengeboten abgesehen – keine.

Warum aber übte diese in allen anderen Fragen der alltäglichen Moral durchaus sehr rigide Religion in kulinarischen Dingen eine so unübliche Toleranz? Ein Grund dafür mag in der Tatsache liegen, daß die frühen Christen das Himmelreich nahe glaubten. Alltägliche „Lächerlichkeiten" wie Händewaschen und Hygiene fielen angesichts dessen, was da kommen würde, nicht allzusehr ins Gewicht. Im Gegensatz zu den Talmudjüngern waren die Adepten des jungen Christentums nämlich keineswegs auf eine über zweitausendjährige Wartezeit eingestellt, und nicht zuletzt aus diesem Grund hielten es die Urchristen daher wohl auch für überflüssig, sich mit diätetischen Haarspaltereien zu beschäftigen.

Jesus hat mit dem von ihm ausgesprochenen Gebot einer neuen kulinarischen Freizügigkeit den Verbreitern seiner Lehre jedenfalls ein besonders einleuchtendes „Verkaufsargument" geliefert, das vom Apostel Paulus, wie wir noch sehen werden, auch durchaus als solches erkannt und genutzt wurde. Die einschlägigen Schriftstellen aus dem Markus- und Matthäusevangelium wurden übrigens nicht nur von der Exegese rezipiert, sondern auch in der Literatur. Heinrich Heine etwa replizierte in wohlgesetzten Reimen auf den geistreichen Abstecher Jesu in die Gastrosophie: „Gott gab uns nur einen Mund, weil zwei Mäuler ungesund. / Mit dem einen Maule schon schwätzt zu viel der Erdensohn. / Wenn er doppelmäulig wär, fräß und lög er noch viel mehr. / Hat er jetzt das Maul voll Brei, muß er schweigen unterdessen, / Hätt er aber Mäuler zwei, Löge er sogar beim Fressen."

Religion und Gastronomie:
Das Letzte Abendmahl

Wenn man einen frommen Juden, der in der katholischen Religion ein wenig bewandert ist, danach fragt, was ihn am Christentum am meisten irritiere, so wird man mit ziemlicher Sicherheit zur Antwort bekommen: „Diese sonderbare Vermischung von Fleisch, Brot, Wein, Blut und Gott." Diese physiologisch-spirituelle Melange ist aus jüdischer Sicht nämlich nicht nur völlig unkoscher, sondern für ein Volk, das immer nur „vor dem Herrn" gegessen hat, aber niemals auf die Idee gekommen wäre, „den Herrn zu essen", auch ganz und gar unverständlich.

Es ist in der Tat ein ziemlich singuläres Phänomen des Christentums, daß man glaubt oder hofft, Gott mit Hilfe von Nahrungsaufnahme begegnen zu können. Für einen Moslem, einen Hindu oder auch einen Juden hat eine Zeremonie wie die Kommunion daher etwas geradezu Blasphemisches an sich. In fast allen Religionen ißt und trinkt man *nach* dem Opfer, niemals jedoch *während* des Opfers. Wenn einem zum Wesen der christlichen Abendmahlfeier und Opferzeremonie überhaupt Assoziationen einfallen, so findet man dieselben daher auch keineswegs in anderen Weltreligionen, sondern vielmehr in archaischen Mythen und heidnischen Stammestraditionen. Nicht wenige fühlen sich bei Worten wie „Das ist mein Leib, der für euch hingegeben wird" (Lk 22,19) oder „Dieser Kelch ist der Neue Bund in meinem Blute, das für euch vergossen wird" (Lk 22,20) eher an latenten Kannibalismus als an christliche Frömmigkeit erinnert. Und die Idee des Zerreißens und Wiederzusammensetzens des Leibes (eines) Gottes stammt ganz gewiß nicht aus dem Alten Testament, sondern vielmehr aus den orphischen Mysterien der alten Griechen, deren religiöse Vorstellungen auf dem Umweg über das Abendmahl auch im frühen Christentum nachhaltig Wurzeln geschlagen zu haben scheinen. Die Omophagie – das Gottessen – hat in der christlichen Wandlung zweifellos ihren fernen Widerhall, um nicht zu sagen ein symbolhaftes Spiegelbild gefunden.

Nicht zufällig hat der von der Aufklärung zum Christentum zurückgekehrte Renegat François René Vicomte de Châteaubriand (1768–1848) in seinem bekenntnishaften Werk „Génie du christianisme" („Geist des Christentums") zum Mythos des Abendmahls die folgenden Worte gefunden: „Im stofflichen Brot und Wein sieht man die Weihung der menschlichen Ernährung, die von Gott kommt und die wir aus seiner freigiebigen Gnade erhalten. Wenn es bei der Kommunion nur dieses Angebot der Reichtümer dieser Erde gäbe, so würde das schon genügen, um sie in eine Reihe zu stellen mit den schönsten Opferriten der Griechen."

In der im Letzten Abendmahl begründeten Religion vereinigt sich, so gesehen, nicht nur der Passah-Mythos

*Und während des Mah-
les nahm er das Brot,
sprach das Segensgebet,
brach es und reichte es
ihnen mit den Worten:
„Nehmt, eßt, das ist
mein Leib." Und er
nahm einen Kelch,
sprach ein Dankgebet
und reichte ihm ihnen,
und sie tranken alle
daraus. Und er sprach
zu ihnen: „Das ist mein
Blut des Bundes, das für
viele vergossen wird.
Wahrlich, ich sage euch:
Ich werde von der
Frucht des Weinstockes
nicht mehr trinken bis
zu jenem Tage, da ich es
erneut trinken werde im
Reiche Gottes."*
Mt 14,26–28

*Ihr sollt in meinem
Reich mit mir an mei-
nem Tisch essen und
trinken, und ihr sollt auf
Thronen sitzen, um die
zwölf Stämme Israels zu
richten.*
Lk 22,30

des Volkes Israel mit den orphisch-dionysischen Mysterien, sondern die Eucharistie verkündet, so Châteaubriand weiter, „die Vereinigung aller Menschen in einer
einzigen großen Familie von Brüdern". Erst dieses neue
Gesetz, „das nicht Jude noch Heiden kennt und das alle
Söhne Adams an den gleichen Tisch lädt", begründet in
einem umfassenden gastronomischen Gedanken die
wahre Katholizität – das auf der Basis einer immerwährenden Tischgemeinschaft Allgemeine, das ein
lebendiges Ganzes bildet.

Zurück zu den Wurzeln dieser mythischen Aneinan-
derführung von Religion und Gastronomie: Wann genau
das Letzte Abendmahl stattgefunden hat, darüber sind
sich die Bibelforscher nicht recht einig. Ein glaubhafter
Zeitpunkt könnte der 6. April des Jahres 30 n. Chr. gewesen sein, doch allein über dieses Datierung gibt es eine
Fülle von wissenschaftlicher Literatur, an deren Ende jedoch nicht das gesicherte Wissen, sondern letztlich doch
immer der Glaube steht.

Es ist ja schließlich auch schon eine ganze Weile her,
daß das Letzte Abendmahl im Hinterzimmer eines un-
genannten Gastfreunds (vereinfachend könnte man auch
sagen: in einer Kneipe) zu Jerusalem stattgefunden hat.
Wo genau, weiß niemand so recht zu sagen, auch wenn
frommen Wallfahrern und neugierigen Touristen noch
heute am Zionsberg in Jerusalem ein aus dem 14. Jahrhundert stammender gotischer Abendmahlssaal gezeigt
wird, den die Franziskaner erbaut haben. Aller Wahrscheinlichkeit nach handelt es sich bei diesem Platz jedoch
um den Saal, in dem sich die Jünger Jesu später zum
Pfingstwunder versammelten.

Bekannt ist ferner, daß das Mahl im „oberen Saal" nicht
irgendeines, sondern eines ganz bestimmten Hauses stattfand, das Jesus auf die Frage seiner Jünger, wo er denn das
Osterlamm essen wolle, genau bezeichnete. Er trug ihnen
auf, doch in die Stadt zu gehen und einem Manne mit
einem Krug Wasser in jenes Haus zu folgen, in welches
er eintrete. Da Wassertragen damals eher als Frauensache

Wahrlich, wahrlich, ich sage euch: Wenn ihr nicht das Fleisch des Menschensohnes eßt (wörtlich: kaut) und sein Blut nicht trinkt, habt ihr das Leben nicht in euch. Wer mein Fleisch ißt (wörtlich: mit den Zähnen zerbeißt) und mein Blut trinkt, der hat das ewige Leben, und ich werde ihn auferwecken am Jüngsten Tage. Denn mein Fleisch ist wahrhaft eine Speise, und mein Blut ist wahrhaft ein Trank. Wer mein Fleisch ißt und mein Blut trinkt, bleibt in mir und ich bleibe in ihm.
Jo 6, 53–56

galt, war es offenbar nicht allzu schwer, diesen Wasserträger im Getümmel der Gassen Jerusalems auszumachen. Die Jünger folgten ihm also und fragten den Hausherren pflichtgemäß: „Der Meister läßt dir sagen: Wo ist das Gasthaus, darinnen ich das Osterlamm esse mit meinen Jüngern?" Und tatsächlich trat offenbar ein, was Jesus bereits zuvor gewußt hatte: „Und er wird euch einen großen oberen Saal zeigen, der gepflastert und bereit ist; daselbst richtet für uns zu." (Mk 14,15)

Den Namen des Hausherrn verschweigen die in Eigennamensfragen sonst durchaus auskunftsfreudigen Evangelisten allesamt. Inwieweit der Gastgeber des Letzten Abendmahls tatsächlich auch ein wirtschaftliches gastronomisches Interesse verfolgte, wird daher wohl niemals endgültig geklärt werden können. Fest steht, daß nicht der Wirt, sondern Jesus selbst als Hausvater auftritt und die Fußwaschung (Jo 13,1–20) vornimmt.

Auch über die Menüfolge des Letzten Abendmahls berichtet uns die Bibel nicht allzuviel. Es scheint sich beim gewählten Etablissement jedoch nicht gerade um einen Gourmettempel im heutigen Sinne gehandelt zu haben. Gereicht wurden nämlich der Überlieferung nach nur relativ einfache Speisen. Von elaborierteren Gerichten und erlesenen Weinen ist jedenfalls in keinem der vier Evangelien die Rede. Adolf Holl beispielsweise tippt in seinem lesenswerten Aufsatz über das „erste Letzte Abendmahl" auf Käse, Oliven, Brot und Gemüsebrei. Dazu wurde jener Wein getrunken, den Jesus zum Anlaß für seine gleichnishaften Ansprachen nahm. In jedem Fall wird wohl auch jenes Passahlamm kredenzt worden sein, dessen Vorbereitung Jesus seinen Jüngern aufgetragen hatte. (Lk 22,7–13)

Der religiöse Gehalt des Mahles steht in jedem Fall im Vordergrund, auch wenn er keineswegs mit Hilfe subtiler Sprachbilder oder einer schwer verständlichen Symbolsprache geschildert wird, sondern gewissermaßen „frei von der Leber weg". Bei Markus, Lukas und Matthäus ist ganz klar und eindeutig vom Essen des *Leibes* Christi die Rede, bei Johannes noch um eine Spur deutlicher sogar vom Essen (exakter übersetzt eigentlich vom Kauen) des *Fleisches* Christi. Der Lieblingsjünger Jesu bemüht sich also gar nicht erst um eine möglichst wenig anstößige Metapher, sondern er nennt das Kind ganz einfach beim Namen – wie es im Evangelium heißt, ganz „unverhüllt und ohne Bilder". Wenn Jesus im Johannesevangelium (Jo 6,5) vom Essen seines Fleisches und vom Trinken seines Blutes spricht, so meint er damit kein symbolisches, sondern ein tatsächliches Welt-Essen, nämlich eine konkrete Absorption des Kosmos und seiner geheimen Wahrheiten im eigenen Ich, das selbstverständlich ebenfalls ein Teil dieses Kosmos ist. Nicht zufällig essen Ezechiel und der Johannes der Offenbarung eine Schriftrolle auf, bevor sie in ihren prophetischen Visionen zur Wahrheit vordringen.

Zweifellos ist das Abendmahl für das Christentum das „Missing link" zwischen Altem und Neuem Testament, zwischen Altem und Neuem Bund. Daß dieses Ereignis mit dem wichtigsten Fest des Volkes Israel, dem Passah, zusammenfällt, scheint daher nur folgerichtig. Ob Christus mit seinen Jüngern freilich tatsächlich jenes Passah-

Wenn ihr euch zu euren Versammlungen trefft, so feiert ihr kein Herrenmahl mehr; denn jeder einzelne nimmt beim Essen seine eigene Mahlzeit vorweg, und so hungert der eine, während der andere betrunken ist. Habt ihr denn keine Häuser zum Essen und Trinken? Oder verachtet ihr die Gemeinde Gottes und wollt ihr die Unbemittelten beschämen? Was soll ich euch dazu noch sagen? Soll ich euch dafür loben? Nein, hierin lobe ich euch nicht.
1 Kor 11,20–22

III

mahl am Seder-Abend feierte, das die Juden bis heute an die Herausführung des erwählten Volks aus der ägyptischen Gefangenschaft erinnert, wird vielfach bezweifelt. Für diese These kann zweifellos das Datum, das auch mit den biblischen Ereignissen der Passion Christi einigermaßen korrespondieren dürfte, ins Treffen geführt werden, dagegen spricht die Art und Weise, in welcher das Abendmahl gefeiert wurde. Der Seder-Abend ist als klassisches jüdisches Familienfest nämlich ohne die Teilnahme von Frauen und Kindern kaum denkbar. Beim Abendmahl handelte es sich hingegen nicht nur, wie Paulus es im ersten Korintherbrief (1 Kor 11) nennt, um den „Tisch des Herrn", sondern vor allem auch um eine reine Herrenrunde.

Andererseits geht auch Paulus auf den engen Zusammenhang zwischen Passah und Letztem Abendmahl ein. „Unser Passah ist geopfert: Christus", so schreibt der Missionsapostel in 1 Kor 5,7 und legt dadurch den Grundstein für die im weiteren Verlauf der christlichen Kunst so typische Darstellung Jesu als Lamm. Das Abendmahl ist für Paulus vor allem Ausdruck von „koinônia", was auf griechisch soviel wie Teilhaberschaft bedeutet. Durch Essen und Trinken hat der Gläubige Anteil an der Vergebung und dem wunderbaren Geschehen, mit dem auch das Volk Israel bereits entsühnt wurde: Wer nicht vom Himmelsbrot, dem Manna, aß und nicht vom Wasser, das aus den Felsen strömte, trank, der hatte keine Chance, ins Gelobte Land zu gelangen. Der Bogen zwischen Altem und Neuem Bund beginnt sich zu schließen: Das Mahl ist da wie dort eine lebendige Quelle der Kraft.

Die entscheidende identitätsstiftende Rolle des Letzten Abendmahls führte in der frühen Christenheit, die allein schon aus politischen und organisatorischen Gründen weder Kirchen noch Tempel kannte, dazu, daß das Christentum dazumal die vermutlich einzige Religion der Welt war, die nicht in einem Kultraum, sondern schlicht und einfach an der Tafel zelebriert wurde. Der Jesus des

Neuen Testaments war nicht nur Gott, sondern in erster Linie Gast, während der Jahwe des Alten Testaments nur selten als Gast, sondern zumeist als Wirt und Gastgeber des von ihm erwählten Volkes verstanden wurde. Gastronomie und Religion scheinen einander offensichtlich da wie dort in einer fruchtbaren Wechselwirkung zu bedingen.

Hat einer Hunger, so soll er daheim essen, damit eure Zusammenkunft nicht ein Strafgericht für euch wird. 1 Kor 11,34

Daß mit dieser ausgeprägten gastronomischen Komponente in weiterer Folge einige Gefahren verbunden waren, wurde freilich auch Paulus bald klar, der in seinem ersten Brief an die Korinther darauf ausführlich einging. Es ließ sich in einzelnen Gemeinden offenbar nicht ganz vermeiden, daß der gastronomische Charakter des Mahles den spirituellen zuweilen überlagerte. Als Paulus zu Ohren kam, daß der Sättigung da und dort vor der Verkündigung ein gewisser Vorrang eingeräumt wurde, donnerte er brieflich nach Korinth: „Wenn einer Hunger hat, dann soll er daheim essen!" (1 Kor 11,34)

Es war im übrigen nicht nur Paulus, der sich darüber ärgern mußte, wie die von ihm und seinen Mitstreitern als lebendige Fortführung des Letzten Abendmahles gedachten Liebesmähler zu Festschmäusen und Orgien verkamen. Da gäbe es immer wieder Leute, merkte beispielsweise auch der streitbare Verfasser des Judasbriefs (Jud 1,12–13) an, „die bei euren Liebesmahlen als Schandflecken ohne Scheu mitschmausen und sich selber weiden".

Freilich dürfte es sich dabei nur um Auswüchse gehandelt haben. Wie sich im Frühchristentum aus dem Letzten Abendmahl organisch das Liebesmahl der Agape entwickelte, läßt sich etwa an der Ikonographie der Wandmalereien in den Katakomben von Domitilla und Priscilla in Rom recht deutlich ablesen. Sie zeigen, in der Didaktik fast ein wenig an moderne Comic strips erinnernd, die ersten bildlichen Darstellungen ritueller christlicher Liebesmähler. In der Katakombe der Priscilla sieht man sieben Männer und Frauen rund um einen Tisch bei Wein, Fisch und Brot stehen. In einer anderen Szene ruft

die Tischgesellschaft nach zwei Dienerinnen, die Irene (Frieden) und Agape (Liebe) heißen. Die Rufe beziehen sich auf den Wein: „Mische ihn mir", sagt die eine, „gib mir warmes Wasser dazu", bittet die andere.

Der Historiker Tertullian beschrieb ein solches Agape-Fest noch ausführlicher in seinem „Apologetum": „Bevor man sich bei Tisch niederläßt, labt man sich zuerst an einem Gebet zu Gott. Es wird nur soviel gegessen, daß der Hunger eben gestillt wird, und nur soviel getrunken, wie es bescheidenem Bedürfnis entspricht." Bei den ein-fachen Agape-Mahlzeiten aß man Fisch, Gemüse, Brot und Früchte, wobei man sich sitzend oder liegend rund um niedrige Tische versammelte. Ein typisches Agape-Gebet ist in einem frühchristlichen Gebetbuch überliefert und lautet so: „Du, allmächtiger Herr, hast alle Dinge er-schaffen / um Deines Namens willen und gabst den Men-schen / Speise und Trank zu ihrer Erquickung, / auf daß sie Dir Dank darbringen. / Aber Du hast uns auch gei-stige Speise und Trank gegeben / und das ewige Leben durch Deinen Diener. / Vor allem danken wir Dir, daß Du / die Kraft und Macht hast. / Dein sei auf ewig die Herrlichkeit! / Laß Gnade walten und diese Welt verge-hen. / Amen."

Die Agape hat allerdings nicht nur bei der Entwicklung des christlichen Meßopfers, sondern auch in der Kultur-geschichte der abendländischen Mahlzeit eine wesentliche Rolle gespielt. Weil es häufig auch in freier Natur zele-briert wurde, hat das christliche Liebesmahl auf ganz und gar weltliche Art und Weise in der Gestalt des Picknicks überlebt. Dieser säkularisierten Form scheint dank der

Das sind die Menschen, die bei euren Liebes-mahlen als Schand-flecken ohne Scheu mit-schmausen und sich selber weiden. Wolken sind sie ohne Wasser, die von den Winden vorüberge-jagt werden, Bäume im Spätherbst, ohne Frucht, zweimal erstorben, ent-wurzelt, wilde Meeres-wogen, die ihre eigene Schande ausschäumen, Sterne ohne feste Bahn, denen auf ewig dunkel-ste Finsternis bestimmt ist.
Jud 1,12–13

nicht zu unterschätzenden Werbewirkung zahlloser Schäferspiele und Gemälde wie Edouard Manets „Frühstück im Grünen" letztlich sogar der größere Erfolg beschieden gewesen zu sein. Denn während das Picknick keineswegs nur im angelsächsischen Sprachraum längst zum Bestandteil unserer Zivilisation geworden ist, spielt die geistliche Agape-Feier – von einem zaghaften Neubeginn in einzelnen, meist basiskirchlich organisierten Gemeinden einmal abgesehen – im katholischen Alltag kaum noch eine Rolle. Der Normalfall ist, daß die Gemeinde spätestens eine Viertelstunde nach der Abendmahlsfeier, wenn der Priester die neuesten Pfarrnachrichten verlesen und den Schlußsegen gespendet hat, in alle Winde zerstoben ist und nicht daran denkt, miteinander ein Glas Wein zu trinken oder ein paar Imbisse zu nehmen. Der Priester entläßt das gläubige Volk daher auch nicht mit einer Einladung zu einem Umtrunk, sondern vielmehr mit den Worten: Ite missa est. Etwas frei übersetzt: Das war's.

Petrus, Paulus und der kulinarische Liberalismus

Wer die Apostelgeschichte in Sachen Kulinaria durchforstet, der wird, wenn die Rede auf die Vision des Apostels Petrus zu Joppe kommt, ein höchst eigenartiges Déjà-vu erleben, das ihn an die alttestamentarische Geschichte des Propheten Ezechiel (Ez 4,12–15) erinnert. In beiden Fällen stellt Gott an die von ihm Erwählten das Ansinnen, Unreines zu essen. Der Ausgang beider Geschichten ist jedoch grundverschieden und deutet die kulinarische Bruchlinie, die zwischen der Welt des Alten und des Neuen Testaments verläuft, mehr als nur an.

Erinnern wir uns: Ezechiel hatte dem Gebot Gottes, sein Brot auf Menschenkot zu backen, um seinen Landsleuten die drastische Lage Jerusalems vor Augen zu führen, mit einer für einen frommen Propheten auffallenden Vehemenz widersprochen: „Ach, Herr Jahwe", hatte er gesagt, „nie zuvor in meinem Leben habe ich mich verunreinigt, und seit meiner Jugend ist mir kein unreines Fleisch in den Mund gekommen." Jahwe betrachtete diesen Widerspruch überraschenderweise auch nicht als Disziplinlosigkeit, sondern erlaubte Ezechiel, sein Brot auf koscherem Rindermist statt auf Menschenkot zu backen.

Nahezu dieselben entsetzten Worte wie der Prophet Ezechiel findet der Apostel Petrus, als ihm in einer göttlichen Vision ein mit allerlei unreinem Getier gefülltes Leinentuch erscheint und Gott ihn auffordert, all diese Tiere zu schlachten und zu essen. „Auf keinen Fall, o Herr!" ruft Petrus mit der nämlichen Entrüstung wie weiland Ezechiel aus. „Noch nie habe ich etwas Unheiliges und Unreines gegessen."

Doch die Reaktion der himmlischen Stimme fällt diesmal völlig anders aus als zu Ezechiels Zeiten. Gott gewährt Petrus, der immerhin dabei anwesend war, als

Alle gerieten außer sich und waren ratlos, und einer sagte zum anderen: „Was soll das bedeuten?"
Andere aber spotteten: „Sie sind vom süßen Wein betrunken."
Apg 2,12–13

Tag für Tag verharrten sie einmütig im Tempel, brachen in ihren Häusern reihum das Brot und speisten miteinander in der Fröhlichkeit und Schlichtheit des Herzens.
Apg 2,46

Jesus die jüdischen Speisegebote aufhob, nun nicht mehr
die Vergünstigung, sich entsprechend den Normen der
jüdischen Kultur zu verhalten, welcher er entstammt.
Und er läßt dem ersten der Apostel gleich dreimal ausrichten: „Was Gott für rein erklärt hat, das sollst du nicht
unrein nennen!"

Diese Vision des Petrus in Joppe liest man in der
Apostelgeschichte als Einschub zwischen der Bekehrung
und der Taufe des römischen Hauptmanns Cornelius,
und sie verfehlt an dieser Stelle nicht ihre pädagogische
Wirkung. Die Apostel steckten mit ihrer Verkündigung
nämlich damals in einer Klemme, aus der kaum ein Aus-
weg zu führen schien. Einerseits standen sie als Judenchristen, auch wenn sie mit der jüdischen Orthodoxie
nichts mehr im Sinne hatten, nach wie vor fest auf dem
Boden der jüdischen Kultur und Lebensweise, zu deren
Wesensmerkmalen es nun einmal zählte, daß Juden

nicht mit Heiden zu Tische sitzen durften. Andererseits hatten die Apostel einen Missionsauftrag zu erfüllen, und nicht nur Petrus und Paulus waren schon bald zur Überzeugung gelangt, daß eine gesicherte Zukunft des Christentums nur in einer systematischen Missionierung der Römer liegen konnte.

Da aber die wichtigste Zeremonie des Christentums nun einmal die gemeinsame Abendmahlsfeier war, ergaben sich aus dem notwendigen Zusammentreffen von Judenchristen und ehemaligen römischen Heiden zwangsläufig soziokulturelle Probleme in Fülle. Menschen, die sich bislang (nicht nur aus religiösen, sondern auch aus politischen Gründen) niemals gemeinsam an einen Tisch gesetzt hätten, mußten plötzlich miteinander ein Liebesmahl halten, zu dem, wie wir von Paulus wissen, auch noch viele ihren eigenen Proviant mitbrachten. Während der Judenchrist also seine koschere Fischmahlzeit auspackte, konnte es durchaus geschehen, daß neben ihm ein römischer Christ in aller Seelenruhe sein Schweinefleisch verzehrte.

Die zahlreichen Ermahnungen des Apostels Paulus, sich beim gemeinsamen Essen doch in gegenseitiger Rücksicht und Toleranz zu üben, deuten darauf hin, daß die Ernährungsproblematik zu den härtesten Nüssen zählte, welche die Apostel in der Frühzeit des keimenden Christentums zu knacken hatten. Einerseits erwies sich die Ausschaltung aller nur denkbaren Speisegebote als unumgängliche Voraussetzung für einen durchschlagenden Missionserfolg im multikulturellen römischen Reich, andererseits brachte genau das jede Menge gruppendynamischer Probleme mit sich.

Der Apostel Paulus nahm zwischen diesen beiden Polen eine Art produktiver Mittlerrolle ein. Nur damit läßt es sich erklären, daß Paulus, der ansonsten, nicht zuletzt seiner recht eindeutigen Abqualifizierung des weiblichen Geschlechts wegen, durchaus nicht zu Unrecht im Rufe eines finsteren Reaktionärs steht, in kulinarischen Angelegenheiten als veritabler Liberaler gelten darf. Vor allem

Am folgenden Tage, während diese im Begriff waren, sich der Stadt zu nähern, stieg Petrus auf das Dach, um zu beten; es war um die sechste Stunde. Da bekam er Hunger und wollte essen. Während man ihm jedoch etwas zubereitete, geriet er in Verzückung. Er sah den Himmel offen und einen Behälter auf die Erde herabkommen, der wie ein großes Leinentuch aussah, das an den vier Enden gehalten wurde. Darin lagen allerlei vierfüßige und kriechende Tiere der Erde sowie Vögel des Himmels. Und eine Stimme rief ihm zu: „Steh auf, Petrus, schlachte und iß!" Petrus aber erwiderte: „Auf keinen Fall, o Herr! Noch nie habe ich etwas Unheiliges und Unreines gegessen." Da richtete sich die Stimme ein zweites Mal an ihm: „Was Gott für rein erklärt hat, das sollst du nicht unrein nennen!" Das geschah dreimal, dann wurde der Behälter flugs wieder in den Himmel hinaufgezogen. Apg 10,9–16 (vgl. Apg 11,4–14)

Als der Morgen dämmerte, ermunterte Paulus alle, etwas zu essen, und sagte: „Heute ist schon der vierzehnte Tag, an dem ihr ohne die geringste Nahrung ausharrt. Deshalb rate ich euch: Genießt etwas Eßbares; das ist gut für eure Rettung. (...) Nach diesen Worten nahm er Brot, dankte Gott vor aller Augen, brach es und fing zu essen an. Da faßten auch alle anderen Mut und nahmen Nahrung zu sich.
Apg 27,33–36

Darum soll euch niemand verurteilen wegen Speise und Trank oder wegen der Feier eines Festes, wegen Neumond oder Sabbath. Das ist schließlich nur ein Schatten des Kommenden. Die Wirklichkeit hingegen ist der Leib Christi.
Kol 2,16–17

seinem Votum verdankt die Christenheit jene tolerante Permissivität an der Tafel, die bis in die eß- und trinkfreudigen Klöster des Mittelalters und die notorischen Festmähler an den weltlichen *und* geistlichen Fürstenhöfen der Renaissance nachgewirkt hat.

Paulus wird nicht müde, die Aufhebung sämtlicher alttestamentarischer Speiserestriktionen zu bestätigen, gibt aber gleichzeitig die ebenso verschwommene wie nach allen Seiten hin beliebig dehnbare Maxime aus, daß man beim Essen auf das Gewissen der glaubensschwachen (sprich: von der Aufhebung der Speisegebote durch Christus noch nicht restlos überzeugten) Brüder und Schwestern Rücksicht zu nehmen habe. (Röm 14,1; Kor 10,25; Tim 4,1–5; Hebr 13,9)

Nichts wäre freilich so falsch, wie Paulus darob zu unterstellen, daß er möglicherweise selbst ein Genußmensch gewesen sei. Vermutlich war eher das genaue Gegenteil der Fall. Doch Paulus von Tarsus war ein geviefter Taktiker der Macht und ein erfahrener Stratege der Mission. Also befreite er sich aus dem Dilemma aller Streitereien um Reinheit und Unreinheit von Speisen, indem er das Essen insgesamt für nebensächlich, ja im Grunde unwichtig erklärte. Er förderte es nicht, sondern er maß ihm schlicht und einfach keine Bedeutung bei und war auch überzeugt davon, daß es um höherer Dinge willen auch manchmal – so etwa beim Fasten – zurückgestellt werden mußte.

Mit dieser Einschätzung befindet sich Paulus durchaus auch im Einklang mit dem Alten Testament, das gegen die Freude am Essen und Trinken zumindest so lange nichts einzuwenden hat, als man „vor dem Herrn ißt und fröhlich ist" (5 Mos 12,7), will heißen: als man dabei bedenkt, daß die Früchte des Genusses eine Gottesgabe und keineswegs selbstverständlich sind. Eine Maxime übrigens, die den echten (und daher auch moralisch und ökologisch verantwortungsbewußt denkenden) Genießer ohnedies seit jeher vom rücksichtslosen Prasser und hemmungslos schlemmenden Egomanen unterschieden

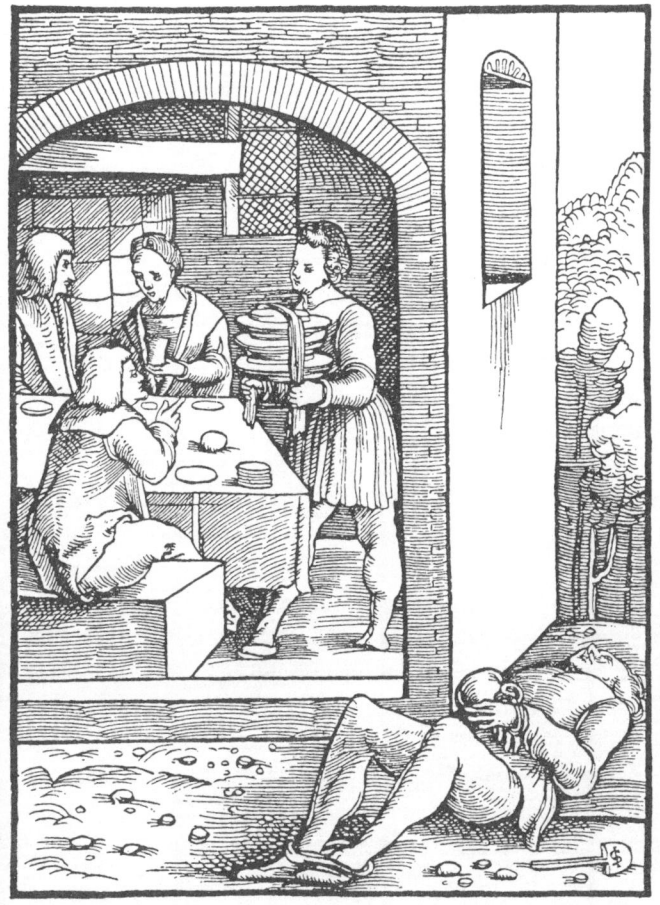

hat und die sich auch so mancher heutige Feinschmecker ab und an in Erinnerung rufen sollte.

Für Paulus ist die richtige Einstellung aller Speise gegenüber jene Interesselosigkeit, die er ihr selbst entgegenbringt, weil die Speise für ihn bar jeden Nutzens für die Seele ist. Sie dient allerdings (ebenso wie die Arbeit, mit der Paulus das Essen in 2 Thess 3,10–12 unmittelbar in Verbindung bringt) unleugbar physiologischen, d. h. diesseitigen Notwendigkeiten. Essen und Trinken ist daher, wenn schon nicht nützlich, so doch auch keineswegs schädlich. Für Paulus, der sich die Worte Jesu zu diesem

Ich weiß und bin durch Jesus, unseren Herrn, davon überzeugt, daß nichts von vornherein unrein ist. Wenn aber einer meint, etwas sei unrein, dann ist es für ihn auch unrein. Wenn dein Bruder also um einer Speise willen betrübt wird, so handelst du nicht mehr dem Gebot der Liebe gemäß. (...) Reiß nicht wegen einer Speise das Werk Gottes nieder! Zwar sind alle Dinge rein, aber dennoch ist es schlecht, wenn ein Mensch durch sein Essen dem Bruder gegenüber Anstoß erregt. Es ist nicht gut, Fleisch zu essen oder Wein zu trinken oder sonst etwas zu tun, woran dein Bruder Anstoß nimmt, sich ärgert oder schwach wird.
Röm 14,14–21

„Alles ist mir erlaubt" – aber nicht alles ist mir auch nützlich. „Alles ist mir erlaubt", aber nichts soll mich beherrschen. Die Speisen sind für den Bauch da und der Bauch für die Speisen! Doch Gott wird diesen wie jene vernichten.
1 Kor 6,12–13

Haben wir nicht das Recht, zu essen und zu trinken? Haben wir nicht Anspruch darauf, eine gläubige Frau mitzunehmen, wie die übrigen Apostel und die Brüder des Herrn?
1 Kor 9,4–5

Thema sehr genau eingeprägt hat, ist die Speise auf ihrem Weg durch den Mund über den Bauch in den Abort aus ethischer Sicht in einem solchen Maße aufkommens-neutral, daß er es bereits für zuviel der Ehre hält, ihretwegen eigene Gebote zu erlassen.

Jesus hat die Begriffe „rein" und „unrein" ganz bewußt nicht aus dem Alten in den Neuen Bund übernommen. Paulus sah die Dinge sogar noch etwas pragmatischer, und man darf diesem leidenschaftlichen Propagandisten seiner Sache sicherlich, ohne ungerecht zu sein, unterstellen, daß er mit diesem kleinen „benefit", den die Christen in Sachen Nahrungstoleranz den Juden voraushatten, durchaus auch das ein oder andere Schäflein an seine neu zu gründende Herde binden wollte.

Die neutrale Haltung, die Paulus ganz im Gegensatz zur sexuellen Lust zu den Freuden der Tafel einnahm, erkennt man schließlich auch in der Art und Weise, wie er der griechischen Philosophenschule der Epikuräer begegnete. Als er in Athen auf Anhänger des Epikur stieß, die sich zum (wenngleich durchaus maßvollen) Lebensgenuß bekannten, war der Hedonismus nicht einmal ein Thema für ihn (Apg 17,16–34). Er stritt vielmehr mit den lustvollen Epikuräern gleichermaßen wie mit den eher freudlos-asketischen Stoikern ausschließlich über Substantielleres: Es ging Paulus in diesen Gesprächen keinesfalls um die Einschätzung des Genusses, sondern vielmehr um die Qualifikation der Philosophie als Disziplin und Heilslehre, die Paulus generell für schädlich und verwerflich hielt. Für Paulus war jegliche Philosophie ihrem Wesen nach gnostisch und daher häretisch, da sie der nach seiner Meinung falschen Überzeugung anhing, daß sich Erlösung mit Hilfe menschlicher Erkenntnisfähigkeit gewinnen lassen könne. Der von Paulus vertretene christliche Erlösungsgedanke mißtraut hingegen aller Erkenntnis und baut einzig und allein auf den Glauben.

Ob der wahrhaft Gläubige nun dies oder das und etwas mehr oder etwas weniger ißt und trinkt, gilt Paulus allenfalls als Detailproblem. Er begegnet ihm, indem er

Wer nicht arbeiten will, soll auch nicht essen. (...) Denen, die es angeht, gebieten und befehlen wir daher im Namen des Herrn Jesus Christus, daß sie in Ruhe ihre Arbeit tun und ihr Brot essen.
2 Thess 3,10–12

Deshalb soll der Bischof ein Mann ohne Tadel sein, nur mit einem Weibe verheiratet, nüchtern, besonnen, würdig, gastfreundlich und zur Lehre befähigt. Er sei nicht der Trunksucht ergeben, nicht streitsüchtig, sondern gütig, nicht zänkisch und nicht geldgierig.
1 Tim 3,2–3

Ebenso seien die älteren Frauen würdevoll im Verhalten und weder klatsch- noch trunksüchtig. Sie müssen Lehrmeisterinnen im Guten sein.
Tit 2,3

seine Gemeinden immer wieder ermahnt, das rechte Maß einzuhalten (in dieser Hinsicht unterscheidet er sich in keiner Weise von den großen Gastrosophen wie Brillat-Savarin, Rumohr oder Grimod de la Reynière), und indem er darauf besteht, daß in einer Gemeinde zumindest der Bischof kein Schlemmer und Trinker sein möge (1 Tim 3,2–3), sondern – man höre und staune – in erster Linie ein guter Familienvater.

Das apokalyptische Menü

Eine Abhandlung über biblische Mahlzeiten ausgerechnet mit der Apokalypse enden zu lassen, mag
auf den ersten Blick etwas verwegen scheinen.
Man erinnere sich jedoch der Worte aus dem Markusevangelium (Mk 14,25), in denen Jesus ankündigt, daß er
nunmehr auf die Früchte des Weinstocks verzichte, bis
hin zu dem Tag, an welchem er im Reiche Gottes erneut
davon kosten werde. Man entsinne sich auch der Verheißung des Lukasevangeliums (Lk 22,30), wo Jesus seinen Jüngern prophezeit, daß sie am Jüngsten Tag an seinem Tisch essen und trinken sowie über die zwölf
Stämme Israels richten würden. Man bedenke außerdem
die zahlreichen alt- und neutestamentarischen Anspielungen (z. B. Ps 22,5; Ps 34,9; Ps 136,25), die vom
Himmelreich als einem Gastmahl und von Gott als
Gastgeber der Menschheit sprechen. Kurzum: Es kann
eigentlich kein Zweifel daran bestehen, daß ausgiebig ge-
schmaust und gezecht wird, während sich auf Erden der
Armageddon abspielt.

Die Ingredienzien dieser sowohl letzten als auch ewig
während biblischen Mahlzeit sind unterschiedlicher
Natur. Fast könnte man beim ersten Lesen dieses (nicht
zuletzt wegen der mangelnden Beherrschung des Griechischen durch den Verfasser) etwas verwirrend anmu-
tenden Buches den Eindruck gewinnen, es handle sich
um eine Art Wettkochen zwischen guten und bösen
Köchen, die teils mit reinen, koscheren Produkten und
teils mit Götzenopferfleisch arbeiten oder einen Wettstreit
himmlischer Sommeliers, die soeben eine Vergleichs-
verkostung zwischen dem „Wein des Zornes" und dem
„lebendigen Wasser" Gottes vorbereiten.

Abgesehen davon, daß auch in der Apokalypse – wie
schon bei Ezechiel – wieder einmal ein Buch verzehrt
wird, finden sich unter anderem Rinder- und Lammfleisch, Heuschrecken, Weizen, Gerste, Honig, Wein, Öl,
Wermut, Wasser, Feigen, Trauben, Pferdefleisch und

sogar verschiedenerlei Menschenfleisch auf der von Metaphern überfrachteten Speisekarte, die aus kulinarischer Sicht oft alles andere als eine Offenbarung ist. Die Einladung des „Engels in der Sonne", die da an alle Vögel des Himmels ergeht, beweist ziemlich eindeutig, daß es an dieser letzten aller biblischen Tafeln nicht immer nur fein hergeht: „Versammelt euch zum großen Mahl Gottes. Freßt Fleisch von Königen, Heerführern und Helden, Fleisch von Pferden und ihren Reitern, Fleisch von allen, Freien und Sklaven, Großen und Kleinen." (Offb 19,18)

Die „apokalyptische Küche", so meinen manche Exegeten, köchle denn auch mitten im sündigen alten Rom, wo die große Hure Babylon auf jenen sieben Bergen sitzt, welche den sieben Hügeln entsprechen, auf denen die

Und die Stimme, die ich aus dem Himmel vernommen hatte, hörte ich noch einmal, und sie sprach: „Geh, nimm das aufgeschlagene Buch, welches der Engel, der auf dem Meer und auf dem Land steht, in der Hand hält." Und ich ging zu dem Engel und bat ihn, mir dieses Büchlein zu geben. Und er spricht zu mir: „Nimm es und iß es auf! Es wird deinen Magen mit Bitterkeit erfüllen, in deinem Mund aber wird es süß sein wie Honig." Da nahm ich das kleine Buch aus der Hand des Engels und verschlang es. Und in meinem Mund war es süß wie Honig. Als ich es aber aufgegessen hatte, wurde mein Magen mit Bitterkeit erfüllt.
Offb 10,8–10

„Wenn jemand das Tier und sein Götzenbild anbetet und das Mal auf seiner Stirne oder auf seiner Hand trägt, so soll er auch trinken vom Wein des Zornes Gottes, der unverdünnt in den Becher seines Zornes eingeschenkt ist."
Offb 14,9–10

Stadt des Romulus und des Remus erbaut wurde, deren Zerstörung die Apokalypse nunmehr ankündigt.

Es brodelt – die Christenverfolgungen haben zur Zeit der Abfassung des letzten Buches der Bibel längst begonnen – jedoch nicht nur in Rom, sondern auch an den meisten anderen Punkten der alten Welt. Die Offen-

Und ein anderer Engel
kam noch vom Altar
her. Er hatte die Macht
über das Feuer inne.
Und er rief jenem Engel,
der die scharfe Sichel
trug, mit lauter Stimme
zu: „Sende deine scharfe
Sichel aus und ernte die
Trauben vom Weinstock
der Erde! Denn seine
Beeren sind reif." Da
schleuderte der Engel
seine scharfe Sichel auf
die Erde, erntete den
Weinstock der Erde ab
und warf die Trauben in
die große Kelter von
Gottes Zorn. Die Kelter
wurde außerhalb der
Stadt getreten, und Blut
strömte aus der Kelter.
Offb 14,18–20

Und er sprach zu mir:
„Schreibe nieder: Selig,
wer zum Hochzeitsmahl
des Lammes geladen
ist." Dann sagte er zu
mir: „Diese Worte sind
wahrhaftig, es sind die
Worte Gottes."
Offb 19,9

Ich will den, der durstig
ist, umsonst aus der
Quelle trinken lassen,
aus der das Wasser des
Lebens strömt.
Offb 21,6

barung präsentiert sich dem Leser denn auch als ein
eklektisches, aus brennenden Pfuhlen zischendes und in
Pfannen schmurgelndes Gebräu aus allerlei Stilzutaten des
Alten Testaments, auf welches die Apokalypse insgesamt
400 Anspielungen enthält, ohne daß dabei auch nur ein
einziges wörtliches Zitat zu finden wäre.

So versteht sich denn die Offenbarung des Johannes tatsächlich nicht nur als Schluß, sondern auch als ein Round-up der biblischen Geschichte, als eine visionäre Klammer, die sich vorgenommen hat, dem Alten und dem Neue Testament eine gemeinsame Conclusio zu verpassen. Der Rückgriff auf die Weissagungen des Alten Testaments wird dabei geschickt mit Konfigurationen aus dem Neuen Testament verknüpft und endet für viele – allerdings nicht für alle – Interpretatoren in einer futuristischen Vision des Weltuntergangs, in welcher die Guten an die ewig während Tafel Gottes geladen werden, während die Bösen auf dem Rost der unterirdischen Küchengewölbe landen. Die mittelalterlichen Darstellungen des Jüngsten Gerichts sparen von der Krypta der kleinsten Pfarrkirche bis hin zu Hieronymus Bosch daher auch nicht mit drastischen Darstellungen aus der Höllenküche, in der die Seelen der schlechten Menschen in Kesseln, auf Bratspießen oder anderweitig gegart werden.

Die Küchen- und Servicebrigade dieser endzeitlichen Tischgesellschaft besteht aus sieben Engeln, die als gnadenlose Zeremonienmeister fungieren und sichtlich für einen reibungslosen Ablauf dieses apokalyptischen Menüs verantwortlich sind, welches das Alpha und das Omega des Weltenlaufs endlich auf einer Speisekarte vereinigt.

Die Schöpfung hat sich vollendet. Die Ziele Gottes sind erreicht. Das göttliche Mahl, über dessen endgültige Art und Zusammensetzung im Alten und Neuen Testament soviel prophezeit, spekuliert und nachgedacht wurde, ist endlich angerichtet.

II. TEIL

Kleine biblische
Waren- und Getränkekunde

Bier: Die Bibel braute ohne Hopfen

U m der Wahrheit die Ehre zu geben: Zu behaupten, daß das Bier im Neuen und Alten Testament besonders gut wegkommt, wäre gelogen. Gewiß ist da jene schöne Stelle in 5 Mos 14,26, in welcher das erwählte Volk dazu geladen wird, vor Gott zu essen, zu trinken und fröhlich zu sein, in welchem Zusammenhang auch ausdrücklich auf den Biergenuß hingewiesen wird. Doch im übrigen schaut es mit positiven Referenzen zum Thema Gerstensaft – ganz im Gegensatz zum Konkurrenzprodukt Wein – eher triste aus.

Falsche Propheten, die vom Bier schwanken und rauschig durch die Gegend torkeln, werden ebenso gescholten wie jene Zeitgenossen, die schon am frühen Morgen hinter dem Bier her sind. Und es fällt auf, daß an den relativ wenigen Stellen in der Bibel, die sich dem Wein gegenüber skeptisch zeigen, meist auch in einem Atemzug vom Bier die Rede ist.

Eingeschworene Cerevisiologen brauchen aber dennoch nicht völlig zu verzagen. Denn damit, was wir heutzutage unter Bier verstehen, hatte das biblische Bier wenig, oft auch gar nichts zu tun. Bier, heute von jedermann als gelungene Symbiose von Hopfen und Malz verstanden, wurde zu biblischen Zeiten noch völlig ohne Hopfen gebraut (dieser kam erst im Hochmittelalter ins Spiel), und es erwies sich oft als reichlich schlappes Gebräu auf der Basis von allerlei gekeimten Körnern und Gewürzen, die später auch Grut genannt wurden.

In den meisten historischen Bibelübersetzungen kommt das Wort Bier daher auch gar nicht vor, sondern es ist vielmehr von Rauschtrank oder Rauschgetränk die Rede, was man durchaus als Sammelbezeichnung für alle vergorenen Getränke bezeichnen kann, die geeignet waren, die Sinneswahrnehmung zu beeinträchtigen. Das hebräische Wort dafür ist „schekar" und bezeichnet alle berauschenden Genußmittel außer Wein. Das Destillieren von Spirituosen war zu biblischer Zeit noch unbekannt.

Du sollst (...) alles kaufen, wonach dir der Sinn steht – Rinder, Schafe, Ziegen, Wein und Bier, alles, wonach es deinen Gaumen verlangt, und dann sollst du vor Jahwe, deinem Gott, Mahl halten und mit deiner Familie fröhlich sein.
5 Mos 14,26

Wenn ihr das Offenbarungszelt betretet, dürft ihr, du und deine Söhne, weder Wein noch Bier trinken, sonst müßt ihr sterben.
3 Mos 10,9

Weh euch, die ihr schon am frühen Morgen hinter dem Bier her seid und sitzen bleibt bis spät in die Nacht.
Js 5,11

Sogar diese hier torkeln (...) betäubt vom Bier. Priester und Propheten schwanken vom Bier (...) Sie taumeln vom Bier, und sie schwanken bei ihren Visionen.
Js 28,7

Ich prophezeie dir Wein und Bier! Das wäre vielleicht ein Prophet für dieses Volk.
Mich 2,11

Ein Spötter ist der Wein, ein Radaubruder das Bier. Keiner, der dadurch ins Schwanken gerät, wird jemals weise.
Spr 20,1

Kommt her, ich hole Wein, und wir wollen uns mit Bier vollaufen lassen. Wie heute, so soll es auch morgen sein. Hoch soll es hergehen.
Js 56,12

„Schekar" – das waren vergorene Fruchtsäfte aus Äpfeln und Datteln ebenso wie Bier aus Honig, Datteln, Feigen, wildem Safran, Gerste oder Weizen. Der „schekar" dürfte sich beim Volk durchaus einiger Beliebtheit erfreut haben, Priester durften ihn jedoch keinesfalls zu sich nehmen.

Daß zumal die israelische Priester- und Oberschicht mit dem Bier nicht allzuviel anzufangen wußte, mag aber auch noch andere als nur geschmackliche Gründe gehabt haben. Bier kann als das Kulturgetränk der Babylonier und Ägypter bezeichnet werden und war in diesen beiden Ländern dem Wein an Verbreitung und Beliebtheit haushoch überlegen. Über den babylonischen Herrscher Nebukadnezar, mit dem die Israeliten so manchen Strauß auszufechten hatten, wird berichtet, er habe ganze Ströme von Bier auf die Altäre von Marduk und Aapanitu herniederfließen lassen. Und die Ägypter waren sogar der Überzeugung, daß Bier von keinem Geringeren als Osiris selbst eingeführt worden sei.

Nun handelte es sich bei diesen beiden Völkern jedoch gleichzeitig um die klassischen Feindbilder der Israeliten, die ihrerseits darauf bedacht waren, sich nicht zuletzt durch ihre ureigenen Nahrungsgebote und -gewohnheiten mit ihrer ethnischen Identität auch ihre Selbstachtung zu sichern. Die unübersehbare Vorliebe, die das Volk Gottes dem Wein entgegenbrachte, kann also auch als Protestverhalten gegenüber den ägyptischen und babylonischen Biertrinkern interpretiert werden. Nicht zuletzt darin liegt wohl auch ein Grund, warum die Bibel mit positiven Anspielungen auf den Gerstensaft gar so geizt.

Brot: Ein Teil von dieser Welt

Im Anfang war nämlich das Wort und nicht das Brot. Auch wenn letzterem in so gut wie allen Büchern der Bibel eine zentrale Rolle zukommt, so ist dafür im Paradies nicht einmal ein Nebenpart vorgesehen. Das verwundert freilich nicht weiter, denn Brot ist ein, vermutlich sogar das älteste Kulturprodukt der Menschheit. Es zuzubereiten bedeutet Arbeit, Anstrengung und vor allem auch Know-how. All das war im Paradies weder bekannt noch notwendig. Wo die Natur sich selbst entfaltete und darbot, bedurfte es ihrer Kultivierung nicht. Seine biblische Karriere beginnt erst später.

Die erste Erwähnung des Brotes in der Bibel steht daher auch ganz und gar nicht unter einem guten Stern. Mit sichtlicher Verächtlichkeit verurteilt Jahwe, nachdem er den Ackerboden verflucht hat, Adam, sein Brot fürderhin im Schweiße seines Angesichts zu essen. Vom Himmelsbrot, vom Himmelreich als Sauerteig, von einer wunderbaren Brotvermehrung oder gar von der Trans-

Im Schweiße deines Angesichts sollst du dein Brot essen, bis du zurückkehrst zum Ackerboden, von dem du genommen bist.
1 Mos 3,19

Ich will unterdessen ein Stück Brot holen, damit ihr gestärkt weiterziehen könnt. Deshalb seid ihr ja schließlich bei eurem Knecht vorbeigekommen. Sie erwiderten: „Tu, wie du es gesagt hast." Nun lief Abraham eilig ins Zelt zu Sara und rief: „Nimm schnell drei Sea feines Mehl, knete es und backe Brotfladen daraus!"
1 Mos 18,5-6

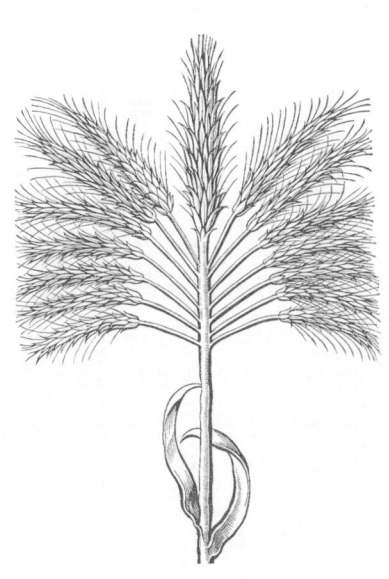

Als der Oberbäcker bemerkte, daß Josef eine günstige Deutung gegeben hatte, sprach er zu ihm: „Auch ich hatte einen Traum, in dem es mir war, als hätte ich drei Körbe Feingebäck auf meinem Kopf. Im obersten Korb war allerlei Feinbäckerei für die Tafel Pharaos. Aber die Vögel fraßen es aus dem Korb auf meinem Kopf weg." Josef antwortete: „Dieses ist die Deutung: Mit den drei Körben sind drei Tage gemeint. Noch drei Tage, dann wird der Pharao dich zu sich rufen und dich an einem Baum aufhängen; die Vögel werden von dir das Fleisch abfressen."

1 Mos 40, 16-23

substantiation des Brotes beim Abendmahl ist hier noch nicht einmal eine Andeutung zu spüren. Brotbacken – das bedeutet zunächst und vor allem einmal Sühne, es ist die erste unmittelbare Folge der Vertreibung aus dem Paradies.

Wenn in der Bibel in weiterer Folge vom Brot die Rede ist, so werden darunter freilich nicht nur Weizen- oder Gerstenbrote, Brotbreie und geröstete Körner verstanden, der Begriff Brot wird vielmehr zum Synonym für Nahrung schlechthin. Wer den verrät, dessen Brot er ißt, der wird als übelster unter den Menschen bezeichnet. Brot ist die Drehscheibe der biblischen Sozialstruktur. Wer es hat, schafft Abhängigkeiten, wer es nicht hat, wird abhängig, wer es indessen seinem Nächsten verweigert, verfällt in Sünde.

Zu den wichtigsten Geboten der Bibel zählt es daher auch, die „Nachlese" auf den Feldern – also das, was nach der ersten Ernte übrigbleibt – nicht einzubringen, da dieser Abfall auch den Armen und Notleidenden ihr tägliches Brot garantieren soll.

Bleiben wir jedoch zunächst beim Brot im engeren Sinne des Wortes: Das biblische Brot ist insgesamt eher jenen heute noch im Nahen Osten und im arabischen

134

Raum üblichen Fladenbroten verwandt als den Erzeugnissen mitteleuropäischer Bäckerkunst. Die simpelste und archaischeste Form der Getreideverarbeitung bestand darin, Körner aus den Ähren zu lösen und über offenem Feuer zu rösten, eine Technik, die auch dem in der alpenländischen Küche recht häufigen „Melkermus" verwandt ist. Im Regelfall wurde das Getreide jedoch sowohl zur Zeit des Alten wie auch des Neuen Testaments nicht zu Mus oder Brei, sondern tatsächlich zu Brotfladen oder -laiben verarbeitet.

Die Rezepturen, die zum Teil auch in der Heiligen Schrift erläutert werden, waren dabei höchst simpel. Zunächst wurde das Getreide gemahlen, was in biblischer Zeit eine so anstrengende Angelegenheit gewesen sein muß, daß man dafür offenbar auch Strafgefangene heranzog. Simson beispielsweise wurde, nachdem er geblendet worden war, von den Philistern in Ketten gelegt und dazu verurteilt, im Gefängnis die Kornmühle zu drehen (Ri 16,21). Wer es sich leisten konnte, überließ das Mahlen jedenfalls Berufsmüllern, nur die Armen mahlten selbst.

Zum Brotbacken vermengte man Wasser mit dem frischgemahlenen Mehl in einem Backtrog, salzte und

Aser besitzt Brot in Fülle und liefert königliche Köstlichkeiten.
1 Mos 49,20

Nimm Feinmehl und backe daraus zwölf Kuchen; aus zwei Zehntel Efa Feinmehl soll jeder einzelne davon zubereitet sein. Dann lege sie in zwei Schichten, sechs Stück in jeder Schicht, auf den Tisch aus reinem Gold vor den Herrn. Auf jede Schicht sollst du reinen Weihrauch tun, als Duftanteil für das Brot und als Feueropfer für den Herrn.
3 Mos 24,5-7

Er wollte dir kundtun, daß der Mensch nicht nur vom Brote allein, sondern daß der Mensch vielmehr von allem lebt, was auf Jahwes Gebot hin entsteht.
5 Mos 8,3

versetzte es mit Sauerteig. Die so entstandene Mischung ließ man durchziehen und formte daraus flache Scheiben von etwa dreißig Zentimetern Durchmesser. In die Mitte dieser Fladen wurde mit dem Finger ein Loch gebohrt, damit sich das ausgebackene Brot besser brechen ließ. Um Brot und Kuchen schmackhafter zu machen, wurde dem Teig gelegentlich auch ein Spritzer Olivenöl hinzugefügt.

Neben diesem Grundrezept für Fladen sind auch Rezepturen für dicklaibigere Brote bekannt, die jedoch verhältnismäßig selten waren. Gebacken wurde, je nach Zivilisationsstufe, auf glühenden Steinen oder in heißer Asche, zumeist aber auf irdenen oder metallenen Backplatten. Auch spezielle Backgruben und Backöfen wurden verwendet.

Als Grundlage für das Brotbacken dienten vor allem zwei „biblische Getreidesorten": Der Hartweizenanbau spielte in der biblischen Landwirtschaft offenbar eine besonders wichtige Rolle. Der aus Mesopotamien, dem heutigen Irak, stammende Weizen galt zur Zeit Jesu als die wertvollste aller Getreidearten. Wie in Offb 6,6 nachzulesen steht, erhielt man für den damals üblichen Tageslohn eines Denars nur einen Liter Weizen, aber drei Liter Gerste. Weizen erzielte demnach den dreifachen Preis. Es ist daher nicht weiter erstaunlich, daß bei der wunderbaren Brotvermehrung (Jo 6,8-9), bei der ja vor allem einfaches Volk anwesend war, Gerstenbrote verteilt wurden. Gerste, zur Zeit Jesu im Vorderen Orient so etwas wie ein „Massenträger", galt als Grundlage des „Brotes der Armen".

Die Gerste hat freilich auch schon vorher eine bedeutende Rolle gespielt. Im Buch Leviticus (3 Mos 2) wird die Gerstengrütze als eines der wichtigsten Speiseopfer erwähnt, und im Buch Rut steht eine Mahlzeit aus gerösteter Gerste, Brot und mit Essig zubereiteter Würztunke am Beginn der Liebesgeschichte zwischen Boas und der Heldin des Buches (Rt 2,14).

Viel ist in der Bibel auch vom Sauerteig die Rede, durch den das Brot von der bloßen Nahrung zum Genuß-

mittel werden konnte. Wo Brot aus rituellen Gründen gegessen wird, sind daher in der Bibel stets ungesäuerte Brote vorgeschrieben, um den asketischen Charakter des Mahles zu unterstreichen.

Im Buch Ezechiel wird auch das sogenannte Aschenbrot erwähnt. Nomaden und Hirten bereiteten es aus Gersten- und Weizenmehl, Wasser, Salz und Öl als hauchdünnes Fladenbrot zu. Die ausgewalzten Teigfladen werden zu diesem Zweck auf heiße Steine gelegt und mit glühender Asche bedeckt. Das Buch Ezechiel erweist sich an dieser Stelle sogar als veritables „biblisches Brotkochbuch", (Ez 4, 9-17) in dem die Zubereitung von Aschenbrot genau erläutert wird. Unter den mannigfaltigen Zutaten werden da auch – übrigens das einzige

Mal in der Bibel – die Hirse sowie der ansonsten nur noch in Js 28,23-29 zu findende Dinkel erwähnt. Ezechiels Aschenbrot, das auch noch mit Bohnen und Linsen versetzt war, erwies sich somit als ausgesprochene Kraftnahrung, was angesichts der von Jahwe vorgeschriebenen Mengenangaben nicht weiter verwunderlich ist. Ezechiel durfte pro Tag nur rund 200 Gramm Brot und einen Liter Wasser zu sich nehmen, was einem täglichen Brennwert von 500 Kalorien entspricht. Eine biblische Hungerkur also, zu der einem selbst im Zeitalter der Maier-Semmelkur wohl kaum ein Arzt raten würde, schon gar nicht, wenn die „Diät", wie in Ezechiels Fall, auf vierhundertdreißig Tage anberaumt ist.

Während das Brot in den gängigen Bibelübersetzungen auch häufig als Kuchen oder Fladen wiedergegeben wird, ist es im Alltag gläubiger Juden untrennbar mit dem Wort Mazze verbunden, das – als mazza – bereits in der Genesis (1 Mos 19,3) und im Buch Exodus (2 Mos 12,15) vorkommt. Es handelt sich dabei um flache, knusprig-harte Brote, die ohne Sauerteig zubereitet werden. Die Mazza wird dabei aus feinem Weizenmehl hergestellt und mundet, wie man sich selbst jederzeit überzeugen kann, trotz der mangelnden Geschmeidigkeit alles andere als übel.

Daß Mazzes dennoch im Verruf stehen, ein „Brot des Elends" zu sein, geht vermutlich auf die Zeit der israelitischen Gefangenschaft in Ägypten zurück. Bei der eiligen Flucht vor den Truppen Pharaos war nämlich nicht einmal soviel Zeit geblieben, die Brote mit Sauerteig zuzubereiten und entsprechend aufgehen zu lassen.

Die biblische Mazza ist übrigens keineswegs nur im jüdischen Sprachgebrauch geläufig, sondern bildet auch die Wurzel des deutschen Wortes „Masse" und des englischen „mass". Unter diesem Aspekt betrachtet ist es vielleicht auch kein Zufall, daß Elias Canetti in seinem Buch über „Masse und Macht" ein ausführliches Kapitel der Ernährung gewidmet hat.

Daß Brot und Essen auch in der weltlichen Literatur häufig als Synonyma gebraucht werden, hat seinen

138

Ursprung sicherlich in der Rezeption der Heiligen Schrift. Brot ist hier allerdings keineswegs nur Grundnahrungsmittel, sondern vermag durchaus auch so etwas wie kulinarische Begehrlichkeit zu erwecken. Augustinus beispielsweise bezieht sich auf die Schriftstelle vom „heimlich entwendeten Brot und dem Diebesgut süßen Wassers" aus den Sprüchen Salomos (Spr 9,17) und schreibt dazu in den „Confessiones" über seinen Irrtum, Gott nicht mit Hilfe geistlicher Vernunft, sondern aufgrund fleischlicher Wahrnehmung erkennen zu wollen: „Jenes freche, der Klugheit ermangelnde Weib, Salomos Rätselgestalt (...) hat mich verführt, weil sie mich als einen solchen vorfand, der sein Heim draußen, beim fleischgebundenen Auge, hatte und innerlich nur das wiederkäute, was er durch dieses Auge verschlungen hatte."

Gras läßt du wachsen für das Vieh, / auch Pflanzen, die dem Menschen dazu dienen, daß er Brot gewinnt von der Erde, / und Wein, der dem Menschen das Herz erfreut (...), und Brot, welches das Menschenherz stärkt.
Ps 104,14-15

Wenn es nicht gestohlen, sondern ehrlich erworben wurde, wird das Brot allerdings als ein rundum gottgefälliges Nahrungsmittel betrachtet. Selbst ein so notorischer Asket wie der hl. Ignatius von Loyola wußte über den Brotgenuß nur Positives zu Papier zu bringen: „Die erste Regel ist, daß man sich vom Brote weniger zu enthalten braucht, weil es keine Speise ist, auf welche sich die Begehrlichkeit so unordentlich zu werfen oder die Versuchung so sehr zuzustreben pflegt, wie auf die übrigen Speisen."

So brachte man Jeremia im Wachthof unter und gab ihm Tag für Tag einen Laib Brot aus der Bäckergasse, bis das Brot in der Stadt verbraucht war.
Jr 37,21

Nicht zuletzt wegen dieser von Ignatius angedeuteten hedonistischen Unbedenklichkeit eignet sich das Brot auch so perfekt für spirituelle und kultische Zwecke. Im Alten Testament hatte das Brot allein schon wegen seiner Verwandtschaft zum „Himmelsbrot" Manna einen kultischen Bezug, zumal es suggerierte, daß alle Nahrung unmittelbar von Gott kam. Gerade durch das „tägliche Brot" Manna schien Jahwe mit seinem erwählten Volk zu kommunizieren wie ein Priester mit seiner Gemeinde.

Und du, nimm dir Weizen, Gerste, Bohnen, Linsen, Hirse und Dinkel; gib sie zusammen in ein Gefäß, und bereite dir Brot daraus zu! Solange du auf der Seite liegst, dreihundertneunzig Tage lang, sollst du davon essen. Deine Speise soll genau abgewogen sein, zwanzig Schekel am Tag.
Ez 4,9-10

Die Schaubrote im Tempel von Jerusalem bezeichnete man daher auch als „Brote des Angesichts". Gemeint waren damit jene zwölf Brote (die Analogie zu den zwölf

Stämmen Israels und den zwölf Jüngern Jesu liegt auf der Hand), die auf zwei Stapeln zu je sechs Stück auf einem Akazienholztisch mit Goldüberzug im Heiligtum aufgebreitet lagen. Sie wurden an jedem Sabbath gegen zwölf frischgebackene Brote ausgetauscht. Die alten Brote wurden von den Priestern gegessen, was – wie man sich leicht vorstellen kann – nicht immer nur mit Genuß verbunden war. Wie wichtig der Schaubrottisch den Israeliten gewesen sein muß, merkt man daran, daß er von den Leviten (4 Mos 4,7-8) unter allen damit verbundenen Beschwerden auf ebenfalls vergoldeten Tragstangen durch die Wüste transportiert wurde.

Im salomonischen Tempel soll es schließlich sogar mehrere Möglichkeiten zur „Brotschau" gegeben haben. Der mit Räucherpfannen und Kannen für den Trankopferwein ausgerüstete Schaubrottisch zählte neben der Bundeslade zu den wichtigsten Heiligtümern der Israeliten und war daher auch bei deren Feinden als Trophäe heiß begehrt. Sofort nach der Niederschlagung Judäas durch die Römer wurde der Schaubrottisch des herodianischen Tempels abmontiert und als Trophäe nach Rom gebracht. Die Szene ist im Relief des Titusbogens heute noch zu sehen.

Untrennbar mit der Geschichte des Brotes ist schließlich auch jene des Bäckerstandes verbunden, der – nachdem ihn die nomadisch geprägten Israeliten in Ägypten zunächst mit Skepsis beobachtet hatten – in seßhafteren Zeiten zu den angesehensten Berufsständen zählte. Im Buch Jeremia (Jr 37,21) ist sogar von einer Bäckergasse in Jerusalem die Rede. Und ein Oberbäcker ist es schließlich auch gewesen, dem der ägyptische Josef seine Karriere als Traumdeuter verdankte (1 Mos 40, 16-23). Glücklich ist der neugierige Handwerksmann mit Josefs Deutung allerdings nicht geworden. Als er Josef von drei Körben voll mit feinstem Gebäck erzählte, die er im Traum auf seinem Kopf trug und aus deren oberstem die Vögel die knusprigen Leckerbissen für die Tafel Pharaos wegknabberten, prophezeite Josef dem Träumer einen baldigen

Als es Abend geworden war, kamen die Jünger zu ihm und sagten: „Die Gegend ist abgelegen, und es ist auch schon spät geworden. Entlasse daher die Menschen, damit sie in die Dörfer gehen und sich etwas zu essen kaufen können." Jesus antwortete: „Sie brauchen nicht wegzugehen. Gebt ihr ihnen zu essen!" Sie aber sagten zu ihm: „Wir haben nichts außer fünf Broten und zwei Fischen bei uns." Darauf antwortete er: „Bringt sie mir her!" Dann wies er die Leute an, sich ins Gras zu setzen. Daraufhin nahm er die fünf Brote und die zwei Fische, blickte zum Himmel auf und sprach den Segen, brach die Brote und gab sie den Jüngern. Die Jünger aber gaben sie den Leuten, und alle aßen und wurden satt. Als die Jünger die übriggebliebenen Brotstücke einsammelten, füllten sie damit noch zwölf Körbe. Es waren etwa fünftausend Männer, die an dem Mahl teilnahmen, die Frauen und Kinder nicht mitgerechnet.
Mt 14,15-21

Tod am Galgen – wo der unglückliche Bäckermeister drei Tage später dann auch prompt landete.

Neutestamentarische Brotgeschichten sind da weniger anekdotischer Natur. In den Evangelien erhält Brot eine zusätzliche Bedeutung und ist vor allem Gegenstand der Wandlung. Das Brot geht eine Metamorphose ein und wird zu Fleisch. Was diese Art der Wandlung unter allen Religionen der Welt so unverwechselbar macht, wurde bereits im Kapitel über das Letzte Abendmahl ausgeführt. Die nahe Verwandtschaft von Brot und Gott ist indessen keineswegs eine nur dem Christentum eigene Vorstellung. Nicht nur Woody Allen hat Gott in den Brezeln gesucht. Die Azteken verspeisten beispielsweise zweimal im Jahr ein aus Brotteig gestaltetes Ebenbild des

Gottes Huitzilopochtli, auch Vitzliputzli genannt. Die indischen Brahmanen wiederum hielten geopferte Reiskuchen für Sinnbilder menschlichen Lebens und gingen sogar so weit, den einzelnen Kuchenstücken Körperteile zuzuordnen: Bei der rituellen Herstellung von Reiskuchen galt ihnen das Reismehl als Haar. Goß der Priester Wasser darauf, wurde es zu Haut. Mischte er beides durch, so verwandelte es sich in Fleisch. Wurde der Kuchen gebacken, so stand er für die Knochen. Und nahm der Priester ihn schließlich vom Feuer, um ihn mit Butter zu bespritzen, so stellten sich die Gläubigen vor, daß der Kuchen sich nunmehr in Mark verwandelt habe. Die Zeremonie, die der Ethnologe James Frazer in seinem „Goldenen Zweig", einer Studie über Magie und Religion, genau beschrieb, hieß das „fünffache tierische Opfer".

Es scheint also nicht nur im jüdischen und christlichen Glauben so zu sein, daß Brot, ähnlich dem Blut, immer wieder als einer der Grundstoffe menschlicher Existenz betrachtet wird. Dennoch oder gerade weil es zur Bewältigung der diesseitigen Existenz so unabdingbar notwendig scheint, fühlte sich Jahwe bemüßigt, im Deuteronomium (5 Mos 8,3) klarzustellen, daß das Brot letztlich eben doch auch nur ein Teil dieser Welt ist und „der Mensch nicht nur vom Brot allein lebt".

Fisch: Jonas Wal und Petri Heil

Die Buchstabenkombination IKTUS würde man heutzutage als so etwas wie eine Trademark oder Corporate identity der frühen Christenheit bezeichnen. Sie steht für die Anfangsbuchstaben von „Iesus Khristos Theou Uios Soter", was, aus dem Griechischen übersetzt, soviel heißt wie „Jesus der Gesalbte, Sohn Gottes, Erlöser". IKTUS bedeutet aber auch Fisch, und in dieser Gestalt wird Christus aus diesem Grunde immer wieder dargestellt. Manchmal wechselt er allerdings die Perspektive und tritt als Fischer auf, was wohl als Anspielung auf das Matthäusevangelium (Mt 4,18) gedeutet werden darf, in welchem die Apostel Simon und Andreas von Jesus als „Menschenfischer" bezeichnet werden.

Das Neue Testament ist ausgesprochen ichtyophil, fischfreundlich in des Wortes vielschichtigster Bedeutung. Als Jesus seine Jünger erwählt, wird er zunächst einmal unter den Fischern fündig. Und Fische sind es, die die wichtigste Nebenrolle bei der wunderbaren Brotvermehrung spielen, an welche heute noch ein aus dem 6. Jahrhundert stammendes Fischmosaik in Tabgha am See Genezareth erinnert.

An den Ufern dieses Sees fand auch jene Begebenheit statt, nach welcher der berühmte St. Petersfisch (auch: Zeus faber oder Heringskönig), ein vor allem unter Feinschmeckern besonders begehrter Vertreter der weitschichtig mit der Barschfamilie verwandten „Echten Knochenfische", seinen Namen trägt. Nach einem Ge-

Gott schuf die großen Walfische und allerlei Getier, das da lebt und webt, und von denen das Wasser wimmelt.
1 Mos 1,21

Herrschet über die Fische des Meeres.
1 Mos 1,28

Von allem, was im Wasser lebt, dürft ihr folgendes essen: Alles, was im Wasser, in den Flüssen und Meeren mit Flossen und Schuppen ausgestattet ist, dürft ihr essen. Alles, was in den Meeren und in den Flüssen keine Flossen und keine Schuppen hat, von allem, was sich im Wasser tummelt, von allen Lebewesen, die im Wasser sind, sei euch hingegen ein Greuel.
3 Mos 11,9-10

Wir denken zurück an die Fische, die wir in Ägypten umsonst zu essen bekamen.
4 Mos 11,5

spräch um die Berechtigung der Tempelsteuer gab Jesus seinem Jünger Petrus nämlich den Auftrag, die Angel auszuwerfen und dem ersten Fisch, der daran zappelte, das Maul zu öffnen. Petrus führte den Auftrag auch tatsächlich aus und fand im Maul des gefangenen Fisches jene Vierdrachmenmünze, die er als Steuer abführen sollte.

Der Legende nach hat der St. Petersfisch die beiden charakteristischen schwarzen, gelb umrandeten Punkte auf den Flanken, an denen man ihn jederzeit leicht erkennt, seit jenem Tag, an dem der Apostel Petrus seinen Fingerabdruck darauf hinterlassen hat. Aus ichthyologischer Sicht stiftet der Petersfisch allerdings in der Bibel-Fachliteratur allerlei Verwirrung. Der Petersfisch, meist auch St. Petersfisch, San Pietro oder St. Pierre genannt, ist nämlich ein klassischer Meeresfisch, der sein bißfestes Fleisch der Tatsache verdankt, daß er sich vorwiegend von Tintenfischen ernährt, die im trinkbaren Süßwasser des Sees Genezareth wohl ebenso anzutreffen sind wie der Zeus faber. Aus den tiefblauen Wassern dieses Sees zieht man jedoch auch heute noch Peters- oder Petrusfische, die in den umliegenden Restaurants angeboten werden. Es handelt sich dabei allerdings wohl um einen anderen, vermutlich sogar ziemlich weitschichtigen „Verwandten" aus der großen Barschfamilie.

Fische begleiten Jesus indessen nicht nur zu Lebzeiten, sondern auch nach seinem Tod. Als der Messias nach der Auferstehung den Aposteln erscheint (Lk 24,38-43), bittet er sie, ihm doch etwas zu essen zu geben – und erhält von ihnen ein Stück Bratfisch, den er auch vor den Augen der Apostel in aller Seelenruhe verzehrt. Daß Fisch demnach die erste Nahrung war, die der auferstandene Christus vor seiner Himmelfahrt zu sich nahm, hat seinen Symbolwert für das Frühchristentum gewiß noch weiter erhöht.

Nicht nur das Neue Testament ist jedoch von einem auffallenden Fischreichtum geprägt. Lange bevor Jesus Christus durch Palästina wandelte, wird ein Fischopfer bereits im Buch Leviticus (3 Mos 11,9-10) be- bzw.

Da sprach Tobias zum Engel: „Bruder Asarja, wozu dienen Leber, Herz und Galle des Fisches?" Er antwortete ihm: „Was Herz und Leber betrifft, so muß man sie zum Räuchern verwenden, wenn ein Mann oder eine Frau von einem Dämon oder einem bösen Geist ge- quält wird. Welcher Art die Plage auch gewesen sein mag, sie wird ver- schwinden. Was aber die Galle des Fisches an- langt, so dient sie als Augensalbe, wenn jemand weiße Flecken in den Augen hat. Man braucht die Galle nur auf diese Flecken zu streichen, und die Augen werden geheilt.
Tob 6, 3-9

Da bestellte Jahwe einen Fisch, der Jona verschlin- gen sollte, und Jona hielt sich drei Tage und drei Nächte lang im Bauch dieses Fisches auf. (...) Dann befahl Jahwe dem Fisch, Jona ans Land zu speien.
Jon 2, 1-11

vorgeschrieben. Auch im Alten Bund gilt der Fisch als Symbol für die Unsterblichkeit Gottes, die es für die Men- schen erst zu erreichen gilt. Das schönste Beispiel dafür ist der Prophet Jona, der mit Gottes Hilfe vor dem Tod bei einem Schiffsunglück gerettet wird, indem ihn ein

Als Jesus am galiläischen See entlangwandelte, sah er zwei Brüder – Simon, auch Petrus genannt, und dessen Bruder Andreas –, die gerade dabei waren, ihr Netz im See auszuwerfen. Sie waren nämlich Fischer. Da sprach er zu ihnen: „Folgt mir nach, und ich will euch zu Menschenfischem machen." Augenblicklich verließen sie ihre Netze und folgten ihm nach.
Mt 4,18-19

Walfisch verschlingt, in dessen Bauch der Prophet drei Tage lang überleben kann, bevor der Herr dem Fisch befiehlt, Jona wieder auszuspeien. (Jon 2,1-11)

Das grundsätzlich positive Verhältnis des Alten Bundes zum Fischgenuß findet auch in den alttestamentarischen Speisegeboten seinen Ausdruck. Dem Volk Israel war der Genuß fast aller Fischarten nämlich ausdrücklich erlaubt. Auch in dieser Hinsicht schienen sich die Israeliten von der ihnen verhaßten ägyptischen Herren- und Priesterkaste bewußt abzugrenzen. Den Pharaonen und ihren Priestern war der Fischgenuß nämlich – da man annahm, daß verschiedene Fischarten dereinst das Glied des Osiris verschluckt hätten, und weil Sägebarsche in einigen Landesteilen göttliche Verehrung genossen – ebenso ausdrücklich untersagt. Da dieses Gebot freilich nicht für das gemeine ägyptische Volk galt, haben die Israeliten in Ägypten wohl auch allerlei Fischsorten, darunter auch die wohlschmeckenden Nilbarsche, kennengelernt und sich später während ihrer Wüstenwanderung (4 Mos 11,5) mit einer verständlichen Sehnsucht daran erinnert.

Nicht nur Ägypten, auch das Gelobte Land selbst stellte sich, nachdem die Israeliten es am Schluß ihrer

vierzigjährigen Wüstenreise endlich erreicht hatten, als äußerst fischreich heraus. Der natürlichen Vielfalt von Seefischen aus dem Mittelmeer stand dabei eine eindrucksvolle Sortenpalette an Süßwasserfischen aus dem Landesinneren gegenüber. Allein das Land um Jerusalem ist äußerst reich an Teichen, Seen und fischreichen Zuflüssen. Die wichtigsten Fischereigründe in Israel befinden sich im See Genezareth, dem Jordan sowie dessen fischreichstem Nebenfluß, dem Jabbok.

Geh an den See, wirf deine Angel aus und nimm den ersten Fisch, den du herausfischst, öffne ihm das Maul, und du wirst eine Vierdrachmenmünze finden.
Mt 17,27

Der 212 Meter unter dem Meeresspiegel inmitten einer besonders blühenden und fruchtbaren Landschaft gelegene See Genezareth steht dabei zweifellos im Mittelpunkt der biblischen Fischkultur. Wegen seiner gefürchteten Fallwinde und dem damit verbundenen gelegentlich hohen Seegang wird der See auch Galiläisches Meer oder – nach seinem bedeutendsten Ort – See von Tiberias genannt.

Doch nicht nur am galiläischen Meer, auch in Jerusalem selbst scheint es bereits zur Zeit Nehemias, der den Wiederaufbau der zerstörten Mauern Jerusalems leitete, eine ausgeprägte Fischkultur gegeben zu haben (Neh 13, 16). Der damals neu entstandene Festungswall um Jerusalem verfügte sogar über ein eigenes Fischtor, das vermutlich nach einem davor oder dahinter stattfindenden Fischmarkt benannt war.

Welche Fische dort zum Verkauf gelangten, läßt sich heute nur noch mutmaßen. Die schmackhaftesten Tafelfische stammten vermutlich aus der Familie der Chromidae, die man an ihren kammförmigen Rückenflossen erkennt und die das feinste Fleisch ergeben. Die ebenfalls in der Fischküche des Nahen Ostens recht verbreiteten Barben wiederum zählen zur Karpfenfamilie (Cyprinidae), zu der auch der „Alburnus sellah" gehört, ein kleiner, sardinenähnlicher Fisch, der in den Wintermonaten in ganzen Schwärmen auftritt. Im See Genezareth werden auch zahlreiche Welse und Aale gefangen, wobei letztere nach den jüdischen Speisegeboten freilich als unrein gelten, da sie nicht mit den vorschriftsmäßigen Schuppen aufwarten können.

Er sagte zu ihnen: „Wie viele Brote habt ihr? Geht und seht nach!" Sie sahen nach und berichteten: Fünf Brote, und außerdem zwei Fische. Dann befahl er ihnen, sich gruppenweise im grünen Gras zu lagern. Und sie lagerten in Gruppen zu jeweils hundert und zu fünfzig. Darauf nahm er die fünf Brote und die zwei Fische, blickte zum Himmel auf, sprach den Segen, brach die Brote und gab sie den Jüngern, damit sie sie an die Leute austeilten. Auch die zwei Fische ließ er unter allen verteilen. Und alle aßen und wurden satt. Als die Jünger die Reste der Brote und auch der Fische einsammelten, wurden zwölf Körbe voll.
Mk 6,38-43

Der Lieblingsfisch der israelischen Bevölkerung ist heute zweifellos der Flußkarpfen, der die Basis für das Rezept des „gefilten Fisch" bildet, eine Spezialität aus der ostjüdischen Küche Galiziens, die heute in Israel als Nationalgericht gilt.

Die Frage, ob dieser „gefilte Fisch" nur ein galizisches oder ein allgemein jüdisches Rezept sei, wurde, wie Salcia Landmann in ihrem Buch über „Bittermandel und Rosinen" berichtet, sogar im israelischen Parlament zwischen Karpfenliebhabern und Fischverächtern erörtert. Ein sozialistischer Abgeordneter wies im Verlauf der Debatte darauf hin, daß die Juden diesen Fisch schon zur Zeit der babylonischen Gefangenschaft gegessen hätten, und zitierte dabei die Schriftstelle, wonach das Volk Israel an den Wassern Babylons gesessen und geweint hatte. Wie tief verwurzelt der „gefilte Fisch" in der zeitgenössischen jüdischen Küche sein muß, erkennt man jedenfalls daran, daß sich ein israelisches Fallschirmjägerbataillon diese Speise während des Sechstagekriegs als Losungswort erwählte. Im nächtlichen Kampfgetümmel erkannten sich die Soldaten, indem sie einander „gefilte Fisch" zuriefen.

148

Zu biblischen Zeiten dürfte es zum Thema Fisch im Gegensatz zu heute allerdings kaum Geschmacksdiskussionen gegeben haben. Fische galten damals als Grundnahrungsmittel einfacher Leute und keineswegs als Delikatesse. Sie waren zumal im Norden Galiläas ein wesentlicher Ernährungsbestandteil und hauptsächlicher Eiweißlieferant der ärmeren Bevölkerungsschichten. Wie im Buch Tobit (Tob 6,3-9) nachzulesen, wurden die Fische dabei keineswegs nur in frischem Zustand gegart, sondern auch zu Trocken- und Pökelfisch verarbeitet und dadurch für spätere Mahlzeiten konserviert.

Der Liebe der Juden zum Fisch steht allerdings der sprichwörtliche biblische „Greuel" vor allem unreinen Meeresgetier, allen voran den Muscheln, Austern und anderen Schaltieren, gegenüber. Heinrich Heines kulinarischer Aufschrei: „Ich danke dem Schöpfer in der Höh' / Der, durch sein großes Werde, / Die Austern erschaffen in der See / Und den Rheinwein auf der Erde!" ist demnach nicht nur als Loblied einer hedonistischen Lebensweise, sondern auch als Emanzipation vom orthodoxen Judentum und den Speisegeboten der Bibel zu sehen, die dem gebürtigen Juden Heine den Genuß der „unreinen" Austern streng untersagt hätten.

Erschrocken und voller Furcht meinten sie (die Jünger), einen Geist (gemeint ist der des auferstandenen Jesus) zu sehen. (...) Da sie aber vor Freude noch nicht glaubten und lediglich erstaunt waren, sprach er zu ihnen: „Habt ihr etwas zu essen?" Da reichten sie ihm ein Stück Bratfisch. Er nahm und aß es vor ihren Augen.
Lk 24,38-43

Fleisch: Schlachten nach Herzenslust

Nur Fleisch, in dem noch
Blut ist, dürft ihr nicht
essen.
1 Mos 9,4

Mose sprach zu Jahwe:
„(...) Woher soll ich
Fleisch für dieses ganze
Volk nehmen? Sie jam-
mern mich an und sagen
zu mir: Gib uns doch
Fleisch zu essen!" (...) Da
sprach Jahwe zu Mose:
„Hole mir siebzig von
den Ältesten Israels zu-
sammen und (...) bring
sie zum Offenbarungs-
zelt! Dort sollen sie sich
mit dir zusammen auf-
stellen. Daraufhin werde
ich herabkommen und
dort mit dir reden. (...)
Zum Volk aber sollst du
sagen: Heiligt euch auf
morgen, dann werdet
ihr Fleisch zu essen be-
kommen. Denn ihr seid
Jahwe in den Ohren
gelegen und habt gesagt:
Wenn uns doch jemand
Fleisch zu essen gäbe! In
Ägypten ging es uns so
gut. Jahwe wird euch
nunmehr Fleisch zu essen
geben. Nicht nur einen
Tag werdet ihr es essen,
nicht zwei Tage, nicht
fünf Tage, nicht zehn
Tage und nicht zwanzig
Tage. Nein, einen
ganzen Monat lang, bis
ihr es nicht mehr riechen
könnt und euch davor
ekelt. "
4 Mos 11,11-20

Wenn in der Bibel vom Kochen die Rede ist, so dampft zumeist ein Stück Fleisch im Kessel, oder es brutzelt ein saftiger Braten am Spieß. Dennoch war der Fleischgenuß zu biblischen Zeiten keineswegs alltäglich, sondern im großen und ganzen den Opfermahlzeiten vorbehalten. Am Sabbath war sowohl das Braten als auch das Kochen ausdrücklich verboten.

Was jedoch unter der Woche in den Kochtopf, für den die hebräische Originalfassung der Bibel gleich vier verschiedene Worte kennt, hineinkommen durfte und was nicht, das bedarf schon genauerer Erläuterungen: In der Bibel wird Fleisch nämlich ebenso häufig für unbedenklich erklärt wie vor seinem übermäßigen Genuß gewarnt wird. Einerseits wird den Israeliten in 5 Mos 12,15 ausdrücklich erlaubt, „nach Herzenslust zu schlachten und Fleisch zu essen", andererseits finden sich immer wieder Stellen wie etwa Spr 23,20, die davor warnen, sich „zu den Weinsäufern und jenen, die im Fleischgenuß schlemmen" zu gesellen.

Obwohl das Fleischessen – zumindest was einen beträchtlichen Teil der eßbaren Tiere betrifft – mit göttlicher Billigung erfolgt, so ist das Essen von Fleisch letztlich eben doch eine unmittelbare Folge von Adams und Evas Sündenfall. Wären die Zustände paradiesisch wie zu Beginn der Zeiten geblieben, hätte niemals eine Notwendigkeit bestanden, sich von Fleisch zu ernähren, allein schon deshalb, weil das Paradies ja frei von den Notwendigkeiten der Nahrungsbeschaffung gewesen ist. Nahrung war einfach vorhanden und mußte nicht erst durch die Mühsal des Jagens oder Schlachtens erworben werden.

Nach der Vertreibung aus dem Paradies scheint sich die Menschheit indessen relativ rasch an einen beträchtlichen Fleischkonsum gewöhnt zu haben: Dem Erzvater Abraham, der sich aus historischen Gründen noch nicht an die detaillierten mosaischen Speisegebote zu halten brauchte, standen, wie wir wissen, Schafe, Rinder, Ziegen, Esel und

Kamele als Schlachttiere zur Verfügung. Am Hof von König Salomo wurden täglich zehn Rinder aus Stallmast, zwanzig Weiderinder, hundert Schafe sowie eine nicht näher bestimmte Zahl von Hirschen, Gazellen, Rehen und Mastgeflügel für die Verpflegung bereitgestellt. Dabei wußte man offenbar sehr wohl zu unterscheiden, welches Fleisch für welchen Zweck am besten war.

Im (apokryphen) Jesus Sirach wird beispielsweise im 256. Kapitel ein recht aufschlußreicher „Gesundheitstip" gegeben: „Das beste Fleisch ist das, welches am meisten Gehalt und Kraft in sich hat, denn es ist am kräftigsten und verleiht dem Körper die meiste Kraft, und zwar dem gesunden Menschen mit einem guten Magen. Ochsen- und Büffelfleisch ist gesünder als irgendein anderes; denn dieses Fleisch hat großen Gehalt in sich und gibt auch dem kranken Menschen neue Kraft. Hammelfleisch ist um seiner Zartheit willen gesünder für einen schwachen

Magen. Poulardenfleisch ist, ebenfalls wegen seiner Zartheit, gesünder als irgendein anderes Fleisch für Kranke mit einem angegriffenen Magen. Und wäre es nicht aus diesem Grund, so könnte der Mensch dem Kranken ruhig auch Ochsen- oder Büffelfleisch geben, denn diese enthalten viel Kraft in sich und Saft. Wegen der Krankheit und Schwäche des Magens muß der Mensch dem Kranken jedoch das zarte Fleisch geben."

Das Alte Testament erweist sich beim Thema Fleischgenuß zwar in Einzelheiten als besonders pingelig, aber alles in allem doch überraschend tolerant. Als reine Tiere galten alle Wiederkäuer mit Spalthufen, also vor allem Rinder, Schafe, Ziegen und Antilopen. Wild erfreute sich zumal bei den Patriarchen ganz besonderer Beliebtheit (1 Mos 27,3). Auch Vogelfleisch war – mit Ausnahme jenes von aasfressenden Vögeln wie Adler, Geier, Storch, Rabe, Strauß, Pelikan oder Reiher – erlaubt, sogar solches, das sich, wie etwa der Pfau oder diverse Singvögel, im dekadenten römischen Imperium späterhin des zum Teil ein wenig obszönen Rufs besonders elaborierter Delikatessen erfreuen sollte.

Als probates Essen für biblische Nomaden oder wüstendurchquerende Propheten bot sich auch immer wieder das Fleisch jener Insekten an, die allenthalben relativ leicht erreichbar zur Verfügung standen. Vor allem die – für abendländische Gaumen immer wieder überraschend – als „rein" klassifizierten Grashüpfer und Riesenheuschrecken wurden häufig verzehrt, wenn auch vielleicht nicht immer mit Genuß.

Die Unterscheidung allen Fleisches in rein und unrein war allerdings nicht die einzige alttestamentarische Vorschrift, die es beim Fleischgenuß zu beachten galt. Auch reine Tiere durften vom Volk Gottes nämlich nur dann gegessen werden, wenn eine koschere Schlachtung gewährleistet war – was auf das Fleisch, das auf den antiken Märkten angeboten wurde, gewiß nicht zutraf. Üblicherweise wurden dort nur Fleischstücke von Tieren angeboten, die zuvor bei heidnischen Opferzeremonien rituell geschlachtet worden waren. Es handelte sich also um jenes Götzenopferfleisch, das die Bibel noch in der Apokalypse des Johannes als Nahrung der falschen Prophetin Isebel verdammt. (Offb 2,20)

Verboten waren aber nicht nur unkoscher geschlachtete Tiere, als „trefe"– unrein – galt auch der Genuß einer bestimmten Sehne. Die biblische Einschränkung gilt jener Körperfaser, die der Engel nach dem nächtlichen Kampf mit dem Patriarchen Jakob (1 Mos 32,23-33) an dessen Hüfte berührte, worauf Jakob zu hinken begann. Was relativ harmlos klingt, hatte in der jüdischen Küche allerdings bis heute zur Folge, daß man dort mit den schönsten Filetstücken nichts anzufangen weiß, weil die bewußte Hüftsehne schnurgerade durch das beste Fleisch verläuft und vom Koch nur unter Einbüßung jeglicher delikater Optik „herausoperiert" werden kann.

Streng verboten ist schließlich auch noch der Genuß von bestimmten Fetteilen, die Unschlitt (chelew) genannt werden und nur dem Brandopfer für den Herrn bestimmt sind. Der Genuß von Innereien wurde indessen von der Bibel nicht nur nicht verboten, sondern sogar

Du sollst nichts essen, was ein Greuel ist. Dies sind die Großtiere, die ihr essen dürft: Rind, Lamm, Ziege, Damhirsch, Gazelle, Rehbock, Steinbock, Antilope, Wildochs und Bergziege. Ihr dürft von jedem Großtier essen, das gespaltene Klauen hat – und zwar müssen beide Klauen zur Gänze durchgespalten sein – und das außerdem zu den Wiederkäuern zählt. Von den Wiederkäuern und Spalthufern dürft ihr aber die folgenden nicht essen: Kamel, Hase und Klippdachs. Sie sind zwar Wiederkäuer, haben aber keine durchgespaltenen Klauen. Sie sollen euch daher als unrein gelten. Ebenso das Schwein, denn es hat zwar gespaltene Klauen, ist aber kein Wiederkäuer. Es soll euch als unrein gelten. Vom Fleisch dieser Tiere dürft ihr nicht essen, und ihr Aas dürft ihr nicht berühren. (...) Alle reinen Vögel dürft ihr essen. Dies aber sind die Vögel, die ihr nicht essen dürft: Aasgeier, Lämmergeier,

ausdrücklich empfohlen. Ganz eindeutig ist im Buch Exodus (2 Mos 12,9) davon die Rede, daß das über dem Feuer gebratene Passahlamm mitsamt Kopf, Schenkeln und Eingeweiden verzehrt werden muß. Auch beim Sündopfer kommen Nieren, Netz und Leber gemeinsam mit dem Fett auf den Altar, während die übrigen Eingeweide vor dem Opfer entfernt werden. In der Sprache der Bibel gilt übrigens keineswegs nur, wie heute, das Herz als Sitz der Empfindungen, sondern auch die Leber und die Niere.

Was die Zubereitung der Tiere betrifft, so gibt die Bibel weniger detaillierte Anweisungen als für ihre Auswahl und Schlachtung. Gleichgültig, ob es sich um Fleisch von Haustieren, um Wild, Geflügel oder Kleingetier handelte – es wurde zumindest bis zu dem Zeitpunkt, da Jesus die jüdischen Speisegebote für nichtig erklärte, stets voll durchgegart und niemals roh oder „medium" gegessen, weil auch nur das geringste Tröpfchen von im Fleisch verbliebenem Blut Jahwes mehrmals recht rigoros formulierte Verbot des Blutessens widersprochen hätte. Diese vielleicht einschneidendste Beschränkung der alttestamentarischen Eßsitten machte auch den Theoretikern des frühen Christentums einigermaßen zu schaffen. Und noch Thomas von Aquin fühlte sich im 103. Kapitel der II. Abhandlung seiner „Summa Theologica" unter Berufung auf den Apostel Paulus bemüßigt, ein weiteres Mal zu betonen, daß nichts – also auch nicht das Blutessen – verwerflich sei, solange die Nahrung nur mit Dankbarkeit genossen werde (Röm 14,1-6) – womit der Weg für die in den

fleysch an der sonne gedörrt. — Dürr gesaltzen fleysch. — Saltz. — Zölfleysch. — Kalb fleysch. — Geyssin fleysch. — Wyber fleysch!

meisten katholischen Ländern recht beliebte Blutwurst endgültig freigeschaufelt war.

Der hl. Thomas von Aquin weist allerdings darauf hin, daß auch diese Maxime nur mit Einschränkungen gilt. Paulus hat nämlich zum selben Thema auch noch anderes gesagt: „Im Fleisch wohnt nichts Gutes", meinte er beispielsweise im Römerbrief (Röm 7,18), auch wenn er sich dabei wohl eher auf die sexuelle Fleischeslust als auf die Lust an der Blutwurst bezog. In dieselbe Kerbe schlägt eine andere Stelle im Römerbrief, nämlich der Ausspruch: „Ihr seid nicht fleischlich." (Röm 8,9)

In dieser Einschätzung darf sich der hl. Paulus durchaus von einigen anderen Referenzstellen im Alten Testament bestärkt wissen, wo es etwa im Buch Hiob (Ib 10,4) heißt: „Gott hat mehr als fleischliche Augen."

Der am Beginn der Sintflut stehende Spruch Jahwes: „Alles Fleisch hatte seinen Weg verderbt auf Erden" (1 Mos 6,12) läßt die Ambivalenz, mit welcher die Bibel dem Fleisch gegenübersteht, noch deutlicher zutage treten. Gott scheint den Seinen, weil er ihre Natur kennt, einen maßvollen Fleischgenuß zwar zu gewähren, derselbe widerstrebt ihm jedoch gleichzeitig, da er den Menschen vom reinen Geist und vom Logos wegführt. Das ist wohl auch der Grund, warum Jahwe angesichts des Gejammers der Israeliten nach Fleisch im Buch Numeri (4 Mos 11) außerordentlich gereizt und ungehalten reagiert. Dennoch verweigert er den zeternden Fleischtigern das Objekt ihrer hungrigen Begierde nicht, verspricht ihnen jedoch, daß sie so lange davon essen sollen, bis es ihnen vor Ekel zum Hals heraushängt.

Bartgeier, Weihe, Falken aller Art, alle Arten des Raben (...) und alles fliegende Kleingetier: Sie sollen euch als unrein gelten und dürfen nicht gegessen werden. Alle reinen Flugtiere dürft ihr essen. Ihr dürft jedoch keinerlei Aas essen. Doch könnt ihr es dem Fremden, der in euren Stadtbereichen das Wohnrecht besitzt, zum Essen überlassen oder es einem Ausländer verkaufen.
5 Mos 14,3-21

(...), sei es ein Rind oder ein Schaf: Man soll dem Priester den Bug, die Kinnbacken und den Magen geben.
5 Mos 18,3

Besser ein Brocken von trockenem Brot und Ruhe dabei, als ein Haus voll Festtagsbraten und dabei Streit.
Spr 17,1

Boden.   Eüter.   Berz.   Füſſ/vnd   Augen.   Byrn.   Köpſi: Schynben.

Schließ dich nicht den Weinsäufern an und solchen, die vom Fleische schlemmen; denn Säufer und Schlemmer werden arm, und Verschlafenheit ist das Gewand des Lumpen.
Spr 23,20-21

Wer Fleisch ißt, tut es zur Ehre des Herrn und dankt Gott dabei. Wer kein Fleisch ißt, unterläßt es zur Ehre des Herrn, und auch er dankt Gott.
Röm 14,6

Der Grund für Jahwes Verstimmung liegt auf der Hand. Fleisch – das bedeutet im gesamten Alten und Neuen Testament nämlich viel mehr als nur fleischliche Nahrung. Es ist, um mit dem berühmten Soziologen Norbert Elias zu sprechen, ebenso ein „Gesellschafts- und Seeleninkarnat" wie Sprache, Kunst, Wissenschaft oder Politik. Und wenn der Marquis de Cussy in seiner „L'Art culinaire" meinte, daß „Braten nichts und zugleich die Unendlichkeit" sei, so scheint er das Wesen des biblischen Fleischbegriffes damit nicht nur in kulinarischer Hinsicht „exakt auf den Punkt" getroffen zu haben.

Geflügel:
Jesu Küken und Petri Hahn

Ob im Alten Testament auch Brathähnchen verzehrt wurden, ist in erster Linie eine Übersetzungsfrage. Es finden sich zwar allerlei Schriftstellen, die von Mastgeflügel und anderem Federvieh handeln. Inwieweit es sich dabei jedoch um Haustiere oder Wildvögel handelte, darüber streiten die Gelehrten.

Nach allgemeiner Ansicht war die Hühnerzucht im Alten Testament noch nicht bekannt. Sie kam frühestens im sechsten Jahrhundert von Indien her über Persien nach Israel und Ägypten, könnte also allenfalls in den allerletzten Büchern des Alten Testaments eine Rolle gespielt haben.

Es gibt jedoch auch einige Indizien, daß die Haushühner bereits bei den Ägyptern des Neuen Reichs (1546–1085 v. Chr.) gegackert haben und daher auch den dort ansässigen Israeliten bekannt gewesen sein mußten. Aus der Zeit Thutmosis III. (1504–1450 v. Chr.) stammt beispielsweise ein Bericht über eine Expedition nach Syrien, in dem auch von einem Vogel die Rede ist, der täglich Eier legt. Eierschalenfunde aus derselben Epoche deuten darauf hin, daß damals auch die systematische Hühnerzucht begonnen haben könnte.

Die alten Ägypter, so schreibt der Ägyptologe Evzen Strouhal, kannten auch bereits die künstliche Geflügelbrut sowie die Sitte, ausgesuchte Eier im Dung zu vergraben, damit sich infolge von Fäulnisprozessen eine entsprechende Brutwärme bilden konnte.

Inwieweit die Israeliten, in deren Speisegeboten das Haushuhn zugegebenermaßen keine Erwähnung findet, von der ägyptischen Hühnerzucht gelernt haben, ist allerdings ungeklärt. Offen bleibt daher auch die Frage, um welche Tiere es sich bei jenem Mastgeflügel handelte, das Salomos Feste veredelte (1 Kg 5,3). Vielleicht waren es

Und tatsächlich: Am Abend flog ein ganzer Schwarm von Wachteln herbei und bedeckte das Lager.
2 Mos 16, 13
(vgl. auch 4 Mos 11, 31-32)

Wenn die Opfergabe, die Jahwe als Brandopfer dargebracht werden soll, ein Vogel ist, so opfere man Turteltauben oder junge Tauben. Der Priester soll das Tier zum Altar bringen, ihm den Kopf abkneipen und es auf dem Altar in Rauch aufgehen lassen. Das Blut aber soll er an der Altarwand ausdrücken.
3 Mos 1,14-15
(vgl. auch 3 Mos 5,8)

Reichen aber die Mittel
(der Wöchnerin) nicht
für ein Schaf aus, so soll
sie zwei Turteltauben
oder zwei junge Tauben
nehmen, die eine für das
Brandopfer, die andere
für das Sündopfer.
3 Mos 12,8

Zum täglichen Bedarf
Salomos zählte (...)
neben Hirschen Gazel-
len und Antilopen auch
das Mastgeflügel.
1 Kg 5,2-3

Alle drei Jahre einmal
kehrten die Tharsisschiffe
zurück und brachten
Gold, Silber, Elfenbein,
Affen und Perlhühner
(andere Lesart: Äffchen).
1 Kg 10,22

Als sie ihn darum baten,
sandte er Wachteln
herbei.
Ps 105,40

Der Hahn, welcher un-
ter den Hennen daher-
stolziert, der Bock, der
die Herde anführt, und
der König, der große
Volksreden führt.
Spr 30,31

Auf sein heftiges Ver-
langen hin gabst du
(deinem Volk) Wachteln
als besondere Kost.
Weish 16,2

auch keine Hühner, sondern jene aus Indien und Ceylon importierten Pfaue, die später in der römischen Antike als besonders exquisite Delikatesse gelten sollten.

Fest steht, daß auf den Märkten des alten Ägypten – ähnlich wie heute noch in China – allerlei Federvieh lebendig angeboten wurde, weil es üblich war, die Tiere aus Gründen der Frischhaltung erst unmittelbar vor ihrer Zubereitung zu schlachten. Neben verschiedenen Arten von Wildgeflügel kannten die Ägypter auch bereits die in der Bibel unerwähnt bleibenden Enten und Gänse sowie Tauben, Wachteln und Kraniche. Die Gans, die zu Mastzwecken auch damals bereits gestopft wurde, zählte sogar zu den Lieblingsgerichten der Ägypter. Auch eine Entenbraterei findet sich auf ägyptischen Wandmalereien, und Herodot berichtet, daß man die Enten, ebenso wie auch kleine Singvögel, gerne ungekocht aß, nachdem man sie zuvor entsprechend eingesalzen hatte. Ein Brauch, dessen sich offensichtlich auch die hungrigen Israeliten in der Wüste entsannen (4 Mos 11,31-32) – und dafür von Jahwe sogleich drakonisch mit dem Tode in Kibrot-Attaawa – an den sogenannten „Giergräbern" – bestraft wurden, weil der Genuß von eingesalzenem und gedörrtem (also rohem) Fleisch eklatant gegen die mosaischen Speisegebote verstieß.

Die Israeliten dürften sich auch tatsächlich eher aus Hunger denn aus schierer Gaumenlust über die Wachteln gestürzt haben. Dieselben galten nämlich zu biblischen Zeiten eher als Landplage denn als Leckerbissen. (2 Mos 16,13-15; 4 Mos 11,31-32). Sie zogen jeden Frühling in riesenhaften Schwärmen von Afrika über das Wüstengebiet nach Asien und pflegten sich am Roten Meer niederzulassen. Da die Tiere vom langen Flug ziemlich erschöpft waren, war es ein leichtes, sie mit der Hand einzufangen.

Für gewöhnlich wurden Wildvögel freilich nicht eingesammelt, sondern nach allen Regeln der Kunst gejagt. Manches exklusive Federvieh wurde auch auf Schiffen oder Karawanen importiert. Auf König Salomos Tafel

landeten, wie wir aus der Heiligen Schrift erfahren, allerlei Delikatessen, darunter auch Perlhühner (1 Kg 10,14-29),
von denen es heißt, daß sie von weit her gebracht worden waren. Vielleicht waren mit den damals servierten
„tukkijim" allerdings auch Pfaue gemeint. Es sei hier nicht
verhehlt, daß es einige Bibelübersetzer gibt, die der Ansicht sind, daß es sich bei den „tukkijim" weder um Pfaue,
Perlhühner noch sonstiges Federvieh, sondern vielmehr
um kleine Äffchen gehandelt habe.

Schließlich ist von Hähnen und Hennen in der Bibel
auch im Buch der Sprüche (Spr 30,31) die Rede, wobei
freilich nicht erwähnt wird, ob es sich dabei um wildes
oder zahmes Geflügel handelt, auch wenn das Bild vom
Hahn, der an den Hennen vorbeistolziert, durchaus an
einen Hühnerhof im klassischen Sinn denken läßt.

Zu Beginn des Neuen Testaments war die Haltung
von Haushühnern längst auch in Israel so üblich geworden, daß Christus sie ohne Verständigungspro-
bleme auch als Symbol für Gottes Umsicht heranziehen
(Mt 23,37) und dieselbe mit der Sorge einer Bruthenne für

*Wie ein Rebhuhn, das
ausbrütet, was es nicht
gelegt hat, so ist jener,
der Reichtum durch
Unrecht erwirbt.*
Jr 17,11

*Ephraim ist einer Taube
gleich – einfältig und un-
verständig – geworden.*
Hos 7,11

Da fing er an zu zetern und zu schwören: „Ich kenne diesen Menschen nicht, von dem ihr da sprecht." Und sogleich krähte der Hahn zum zweiten Mal. Da erinnerte sich Petrus an das Wort, das Jesus ihm gesagt hatte: „Ehe der Hahn zweimal kräht, wirst du mich dreimal verleugnet haben." Und er brach in Tränen aus.
Mk 14,72

Als (Jesus) den Tempel betreten hatte, begann er, die Verkäufer und Käufer aus dem Tempel zu jagen, und er stieß die Tische der Geldwechsler und Taubenhändler um.
Mk 11,15
(vgl. Mt 21,12 und
Jo 2,16)

ihre Küken vergleichen konnte. Der wohl berühmteste Hahn des Neuen Testaments krähte allerdings erst bei der Verleugnung Jesu durch Simon Petrus (Mk 14,27-31 und 66-72) im Tempel zu Jerusalem.

Wenn in der Bibel von Federvieh die Rede ist, so sind damit allerdings tatsächlich nur in den seltensten Fällen Hennen oder Hühner gemeint. Das hebräische Wort „op", das neben der Bezeichnung „sippor" (Zwitscherndes) recht häufig vorkommt, bezeichnet nämlich nicht nur Vögel, sondern alles Fliegende, was sogar verschiedene Insektenarten einschließt. In Palästina leben aufgrund der ausgezeichneten Klima- und Lebensverhältnisse heute noch über 400 Vogelarten. Im Alten Testament wird mehrmals von der Vogeljagd mit Schlinge und Strick berichtet, im Buch Jesus Sirach (Sir 11,31) ist auch dezidiert von der Verwendung eines Lockvogels die Rede.

Es darf angenommen werden, daß die Vögel nicht nur zu Zwecken der Zierde und Augenweide eingefangen wurden. Ausdrücklich verboten ist im mosaischen Gesetz nur der Genuß von aasfressenden Vögeln sowie das Töten und Fangen eines Muttertieres. Als reine und daher eßbare Vögel galten vor allem Tauben und Wachteln, aber auch das den letzteren verwandte Steinhuhn. Auch

Singvögel wurden verzehrt, nicht zuletzt deshalb, weil sie – wie beispielsweise Sperlinge – offensichtlich besonders billig waren und bereits um ein paar Pfennige angeboten wurden (Mt 10,29 und Lk 12,6).

Das mit Abstand am häufigsten genannte Federvieh der Bibel ist zweifellos die Taube. Taubenschläge und Taubentürme prägten bereits im alten Ägypten Dorf- und Stadtbilder. Die Taube ist in vielen Religionen ein heiliger Vogel, wobei der Bogen vom heiligen Tier der babylonisch-semitischen Liebesgöttin Ischtar/Astarte über das Taubensymbol der Aphrodite bis hin zur Taubengestalt des hl. Geistes reicht. Tauben werden freilich mitunter auch als einfältig betrachtet (Hos 7,11) und genießen insofern wenig Prestige, als es sich dabei um die klassischen Opfertiere der armen Leute handelt (3 Mos 12,8).

Sind nicht auch zwei Sperlinge für ein paar Pfennige zu kaufen?
Mt 10,29 (vgl. Lk 12,6)

Wie oft habe ich deine Kinder versammeln wollen wie eine Henne, die ihre Küken unter den Flügeln birgt, und ihr habt es nicht gewollt.
Mt 23,37

„Wahrlich, ich sage dir, noch ehe heute, in dieser Nacht, der Hahn zweimal kräht, wirst du mich dreimal verleugnet haben.“
Mk 14,30

Wer sich kein Schaf leisten konnte, der opferte eben eine Taube. Über die rechte Art der Taubenopferung gibt das Buch Leviticus genau Auskunft (3 Mos 1,15; 5,8): Der Priester soll das Tier nicht „abkneipen", ihm also nicht den ganzen Kopf abreißen, sondern ihm lediglich die Halsschlagader mit dem Daumennagel ritzen und die Taube unter Druck gegen die Altarwand ausbluten lassen.

Da Wöchnerinnen der alttestamentarischen Vorschrift entsprechend nach der Geburt ein einjähriges Schaf oder zwei junge Felsen- bzw. Turteltauben opfern mußten, (3 Mos 12,8) brachte auch Maria anläßlich der Geburt Jesu dieses Opfer dar. (Lk 2, 22-24) Vermutlich hat sie sie bei einem jener Taubenhändler gekauft, die ihr Sohn später in heiligem Zorn gemeinsam mit den Geldwechslern aus dem Tempel von Jerusalem trieb. (Mk 11,15; Mt 21,12; Jo 2,16)

Neben den Tauben finden in der Bibel auch Rebhühner Erwähnung. Feinschmecker brauchen deswegen allerdings nicht gleich aufzujubeln, da auch das Rebhuhn keineswegs als Gourmetempfehlung in die Bibel gelangt ist. Zunächst ist mit dem Rebhuhn der Bibel nicht das von den Meisterköchen so sehr geschätzte klassische Perdix perdix gemeint, sondern es handelt sich um diverse weniger wohlschmeckende Feldhuhnarten (perdicidae) sowie den fasanartigen Francolinus vulgaris. Außerdem ist in der oft zitierten Schriftstelle im Buch Jeremia (Jr 17,1) nicht vom Verspeisen der Rebhühner, sondern von Rebhuhneiern die Rede.

Von Eiern ist in der Bibel übrigens wesentlich seltener die Rede als vom Geflügel, auch wenn brütende Vögel unter Jahwes besonderem Schutz stehen. (5 Mos 22,6) In der weiteren Geschichte des Christentums werden die Eier dann freilich um so wichtiger. Das Eigelb des Ostereis gilt manchen christlichen Brauchtumsforschern als Sinnbild für den gekreuzigten Leib Jesu, das Eiweiß symbolisiert seine Grabtücher, die Schale das Grab selbst. Durch den alpenländischen Brauch des Eierpeckens wird also gewissermaßen die Auferstehung des Herrn physisch jederzeit – sogar und gerade für Kinder – nachvollziehbar. Auch für das Ostereiersuchen findet sich eine plausible theologische Erklärung: „Sage mir, wohin du ihn gelegt hast?" (Jo 20,15) fragte die im Garten nach Jesu Leichnam suchende Maria Magdalena.

Ist es, so gesehen, ein Zufall, daß die hl. Theresia eine ihrer berühmten mystischen Visionen ausgerechnet beim Eierkochen hatte?

Rind und Kalb:
Ein Essen für die Engel

Rind- und Kalbfleisch zählt neben Lammfleisch zu den beliebtesten biblischen Fleischsorten, wurde aber sicherlich weniger häufig gegessen. Daß Abraham ausgerechnet Kalbfleisch wählte, als er die drei Engel des Herrn bewirtete (1 Mos 18,1-33), ist ein recht deutliches Indiz dafür, daß Kalbfleisch das Beste war, was er anzubieten hatte. Immerhin war Abraham so etwas wie ein Großagronom, der nicht nur über Rinderherden verfügte, sondern ohne weiteres auch Lamm-, Ziegen- oder Kamelfleisch hätte aufwarten können (1 Mos 12,16; 2 Mos 9,3). Daß er zu Rindfleisch, genauer gesagt: zu einem Kälbchen griff, liegt wohl nicht zuletzt daran, daß die Rinderhaltung als die schwierigste Form der Tieraufzucht galt und Rind- oder Kalbfleisch daher nur relativ selten auf den Tisch kam.

Rinder waren auch nicht in erster Linie dazu da, um gegessen zu werden. Zumeist wurden sie vielmehr als Arbeitstiere oder für die Milchwirtschaft eingesetzt. Die Zahl der Rinder, die jemand besaß, galt als Indikator für Reichtum und Wohlstand, und keinesfalls zufällig wird Hiob (Ib 1,3) als jemand vorgestellt, der unter anderem über fünfhundert Joch Ochsen, also tausend Stück Rind, verfügte, bevor ihn das Unglück einholte.

Rinder sind zumal im Alten Testament gerngesehene Begleiter des Menschen, (z. B. 1 Chr 27,29; Hes 39,18; 4 Mos 7,4; Sm 6,7, 5 Mos 25,4 u.v.a.) sie werden vor Pflüge und Dreschmaschinen gespannt, tragen Lasten und sind vor allem die klassischen Opfertiere der reichen Leute. Der eigentliche Höhepunkt in der Geschichte des biblischen Rindfleischs ist zweifellos die Opferung einer dreijährigen Kuh beim Bundesschluß Abrahams mit Jahwe. (1 Mos 15,9) Als Opfertiere waren Kühe dennoch eher die Ausnahme als die Regel. Man wählte zu diesem Zweck zumeist Stiere aus.

Beim klassischen biblischen Rind handelte es sich aller Wahrscheinlichkeit nach um das sogenannte arabische Rind, dessen Fell braun oder schwarz ist und das man auch an seinen mittelgroßen, gebogenen Hörnern erkennt. Für die Milchwirtschaft ist diese Rindersorte allerdings nur von maßvoller Ergiebigkeit. Die Kühe geben etwa vierhundert bis siebenhundert Liter Milch jährlich. Das – wesentlich seltener vorkommende – Beirutrind gibt indessen rund viertausend Liter pro Jahr.

Die beiden wichtigsten Zubereitungsarten des Rind- wie auch des Kalbfleischs waren einerseits das Braten (Js 44,15-16) und andererseits die Zubereitung einzelner Teile als Siedefleisch (Sm 12-17; Ri 6, 1-24). Ob das Fleisch, das Ezechiel in seinen Kessel geben sollte. (Ez 24,3-5) allerdings Rindfleisch war, geht aus der Heiligen Schrift nicht hervor.

Kalbfleisch und Rindfleisch werden in der Heiligen Schrift mitunter als Synonyma verwendet. Kalbfleisch galt in jedem Fall jedoch als das zartere und wurde deswegen nicht nur in der Krankenkost, sondern wohl auch allgemein mehr geschätzt. Es kommt in der Bibel mehrmals, beispielsweise auch in der Geschichte von Saul und der totenbeschwörenden Hexe von En-Dor (1 Sm, 28,24), vor und findet zuweilen auch als Inbegriff von wenig gottgefälligen Schlemmereien Erwähnung. (Am 6,4-7) Im übrigen ist das Verhältnis des Alten Testaments zum Thema Kalb nicht ganz ungebrochen,

Der Vater aber sprach zu seinen Dienern: „Holt (...) das Mastkalb her, und schlachtet es; wir wollen essen und fröhlich sein. Denn mein Sohn war tot und ist wieder lebendig geworden; er war verloren und ist wiedergefunden worden." Und sie fingen an, ein fröhliches Fest zu feiern. Sein älterer Sohn weilte unterdessen auf dem Feld. Als er heimkam und in die Nähe des Hauses gelangte, hörte er Musik und Tanz. Da rief er einen der Diener und fragte, was das zu bedeuten habe. Der Knecht antwortete: „Dein Bruder ist zurückgekommen, und dein Vater hat das Mastkalb schlachten lassen, weil er ihn gesund wiederbekommen hat." Da wurde er zornig und wollte nicht hineingehen. Sein Vater aber kam heraus und redete ihm zu. Doch er erwiderte dem Vater: „Sieh her, so viele Jahre diene ich dir schon, und nie habe ich gegen deinen Willen gehandelt; mir aber hast du nie auch nur ein kleines Böcklein geschenkt, damit ich mit meinen Freunden ein Fest feiern konnte. Kaum aber ist der hier gekommen, dein Sohn, der dein Vermögen mit Dirnen verpraßt hat, da hast du für ihn das Mastkalb geschlachtet." Der Vater

antwortete ihm: „Mein
Kind, du bist stets bei
mir, und alles, was mein
ist, ist auch dein. Aber
jetzt müssen wir uns den-
noch freuen und ein Fest
feiern; denn dein Bruder
war tot und lebt wieder;
er war verloren und
ward wiedergefunden. "
Lk 15,22-32

An meinem Tisch
speisten die Fürsten und
Ministerialen, hundert-
fünfzig an der Zahl,
sowie jene, die von den
heidnischen Völkern
ringsumher zu uns
kamen. Täglich wurden
ein Stier, sechs auser-
lesene fette Schafe und
auch Geflügel zubereitet,
und all das ging auf
meine Rechnung. Dazu
brachte man (...) zahl-
reiche Schläuche voller
Wein.
Neh 5,17-18

Elischa ging weg, nahm
sein Paar Rinder und
schlachtete beide. Das
Fleisch der Rinder kochte
er mitsamt dem Joch und
setzte es den Leuten zum
Essen vor.
1 Kg 19,21

stand die Verehrung von Stierkälbern doch zumal bei den
heidnischen Semitenstämmen in besonderer Blüte und
färbte auch auf das in Sachen Götzenverehrung
immer wieder besonders anfällige Volk Israel ab: Während Moses von Jahwe die beiden Gesetzestafeln mit den
Zehn Geboten in Empfang nahm, goß Aaron am Fuße
des Berges Sinai ein goldenes Stierkalb, um das die
Israeliten anschließend in wilden Orgien herumtanzten.
(2 Mos 32,1-20) Als Moses das Kalb sah, zerschmolz er es
und zerstampfte die Überreste zu feinem Pulver, das er
mit Wasser vermischte (weshalb die Alchimisten ihn
noch dreitausend Jahre später als ihren eigentlichen Ahn-
herrn betrachteten) und seinen Landsleuten anschließend
zu trinken gab.

Dieser wohl seltsamsten „Kälbermahlzeit" der biblischen Geschichte steht im Neuen Testament die freundliche Aufforderung des über die Rückkehr des verlorenen
Sohnes beglückten Vaters in Lk 15,23 gegenüber: „Bringt
das Mastkalb her und schlachtet es! Wir wollen essen und
fröhlich sein!"

Lamm und Ziege:
Das Böcklein und die Muttermilch

Einer der rätselhaftesten Sätze des Alten Testaments hat die Tischsitten in der jüdischen Küche wie kaum ein anderer geprägt und ist auch heute noch Gegenstand zahlloser gelehrter Abhandlungen. Das hebräische „Lo tawschil gdi bachalaw imo" (2 Mos 23,19) heißt auf deutsch soviel wie „Du sollst das Böcklein nicht in der Milch seiner Mutter zubereiten."

Für einen westlichen Durchschnittshaushalt von heute macht dieses Gebot kaum einen besonderen Sinn. Denn wer käme schon auf die Idee, ein Junglamm oder ein Zicklein in der Muttermilch zu schmoren oder zu kochen. Da haben sich längst andere Geschmacksträger wie Knoblauch, Rosmarin oder Olivenöl sowie die wohlschmeckende Art, das Kitz paniert in heißem Öl auszubacken, durchgesetzt. Verkehrt man den Satz zunächst einmal ins Positive, so bleibt davon also lediglich die Botschaft übrig: „Du sollst das Böcklein auf jede Weise, die dir gefällt, zubereiten, nur nicht in der Milch seiner Mutter!"

Die Wertschätzung des Fleisches junger Lämmer und Ziegen läßt durchaus auf einen feinnervigen Gaumen des Schreibers dieser Zeilen schließen. Denn wie jeder Feinschmecker weiß, zählt das Zicklein- oder Junglammfleisch zum Köstlichsten, was die Speisekarte das Jahr über zu bieten vermag. Im übrigen gibt es in den unterschiedlichsten Kulturen eine derartige Vielfalt köstlicher Rezepte, daß man durchaus mit der Bibel die Frage stellen kann: Warum soll man es ausgerechnet in der Milch seiner Mutter kochen?

Die vielleicht schlüssigste Erklärung für dieses Tabu findet sich wieder einmal in dem schon öfters erwähnten Bestreben der Israeliten, sich von den Nahrungssitten der Ägypter durch eine besondere Reinhaltung ihrer kulinarischen Lebensgewohnheiten abzugrenzen. Da einiges

Am Zehnten dieses Monats soll jeder sich ein Lamm für eine Familie, ein Lamm für jedes Haus beschaffen. Ist eine Familie zu klein für ein ganzes Tier, so nehme man eines zusammen mit dem nächsten Nachbarn, je nach der Zahl der Personen.
2 Mos 12,3-4

Du sollst das Böcklein nicht in der Milch seiner Mutter zubereiten.
5 Mos 14,21

Dann möge er den zum Sündopfer für das Volk bestimmten Bock schlachten. (...) Hat er auf diese Weise die Entsündigung des Heiligtums (...) vollendet, dann soll er den lebenden Bock herbeibringen. Aaron soll beide Hände auf den Kopf dieses lebenden Bockes legen und über ihm all die Sünden und Übertretungen der Israeliten bekennen, sie auf den Kopf des Bockes übertragen und ihn durch einen dafür abgestellten Mann in die Wüste schicken. So soll der Bock alle ihre Sünden in eine abgelegene Gegend tragen. In die Wüste möge man den Bock laufen lassen.
3 Mos 16, 15-22

Gideon ging hin und bereitete ein Ziegenböckchen zu sowie ungesäuerte Brote von einem Efa Mehl. Das Fleisch legte er in einen Korb, die Brühe tat er in einen Topf, und beides brachte er zu ihm hinaus unter den Terebinthenbaum und setzte es ihm vor. Als er dorthin kam, sprach der Engel Jahwes zu ihm: „Nimm das Fleisch und die ungesäuerten Brote, leg sie hier auf den Felsen, gieß aber zuvor die Brühe ab!" Gideon tat es. Da streckte der Engel des Herrn den Stab aus, welchen er in der Hand hatte, und berührte mit dessen Spitze das Fleisch und die Brote. Da entwandte sich Feuer dem Felsen und verzehrte das Fleisch wie auch die Brote. Der Engel des Herrn aber war aus Gideons Augen entschwunden.
Ri 6,19-21

Dann sagte Samuel zum Koch: „Bring das Stück (Fettschwanzlamm) her, von dem ich dir aufgetragen habe, es beiseite zu legen." Da brachte der Koch die Keule und den Fettschwanz und kredenzte sie Saul. Samuel aber sagte: „Siehe, nun wird dir kredenzt, was aufgehoben wurde. Bediene dich und iß es."
So speiste an jenem Tage Saul mit Samuel.
1 Sm 9,23-24

darauf hindeutet, daß in der Muttermilch gegarte Jungtiere im alten Ägypten als ganz besondere Delikatesse galten, war es durchaus verständlich, daß ein solches ägyptisches „Nationalgericht" von den unterdrückten Israeliten vehement abgelehnt wurde.

Die Luthersche Bibelübersetzung brachte noch einen weiteren Gesichtspunkt in diese Spezialdebatte ein. Der Reformator aus Wittenberg übersetzte den Text vor allem in Hinblick auf den Tierschutzgedanken: Die Lesart „Du sollst das Böcklein nicht schlachten, dieweil es an der Mutter saugt" macht deutlich, daß es moralisch nicht eben als hochstehend betrachtet werden kann, wenn man ein Jungtier just in jener Flüssigkeit zubereitet, die von Gott dafür geschaffen wurde, es am Leben zu erhalten.

Für das Zicklein-Milch-Verbot gibt es schließlich auch noch ein psychologisches Erklärungsmodell. Manche Wissenschaftler sehen darin das Inzest-Tabu symbolisiert und somit einen versteckten Hinweis darauf, daß Mutter und Sohn ebensowenig miteinander im Bett verloren haben wie Geiß und Zicklein im Kochtopf. Da in der Bibel eine ganze Reihe von inzestuösen Verhältnissen erwähnt wird, scheint eine solche Interpretation auch durchaus angebracht.

Die hebräische Sprache und Schrift machen das Zicklein-Rebus allerdings noch um ein erkleckliches Stückchen verzwickter, als es sich sowohl Tierschützer wie auch Psychoanalytiker träumen ließen. Milch heißt nämlich auf hebräisch „chalaw", Talg oder Fett hingegen „chelew". Da man in der ursemitischen Schreibweise die Konsonanten ausläßt, wird daraus ein kurzes und bündiges „chlw", welches sowohl als das eine wie auch das andere gelesen werden kann. Da „chelew", auch Urschlitt genannt, grundsätzlich als unrein gilt und nur den Brandopfern für Jahwe vorbehalten bleibt, wäre es daher nur logisch, daß auch das Garen des Kitzleins darin verboten sein mußte.

Jüngere Textquellen lassen freilich den Talg zumeist beiseite und beziehen sich ausdrücklich auf die Milch.

Auch das wäre im kulinarischen Alltag indessen eine zu vernachlässigende Kleinigkeit. Wie oft im Jahr steht schon ein Kitzlein oder ein Junglamm auf der Speisekarte?

Die jüdische Speisegesetzgebung hat das Verbot, das Böcklein in der Milch zu garen, indessen im Laufe der Zeit wesentlich weiter als nur für Lamm- und Ziegenfleisch gefaßt. Die daraus gezogenen Schlußfolgerungen gehen sogar so weit, daß man als gläubiger Jude Milch und Fleisch nicht im selben Kühlschrank aufbewahren darf und nach dem Genuß von jedwedem Fleisch sechs Stunden warten muß, bevor man das nächste Milchprodukt zu sich nehmen darf. Eine klassische französische Menüabfolge mit Käse am Schluß der Mahlzeit ist für einen orthodoxen Juden daher ebenso ein Greuel wie alleine die Vorstellung, daß man die Sauce zu einem Bratenstück mit Butter montieren könnte. Nur Fische sind vom Verbot, Fleisch und Milchprodukte gemeinsam zu lagern und zu verzehren, ausgenommen. Warum, ist

Dann machten sich die Krieger über die Beute her, nahmen die Ziegen und Lämmer (...) und schlachteten sie am Boden. Sogar ihr Blut tranken sie mit.
1 Sm 14,32

Ich fragte meine Frau: „Wo hast du denn das Böckchen her? Es ist doch nicht etwa gestohlen? Dann gib es seinen Herren zurück! Denn was gestohlen ist, darf man nicht essen."
Tob 2,13

Du hast das Volk geleitet gleich einer Schafherde.
Ps 77,21

Und er holte sein Volk heraus wie Schafe.
Ps 78,52

allerdings ebensowenig bekannt wie der wahre Grund dafür, weshalb die katholische Kirche den Fisch von den Fastengeboten ausnimmt.

Daß Jahwe in seinen Anweisungen für das Passah-Mahl (2 Mos 12) ausgerechnet Schafe oder Ziegen vorschrieb, die ja auch zumeist zusammen auf den Weidgründen gehalten wurden, ist nicht weiter verwunderlich. Schafe besaß dazumal praktisch jeder, da sie für das autarke Versorgungs- und Nahrungssystem unmittelbar vonnöten waren. In Jerusalem gibt es sogar heute noch ein eigenes Tor für Schafe. Das beliebteste Schaf war das sogenannte Breitschwanz- oder Fettschwanzschaf (Ovis laticaudatus), bei dem das kostbarste der etwa sechs bis zehn Kilo schwere Schwanz war, den Samuel auch Saul gemeinsam mit der Lammkeule als besonderen Leckerbissen kredenzte (1 Sm 9,23-24). Die Rasse der Breitschwanzschafe gab sowohl Milch und Fleisch als auch Wolle in Fülle ab. Und sie vermehrten sich, wenn man auf die zoologische Zuverlässigkeit von Psalm 144,13 vertrauen darf, tausendfach.

Frühe israelische Hirten waren, wie uns in 1 Sm 14,32 recht drastisch geschildert wird, ausgesprochene Fleischtiger. Die Ziegen nahmen bei der Fleischversorgung daher auch verständlicherweise eine wichtige Stelle ein. Als besonders beliebte Ziegenart galt die Mamreziege (Capra mambrica), deren Ohren so lang sind, daß sie beim Fressen bis zur Erde hinunterbaumeln.

Die Vollnutzung der Ziege war perfekt: Man stellte daraus nicht nur köstliche Gerichte her, sondern auch Felle, Zelte sowie Hörner, die als Signalinstrumente Verwendung fanden. Auch jene berühmten Trompeten, die auf Jahwes Geheiß die Mauern von Jericho zum Einsturz brachten, waren aus den Hörnern von Widdern hergestellt worden.

Ziegen dienten sowohl als Milch- wie auch als Schlachtvieh. Eine Milchziege gibt bis zu dreieinhalb Liter Milch pro Tag und stellt im Gegenzug nur recht genügsame Ansprüche an Klima und Boden. Hatte sie als Milchvieh ausgedient, so wurden ihre Häute gegerbt und als Schläuche für die Aufbewahrung von Wein und Milch sowie als Wasserbehälter verwendet.

Nichts gab über den sozialen Status, den jemand innehatte, besser Auskunft als die Zahl der Schafe und Ziegen in seinem Besitz. Vor allem aus diesem Grund werden genaue Daten über Herdengrößen in der Bibel auch häufig angegeben, wenn ein neuer Protagonist eingeführt wird und entsprechend charakterisiert werden soll. Nabal besaß beispielsweise dreitausend Schafe sowie tausend Ziegen. (1 Sm 25) Auch bei Abraham (1 Mos 12,16; 24-35), Jakob (1 Mos, 32,8) Lot (1 Mos 13,5) und Hiob (Ib 1, 3 und 42,12) wird explizit auf ihren Reichtum an Schaf- und Ziegenherden hingewiesen.

Arabien und alle die Fürsten von Kedar, sie waren Kaufleute in deinen Diensten und sie zahlten mit Lämmern, Widdern und Böcken.
Ez 27,21

Wegen ihres hohen Prestigewertes waren Schafe und Ziegen schließlich auch äußerst beliebte Opfertiere. Am Versöhnungstag (3 Mos 16,15-22) wurden stets zwei Böcke in den Tempel geholt, von denen einer für die Sünden des Volkes geopfert wurde, während man den anderen, mit ebendiesen Sünden „beladen", in die Wüste jagte. Man hoffte also, sich mit Hilfe solcher später sprichwörtlich gewordener „Sündenböcke" gleich doppelt gegen den Zorn des Himmels abzusichern.

Und er sagte zu Petrus: „Weide meine Lämmer."
Jo 21,16

Laßt uns jubeln und fröhlich sein und Gott die Ehre geben. Denn die Hochzeit des Lammes ist herangebrochen, und seine Gemahlin hat sich bereit gemacht.
Offb 19,7

Demgegenüber steht vor allem im Buch der Psalmen (Ps 77,21; 78,52; 95,7; 100,3; 119,176) sowie im Neuen Testament eine metaphorische Bedeutung des Schafes. Es gilt als Symbol für die Schutzbedürftigkeit des Menschen durch die Liebe Gottes und des „guten Hirten" Jesus (Jo 10,2-16; 21,16; 1 Petr 2,25) sowie als Inbegriff der Wehrlosigkeit (Js 40,11; 65,25; 53,7; Jo 1,29-36; Lk 10,3, Apg 8,32). In solcher Weise läßt sich auch das geschlachtete Lamm deuten, als welches Jesus in der Apokalypse gleich 29mal erscheint, bis er sich schließlich bei der „Hochzeit des Lammes" (Offb 19,7-21) mit seiner Gemeinde in alle Ewigkeit vereint.

Schwein: Nicht nur für Luther war es eine „Sau"

Das Schwein hat zwar gespaltene, sogar durchgespaltene Klauen, ist aber kein Wiederkäuer. Es ist für euch also unrein. Von seinem Fleisch dürft ihr nicht essen und sein Aas nicht berühren. Unrein ist es für euch.
3 Mos 11,7
(vgl. auch 5 Mos 14,8)

Man sperrte Eleasar, einem der vornehmsten Schriftgelehrten und einem Mann von hohem Alter und würdigem Aussehen, den Mund auf und wollte ihn dazu zwingen, daß er Schweinefleisch aß. Er aber zog einen ruhmvollen Tod einem Leben voll Schande vor und schritt, nachdem er das Fleisch wieder ausgespuckt hatte, freiwillig zur Folterbank.
2 Makk 6,18–20

D as Schwein wird in der Lutherschen Bibelübersetzung zumeist als Sau bezeichnet. Die abfällige Bezeichnung entspricht auch durchaus der mangelnden Wertschätzung, die es in der Heiligen Schrift, und zwar nicht nur im Alten Testament, genießt. Das liegt in erster Linie daran, daß das Schwein als unreines Tier nicht gegessen werden darf.

Während das ebenfalls als unrein geltende Kamel jedoch kaum jemals in negativem Zusammenhang genannt wird, weil man sich seiner Dienste als Lasttier zu versichern und es daher auch zu schätzen wußte, galt das Schwein als Symbol für Schmutz, Sünde, Treubruch und Götzendienst.

Ein Jude, der Schweine hütete, war an der untersten Stelle der israelitischen Gesellschaftsskala angelangt. Auch Wildschweine werden in den Psalmen (Ps 80,14) als böswillige Schädlinge denunziert, die nichts anderes im Sinn haben, als die Weingärten zu unterwühlen und die Lese zu vernichten.

Dabei wäre das Schwein aufgrund der Wirtschaftlichkeit seiner Haltung wie geschaffen für die menschliche Ernährung. Es kann, wie der Ethnologe Marvin Harris in seinem vielzitierten Werk über Nahrungstabus errechnet hat, 35 Prozent der in seiner Nahrung enthaltenen Energie im Laufe eines Schweinelebens wiederum in Fleisch umsetzen.

Das im Gegensatz zum Schwein im Alten Testament in höchstem Ansehen stehende Rind ist da ein wesentlich unrentableres Tier, da es nicht mehr als 6,5 Prozent der aufgenommenen Energie entsprechend verwerten kann. Selbst das beliebte Schaf schafft bei dieser agroökonomischen Kosten-Nutzen-Rechnung nur magere 13 Prozent.

Dennoch verbietet Jahwe, der Gott des Alten Testaments, den Schweinegenuß (Mos 11,7-8 und 3 Mos 11,26),

ebenso übrigens wie der Allah des Koran es in Sure 2, 173 tut, wo es heißt: „Verboten hat Er euch nur das Fleisch von verendeten Tieren, Blut, Schweinefleisch sowie Fleisch, über welchem ein anderes Wesen als Gott angerufen worden ist." Die einschlägigen Stellen sind häufig mit hygienischen Beweggründen sowie den unsauberen Lebensumständen des Schweines erklärt worden – was freilich die Frage aufwirft, ob es beispielsweise in einem Ziegenstall oder einem Hühnerhaus unter „reinen" Tieren tatsächlich soviel sauberer zugeht als in einem Schweinekoben.

Es ist auch unter gläubigen Juden immer wieder über das Schweinefleischverbot unter dem Gesichtspunkt diskutiert worden, daß sich die hygienischen Verhältnisse der Schweinezucht seit alttestamentarischen Zeiten wesentlich verändert haben. Durchgesetzt haben sich bei solchen Diskussionen jedoch stets die Befürworter des Schweinefleischverbots – und zwar nicht mit einem ernährungswissenschaftlichen, sondern mit einem theologischen Argument. Sie berufen sich auf Sifra, 3 Mos 20,26, wo es heißt: „Du sollst nicht sagen: ‚Ich esse kein Schweinefleisch, weil ich es nicht mag', sondern du sollst sagen: ‚Ich esse gerne Schweinefleisch, jedoch gehorche ich meinem himmlischen Vater, der es mir verboten hat.' " Kurt Bracharz hat in seinem gastrosophischen

*Nun weidete in einiger
Entfernung eine Herde
von Schweinen. Da ba-
ten ihm die Dämonen:
„Wenn du uns austreibst,
so schicke uns in die
Schweineherde." Er
sprach zu ihnen: „Ver-
schwindet!" Da fuhren
sie aus und in die
Schweine hinein. Und
siehe da, die ganze
Herde raste den Abhang
hinab in den See hinein,
wo sie im Wasser
ertrank.*
Mt 8,30–32
(vgl. auch Mk 5,11–14
und Lk 8,34–36)

*Er (der verlorene Sohn)
hätte gern seinen Magen
mit jenen Futterschoten
gestillt, die die Schweine
fraßen; aber niemand
gab ihm davon.*
Lk 15,16

*Ein Schwein, kaum
gebadet, wälzt sich
wieder im Kot.*
2 Petr 2,22

Tagebuch „Esaus Sehnsucht" gegen dieses Gebot mit Recht eingewandt, woher der fromme Jude denn überhaupt wissen könne, daß er wirklich gerne Schweinefleisch essen würde.

Auch das in Essensfragen sonst so tolerante Christentum kann sich, was den Genuß eines Schweinebratens betrifft, nicht auf einschlägige positive Stellen in den Evangelien stützen. Schweine genießen dort, wo die sprichwörtlichen „Perlen vor die Säue" (Mt 7,6) geworfen werden, nämlich auch keinen allzuguten Ruf. Als Jesus den Besessenen von Gerasa heilte, schickte er die bösen Dämonen kurzerhand in eine zweitausendköpfige Schweineherde, die sich gleich darauf in den See Genezareth stürzte und dort ertrank.

An der Beliebtheit, die der Schweinebraten in vielen katholischen und evangelischen Ländern genießt, hat freilich auch dieses abschreckende Beispiel nicht viel zu ändern vermocht.

Wildpret:
Gewaltige Jäger vor Jahwe

D ie Jagd war für die Menschen der Bibel seit dem Sündenfall eine schlichte Notwendigkeit im Kampf ums Überleben. Die erste Erwähnung des Waidwerks finden wir daher auch bereits im ersten Buch Mose (1 Mos 10,9), wenn vom sagenumrankten Babylonierkönig Nimrod als einem „gewaltigen Jäger vor Jahwe" die Rede ist. Die biblischen „Jagdreviere" erweisen sich denn auch bereits seit den Zeiten des notorischen Wildprettigers Isaak, dessen kulinarische Leidenschaft seine Frau Rebekka so schlau für ihren Sohn Jakob zu nutzen wußte (1 Mos 27), immer wieder als entsprechend ergiebig. Neben den gefürchteten Wildtieren wie Bären, wilden Stieren, Löwen, Schakalen oder Wölfen machte man auch Jagd auf solches Wildpret, dessen Fleisch man wegen seiner Schmackhaftigkeit begehrte. Im Deuteronomium (5 Mos 14,5) wird die jagd- und eßbare biblische Fauna daher auch in extenso aufgelistet: Hirsch, Gazelle, Damhirsch, Steinbock, Gemse und zwei Antilopenarten – das alles ist durch Jahwes Willen nicht nur zum Abschuß, sondern auch zum Genuß freigegeben.

Während unter den Antilopen einerseits die Gazellen (hebr. sebi) und andererseits die Schrauben- oder Springantilopen (hebr. dischon) verstanden werden, bezeichnet die Bibel als Hirsche (hebr. ajjal oder jachmur) sowohl den mesopotamischen Damhirsch als auch Rehe, worin der Grund für die unterschiedliche Erwähnung dieser Tiere in einzelnen Bibelübersetzungen zu suchen ist. Luther beispielsweise übersetzt „sebi" mit Reh und „dischon" mit Gemse, „jachmur" hingegen mit Büffel oder Gemse, obwohl damit zuweilen auch ein Damhirsch gemeint gewesen sein konnte. Das babylonische Sprachgewirr auf der biblischen Wildpretkarte ist charakteristisch für den kulinarischen Alltag in alttestamentarischer Zeit. Und um die ganze Sache noch etwas

Kusch zeugte Nimrod. Dieser war der erste Herrscher auf Erden. Er war ein gewaltiger Jäger vor Jahwe. Und deshalb sagt man auch: „Ein gewaltiger Jäger vor Jahwe wie Nimrod."
1 Mos 10,8–9

Isaak hatte Esau lieb, denn er aß gern Wildbret.
1 Mos 25,28

komplizierter zu machen, erläßt die Heilige Schrift für das – reine – Antilopenfleisch eine zusätzliche Restriktion: Es durfte zwar gegessen, aber nicht geopfert werden. (5 Mos 14,5; 12,15-22; 15,22-23)

Während Hochwild also überwiegend genossen werden durfte, gab es beim Niederwild einige Probleme. Hasen galten beispielsweise, obwohl sie in großer Zahl vorhanden waren und auch den Hunger größerer Bevölkerungsschichten hätten stillen können, als unreine Tiere, da sie wohl wiederkäuten, nicht aber gespaltene Klauen aufwiesen. (3 Mos 11,6 und 5 Mos, 14,7) In Wahrheit sind die alttestamentarischen Zoologen da freilich einem Irrtum aufgesessen: Denn jene typische Kaubewegung, welche die Leviten beim Hasen wahrnahmen und aufgrund derer sie ihn auf die „schwarze Liste" der unreinen Tiere setzten, hat mit dem tatsächlichen Wiederkäuen überhaupt nichts zu tun.

Sinngemäß gilt das auch für das Kaninchen, unter dem in der Bibel selbstredend das Wildkaninchen und nicht das Hauskaninchen verstanden werden muß. Oft verbirgt sich hinter dem Wort Kaninchen allerdings –

wie etwa in Ps 104,18 – ein ganz anderes Tier, nämlich der dem Kaninchen in vieler Hinsicht ähnliche Klippdachs. Er ist das kleinste und zierlichste aller Huftiere, gilt jedoch wegen seiner hasenartigen Kaubewegungen ebenfalls als unrein.

Zu den als unrein betrachteten Wildtieren zählen schließlich auch noch zwei Wildeselarten, die in der Lutherschen Bibelübersetzung oft nur als „Wild" übersetzt werden. Den „para" (Asinus onager) trifft man beispielsweise bei Ib 24,5; Js 32,14; Jr 14,6 oder in Ps 104,11. Der syrische Wildesel (Asinus hemippus) wird von Luther in Ib 39,5 „der Flüchtige" genannt, ein andermal aber – in Dn 5,21 – wiederum schlicht und einfach als „Wild" übersetzt.

Milchprodukte:
Joghurt für Hiob und Käse für David

Dann holte er Butter (exakt: dickgelegte Milch) und Milch.
1 Mos 18,8

(...) und es herauszuführen in ein schönes und weitläufiges Land, das von Milch und Honig fließt (...)
2 Mos 3,8

Dickmilch von Kühen und Milch von Ziegen, mitsamt dem Fett von Lämmern und Widdern aus Baschan.
5 Mos 32,14

Er sprach zu ihr: „Gib mir doch etwas Wasser zu trinken, denn ich habe Durst." Sie öffnete einen Schlauch, in dem Milch war, gab ihm zu trinken und deckte ihm wieder zu.
Ri 4,19

Er bat um Wasser, sie gab ihm Milch, Rahm bot sie ihm dar in einer kostbaren Schale.
Ri 5,25

Das den Israeliten verheißene Kanaan ist, so wissen wir aus dem zweiten Buch Moses, das Land, „das von Milch und Honig fließt". An die Milchbäche des Schlaraffenlandes hat Jahwe, als er seinem auserwählten Volk dieses Land verhieß, dabei allerdings gewiß nicht gedacht. Man darf indessen getrost annehmen, daß es sich um ein in jeder Hinsicht reiches und opulentes, auch in kulinarischen Dingen höchst kultiviertes Land gehandelt haben muß.

Kanaan ist eine der ältesten Bezeichnungen für Palästina, und entsprechend alt sind auch die zahlreichen Schriftstellen, wonach aus Milch Käse wurde, der im Alten Testament, aber auch im jüdischen Talmud immer wieder Erwähnung findet. Die Geburtsstunde des Käses schlug wohl auch in Palästina durch die nomadische Erfahrung des Gerinnens der Milch in auf den Kamelrücken ständig bewegten ledernen Schläuchen.

Auch Lab war in biblischer Zeit bereits bekannt. Chalab nannte man in Palästina jede Milch, die mit kleinen Stücken von Kälbermagen eingedickt oder durch andere Fermente zum Gären gebracht wurde. Chalab war jedoch noch kein Käse, sondern wurde als dickflüssiges, erfrischendes, unserem Joghurt ähnliches Getränk genossen oder mit Getreidemus gegessen.

Aus der geronnenen Milch wurde jedoch durch Seihen auch Quark gewonnen. Die meisten Bibelübersetzungen lassen allerdings den falschen Eindruck entstehen, es habe in Palästina nur einen Begriff für Käse gegeben. Die Wahrheit ist jedoch, wie so häufig, differenzierter. Martin Luthers Bibelübersetzung gibt beispielsweise drei völlig unterschiedliche Käsearten mit dem deutschen Wort Käse wieder. Dahinter verbirgt sich zunächst der „charise chalab" aus dem ersten Buch Samuel (Sm 17,17), in dem Isai seinem Sohn David aufträgt, seinen im israelischen

Heer eingerückten Brüdern zehn Brote und zehn „frische Käse" zu bringen, einen offensichtlich aus Schnitten geronnener Milch gewonnenen Quark.

Im zweiten Buch Samuel (Sm 17,29) ist die Rede von einem „schepot bakhar", einem Kuhmilchkäse, der – je nach Interpretation des Übersetzers, auch ein Mischkäse aus Kuh- und Schafsmilch gewesen sein könnte. Schließlich finden wir auch noch den molkereitechnisch nicht näher bestimmten „gebinah", den der vom Schicksal schwer gezeichnete Dulder Hiob bei seinem Klageruf gegen Gott (Ib 10,10) als Metapher gewählt hat: „Hast du mich nicht wie Milch hingegossen und wie Käse gerinnen lassen?" spricht er zu Gott und spielt damit auf eine da-

Denn drückst du die Milch, so kommt Butter heraus.
Spr 30,33

Hast du mich nicht wie Milch hingegossen und wie Käse gerinnen lassen?
Ib 10,10

Milch gab ich euch zu trinken statt fester Kost; denn die habt ihr ja noch nicht vertragen.
1 Kor 3,2
(vgl. auch Hebr 5,12-14)

Wie neugeborene Kinder verlangt ihr nach der geistigen, untrügerischen Milch, damit ihr durch sie zum Heil heranwachset.
1 Petr 2,2

179

 mals geläufige Theorie über die Entstehung des Menschen an: Nach der hier ausgesprochenen Vorstellung ist neues Leben nämlich nichts anderes als das durch das „Ferment" des männlichen Samens geronnene Blut der Mutter. Möglicherweise ist diese Theorie durch ähnliche Beobachtungen entstanden, wie sie auch die nomadischen Stämme Zentralasiens in Milchkälbermägen gemacht haben: Gerinnungsprozesse wurden auch dort in unmittelbarer Nachbarschaft von Zeugung und Geburt gesehen.

Das jüdische Gesetz erwies sich, was die Zubereitung von Käse betrifft, auch als entsprechend streng. Der Talmud, der sowohl gesalzene als auch ungesalzene und Formkäse erwähnt, verbietet am Sabbath sowohl das Melken als auch die Quarkerzeugung. Der Genuß von heidnischem Käse war den Juden alleine schon deshalb verboten, weil der dafür verwendete Labmagen von einem Tier stammte, das nicht koscher geschlachtet worden war.

Daß es in Palästina auch ein eigenes „Käsemachertal" gegeben hat, ist allerdings wissenschaftlich nicht haltbar. Diese Legende geht auf eine Beschreibung des jüdischen Historikers Flavius Josephus (37–97 n. Chr.) zurück und liegt in einem Übersetzungsfehler begründet. Flavius Josephus beschrieb ein im Hebräischen sprachlich sehr ähnlich klingendes „Schandtal". Und das wird man im durchaus käsekennerisch veranlagten Palästina (man kannte dort auch schon die heute noch populäre Übung, Weißkäse in Olivenöl einzulegen) gewiß nicht gemeint haben.

Obst, Gemüse und Gewürze:
Die 110 Pflanzen der Bibel

Die Bibel erwähnt, allerdings die apokryphen Schriften mit eingeschlossen, gezählte 110 Pflanzen, von denen freilich nur ein Bruchteil eßbar ist und früher als Nahrungsmittel diente. Der schier unerschöpfliche Pflanzenreichtum der biblischen Landschaften hat seinen Grund vor allem in der Oberflächengestalt des Heiligen Landes, das mit dem Berg Hermon die stattliche Höhe von 2800 Metern erreicht und im Gebiet des Toten Meeres auf 396 Meter unter dem Meeresspiegel absinkt.

Die Nordküste des Sees Genezareth war zu biblischer Zeit ein einziger sich weithin erstreckender Obstgarten und wurde vom römischen Historiker Flavius Josephus in seinem „Jüdischen Krieg" daher auch als „wunderbarer Landstrich" beschrieben: „Dank des fruchtbaren Bodens gibt es keine Pflanze, die hier nicht gedeiht, und die Bewohner bauen alles an: (...) die Walnuß, die von allen Bäumen den Winter am meisten liebt, gedeiht ebenso prächtig wie die Palme, die Hitze braucht, um sich zu entwickeln, Seite an Seite damit stehen die Feigen- und Olivenbäume, für die eine mildere Luft erforderlich ist. Man könnte meinen, daß die Natur (...) an einem einzigen Ort natürliche Gegner und die Jahreszeiten zu einem gesunden Wettstreit zwingt, als ob jede Anspruch auf dieses Gebiet erhebe. Denn sie bringt nicht nur eine überraschende Vielfalt an Früchten hervor, sie sorgt auch dafür, daß ständig geerntet werden kann. Die königlichen Früchte, die Traube und die Feige, tragen zehn Monate ohne Unterbrechung." Hier speiste Jesus auch, wie um die Fruchtbarkeit der Landschaft noch zusätzlich zu unterstreichen, die Fünftausend auf wunderbare Weise.

Der botanische Facettenreichtum dieses fruchtbaren Landes findet in zahlreichen Schilderungen biblischer Begebenheiten seinen literarischen Niederschlag. Ergiebige

Von allen Bäumen des Gartens darfst du essen.
1 Mos 2,16

Das Land, in das du gelangen wirst, um es in Besitz zu nehmen, ist ja nicht wie Ägypten, das ihr verlassen habt und wo ihr nach der Aussaat den Boden künstlich wie in einem Gemüsegarten bewässern mußtet. Das Land, in das ihr jetzt ziehen und das ihr in Besitz nehmen werdet, ist ein Land voller Berge und Täler, welches von den Wassern des himmlischen Regens getränkt wird.
5 Mos 11,10

Gib mir deinen Weinberg, damit er mir als Gemüsegarten diene.
1 Kg 21,2

Kornkammern wie die fruchtbare Küstenebene oder der quellen- und flußreiche Jordangraben befinden sich nämlich in unmittelbarer Nachbarschaft zu ausgesprochen unwirtlichen Wüstengebieten wie dem Negev und anderen kahlen Bergstöcken. Das in der Bibel so häufige Nebeneinander von Schlemmen und Fasten ist in der Struktur und Topographie dieser Landschaft vorgeprägt. Entsprechend vielfältig ist auch die Bodengestalt, die von Löß- und Sandböden über Terra rossa und grauen Steppenböden bis hin zu Schwemm- und Sumpfland und dem fruchtbaren, weißlichgrauen Rendzina-Boden reicht.

Die kulinarische Welt der Bibel wird schließlich nicht zuletzt von der Tatsache bestimmt, daß die soziale Struktur und das ökonomische Fortkommen praktisch aller biblischen Völkerschaften zu annähernd 100 Prozent von den Erträgen der Landwirtschaft geprägt war. Auch der biblische Wortschatz läßt Rückschlüsse auf den hohen Stellenwert der Agrikultur zu. Für Obstgärten findet man gleich zwei hebräische Wörter, nämlich „pardes" und „mata", während „kerem" sowohl den Weinberg als auch den Olivenhain bezeichnet, die für gewöhnlich auch beide in unmittelbarer Nachbarschaft zueinander lagen.

Dank ausgeklügelter Bewässerungsanlagen verfügte Herodes auf der Festung in Massada über einen für diese Region untypisch üppigen Gemüsegarten, in dem unter anderem Hülsenfrüchte, Salat, Artischocken, Chicoree und Melonen, aber selbstverständlich auch Olivenbäume und Dattelpalmen gediehen. Einschlägige archäologische Funde bestätigen auch einen großen Vorrat an Getreide, Granatäpfeln, Walnüssen, Oliven, Datteln und Salz. Der biblische Gemüsegarten umfaßte jedoch auch Bohnen, Kichererbsen, Linsen, Zwiebel, Lauch und Knoblauch.

Gemüsegärten werden im Alten Testament bereits relativ früh, nämlich im Deuteronomium (5 Mos 11,10) erwähnt. Die Pflege der Gärten ist im Schöpfungsauftrag ausdrücklich vorgesehen. Ihre Kultivierung ist somit nicht zuletzt auch das Gegenstück zum Chaos, zum vor Schöpfungsbeginn sich ausbreitenden Tohuwabohu. Die

Wie eine Zeder im Libanon wuchs ich empor, wie eine Zypresse auf dem Hermongebirge. Wie eine Palme in En-Gedi wuchs ich empor, wie ein Rosengestrüpp zu Jericho. Wie ein prächtiger Ölbaum in der Ebene, wie eine Platane am Wasser wuchs ich empor. Wie Zimt duftete ich und wie Gewürzrohr, wie allerfeinste Myrrhe strömte ich Wohlgeruch aus, wie Galbanum, Onyx und Stakte, wie Weihrauch im Offenbarungszelt. Wie eine Terebinthe breitete ich meine Zweige aus, und meine Zweige waren voll von Schönheit und Anmut. Wie ein Weinstock trieb ich meine Sprossen, meine Blüten trugen prachtvolle, reichliche Frucht. Kommt zu mir, die ihr meiner begehrt, eßt euch satt an meinen Früchten! An mich zu denken ist süßer als Honig, mich zu besitzen ist besser als Honigwein.
Sir 24,13-20

Bibel befindet sich mit dieser Auffassung des Gemüsebeets als einer Art von pädagogisch-moralischer Anstalt übrigens durchaus in der Nähe des sokratisch-platonischen Gedankenguts. Nach Plato entwirft Sokrates nämlich so etwas wie eine Idealnahrung für den Idealstaat. Im wesentlichen ist sie mit den Grundnahrungsmitteln des Volkes Israel identisch: Gerstensuppe, geröstetes Weizenmehl, Kuchen, Brotlaibe, Salz, Oliven, Käse, Wurzel- und Krautgemüse, Bohnen, Myrthen, Eicheln – und zu alledem ein maßvoller Schluck Wein.

Wenn man sich einen Markt aus biblischer Zeit vorstellt, so waren die wichtigsten dort erhältlichen Produkte vermutlich Gewürze wie Koriander, Kreuz- und Schwarzkümmel, Dill und Minze sowie Früchte wie Granatäpfel, Äpfel, Maulbeeren, Pistazien, Oliven, Feigen und Rosinen. Es ist in diesem Zusammenhang auch bemerkenswert, daß viele hebräische Eigennamen auf Pflanzen zurückgehen. Elah bedeutet beispielsweise Pistazie, Hadassah Myrte, Dilan Kürbis und Tamar Dattelpalme.

Zunächst war es freilich keineswegs die kulinarische Verwendung der pflanzlichen Produkte, die eine derartige

(...) baut Häuser, und wohnt darin, pflanzt Gärten und genießt ihre Früchte!

Jr 29,28

Ich vermehre die Früchte der Bäume und den Ertrag des Feldes, damit ihr nicht mehr unter den Völkern die Schande einer Hungersnot ertragen müßt.

Ez 36,30

Popularität der Pflanzennamen begründete, sondern vielmehr die religiöse. Essen und Ritus waren in Judäa aufs engste miteinander verwoben. Ein „biblisches Kochbuch" hätte, wäre es jemals zu biblischer Zeit geschrieben worden, gewiß auch etwas von einem Gebetbuch an sich gehabt. Allein der Umstand, daß Baumgruppen als geheiligte Stätten galten, machte den Genuß der dort wachsenden Früchte fast zwangsläufig auch zur religiös motivierten Handlung.

Ein ähnlicher Zusammenhang wird auch im apokryphen Buch Jesus Sirach hergestellt, in dessen 72. Kapitel es heißt:

„Der König fragt: ‚Wer nährt die Früchte der Erde?' Sirach antwortet: Gott nährt und weidet sie. Vier Elemente hat er zu seinem Dienst und seiner Ehre auserlesen. Die Erde bewahrt und behütet die Früchte; die Luft nährt und weckt sie; das Wasser weidet und begrünt sie. Gleichermaßen muß auch der Mensch für die täglichen Gerichte, die er kochen will, vier Elemente haben: einen irdenen Topf, Wasser, Feuer und Luft; denn sonst könnte er nicht kochen."

Apfel und Granatapfel:
Evas Problem

Würde man bei einer Quizveranstaltung die Frage nach einer typischen biblischen Frucht stellen, so würden mit ziemlicher Sicherheit neun von zehn Kandidaten den Apfel nennen. Wie diese vor allem in mitteleuropäischen Obstgärten heimische Frucht zu biblischen Ehren kommt, ist allerdings höchst zweifelhaft. Denn Apfelbäume (hebr. tappuach) gibt es zwischen Palästina und Mesopotamien nur ganz selten. Es ist also absolut nicht einzusehen, warum Eva gerade einen Apfel vom Baum der Erkenntnis gegessen haben und warum ausgerechnet dieses durchaus sympathische Obst Schuld am Sündenfall sein soll.

Dabei kommt das Wörtchen Apfel in der gesamten Genesis nicht vor. (Bei den Liebesäpfeln, mit denen Lea sich Jakob in 1 Mos 30,16 gefügig macht, handelt es sich um Alraunen.) Es ist immer nur von den Früchten des Baumes der Erkenntnis die Rede, nicht aber, um welche es sich dabei handelt. Dafür wird der Apfel in der Spruchsammlung der Weisen keineswegs in sündhaftem Zusammenhang genannt, sondern durchaus mit höchsten poetischen Ehren bedacht. Ein Wort, das zur rechten Zeit gesprochen wird, heißt es in Spr 25,11, das kann nur mit einem goldenen Apfel verglichen werden.

Das Mißverständnis wurzelt – wie so oft in der Bibel – in der Übersetzungsproblematik. Die Tücke des Objekts liegt dabei im auffallenden Gleichklang der lateinischen Worte „malus" und „malum". „Malus" bedeutet soviel wie schlecht, „malum" hingegen nichts anderes als eben Apfel. Der lateinische Vulgatatext, der den ersten Buchillustrationen zu biblischen Themen zugrunde lag, liest sich, wenn es um den Sündenfall geht, im Original so: „Lignumque scientiae boni et mali." Und das bedeutet nicht mehr und nicht weniger als: „Der Baum der Erkenntnis des Guten und Bösen." Da die lateinische

Als Jakob gegen Abend vom Felde zurückkehrte, kam Lea ihm entgegen und sagte: „Du mußt zu mir kommen; denn ich habe dich als Lohn für die Liebesäpfel (Alraunen) meines Sohnes ausbedungen." So schlief er jene Nacht bei ihr.
1 Mos 30,16

Am unteren Saum des priesterlichen Obergewandes bringe Granatäpfel aus blauem und rotem Purpur, Karmesin und Byssus (...) an (...), so daß einander immer ein goldenes Glöckchen und ein Granatapfel rings um den Saum des Obergewandes abwechseln.
2 Mos 28, 33-34

Da gelangten sie ins Tal Eschkol und schnitten dort eine Rebe mit einer Weintraube ab und trugen sie zu zweit an einer Stange, dazu auch einige Granatäpfel und Feigen.
4 Mos 13, 23

(...) ein Land mit Weizen und Gerste, Weinstöcken, Feigen- und Granatapfelbäumen, (...) Ölbäumen und Honig.
5 Mos 8,8

Auch ließ er Granatäpfel anfertigen, und zwar in zwei Reihen rings um jedes Netz, vierhundert an der Zahl (...), zweihundert um das eine Kapitell und dieselbe Anzahl um das andere.
1Kg 7,18-20

Wie goldene Äpfel auf silbernen Schalen, so ist ein Wort, gesprochen zur rechten Zeit.
Spr 25,11

Erquickt mich mit Äpfeln, denn krank bin ich vor Liebe.
Hl 2,5

Grammatik offenbar nicht gerade die Stärke der ersten Bibelillustratoren war, verwechselten diese kurzerhand das Böse mit dem Apfel und drückten der nackten Eva auch einen solchen in die verführerisch nach Adam ausgestreckte Hand.

Die Überzeugung, daß es sich bei der Frucht vom Baum der Erkenntnis um einen Apfel gehandelt habe, ist erst seit dem 5. Jahrhundert n. Chr. verbreitet. Genausogut hätte es eine Orange oder Aprikose getan. Auch eine Melone wäre möglich gewesen, zumal der Apfel auf griechisch kurioserweise „melon" heißt, was allerdings ohne Auswirkung auf die frühchristliche Obstkultur blieb. Der Apfel in Evas Hand hielt erst im Gefolge der lateinischen Übersetzung in der Bibel Einzug, wobei man das Wort „Frucht" schlichtweg mit „pomum" übersetzte

186

und damit einen Sammelbegriff für alle Früchte verwendete, die unter der Schirmherrschaft Pomonas, der Göttin des Gartens, standen. Durch den Irrtum der ersten Bibelillustratoren wurde das Wörtchen „pomona" dann immer mehr mit dem Apfel assoziiert und konnte somit auch zur sprachlichen Wurzel des französischen „pommes" und über den „Erdapfel" auf weitere Sicht zu unseren „Pommes frites" werden.

Zu ihrer Ansicht, daß Eva einen Apfel gegessen haben müsse, mag die Bibelillustratoren vielleicht auch die Existenz einiger apfelähnlicher Früchte inspiriert haben. Eine davon ist der giftige „Apfel von Sodom", der als Symbol der Verderbtheit gilt. Die Calotropis procera, wie der „Apfel von Sodom" lateinisch heißt, ist allerdings nicht durch die Heilige Schrift, sondern durch den Bericht des Flavius Josephus über den „Jüdischen Krieg" (Buch IV,8,4) bekannt geworden, wo von Früchten erzählt wird, die am Baume hängend eßbar erscheinen, sich aber bereits in den Händen des Pflückenden augenblicklich in Rauch und Asche auflösen.

Auch Martin Luther hat das Seine zu dem Verwirrspiel um den biblischen Obstkorb beigetragen. Das hebräische Wort „dudaim" (von „dod", Liebe) übersetzt Luther einmal mit Liebesäpfel (1 Mos 30,14-16), dann wieder mit Lilien (Hl 7,14). Gemeint ist in beiden Fällen jedoch die gelbe Frucht der Alraune (Mandragora officinarum), die zu den Nachtschattengewächsen zählt und vor allem wegen der ihr zugeschriebenen aphrodisischen Wirkungen im heidnischen Aberglauben bis in die Zeit der Hexenverfolgungen hinein eine wesentliche Rolle spielen sollte.

Der wichtigste biblische Apfel ist jedoch der botanisch mit unserem Apfel (Malus sylvestris) in keiner Weise verwandte, sondern zur Familie der Punicaceae zählende Granatapfel, den wir vor allem aus dem Hohenlied der Liebe (Hl 4,3) als ebenso sinnreiche wie üppige Metapher kennen. Der rote Saft dieser Frucht galt als der Nektar der Liebenden schlechthin und ihr Samenreichtum als Symbol aller Fruchtbarkeit.

Die Granatäpfel, erkennbar an ihren harten, roten Schalen und ihrem deliziösen, perlenförmigen Innern, waren auf einigen Umwegen aus Asien ins Heilige Land gelangt. Die beiden Kundschafter Josua und Kaleb berichten ebenfalls bereits vom Reichtum des Landes Kanaan an Granatäpfeln. (4 Mos 13,24) Zur Zeit des Alten Testaments wurden mancherorts sogar goldene Glocken in Granatapfelform gegossen. Und König Salomo ließ für die ehernen Säulen seines Tempels ein Netz aus vierhundert naturgetreu nachgebildeten Granatäpfeln als Umhüllung der Kapitelle anfertigen. (1 Kg 7,20)

Der Tempel Salomos sollte allerdings nicht das einzige Beispiel bleiben, in dem sich das unverwechselbare „Design" der aufgeschnittenen Granatapfelfrucht als Muster in Tempelfriesen und Säulenhallen (2 Mos 28, 33-34) wiederholte, sondern es tauchte auch in Stickmustern von hohepriesterlichen Textilien (2 Mos 28,33) auf. Wie verbreitet diese Frucht tatsächlich in Palästina gewesen sein muß, beweist auch ihr hebräischer Name „rimmon", der häufig in alten Orts- und Personenverzeichnissen aufscheint. Es war daher auch nur folgerichtig, daß die Granatäpfel neben Oliven, Datteln, Feigen, Trauben, Mandeln und Johannisbrot zu den sieben symbolischen Früchten der Bibel gezählt wurden, die besonderen Segen verhießen.

Allein schon deshalb – bei Jo 1,12 wird der Mangel an Granatäpfeln sogar als Strafe Gottes erwähnt – ist es ziemlich unwahrscheinlich, daß Eva sich ausgerechnet an Granatäpfeln versündigt haben sollte. Wir werden uns also damit abfinden müssen, daß aus der Bibel ganz einfach nicht hervorgeht, welcher Art die verbotene Frucht, von der Adam aß, tatsächlich war. Diese Frage hat nichtsdestoweniger immer wieder die Gemüter bewegt, wobei sich Gotthold Ephraim Lessing vielleicht die originellsten Gedanken zu diesem Thema gemacht hat, als er über „Das Paradies" reimte: „Sein Glück für einen Apfel geben, O Adam, welche Lüsternheit! / Statt deiner hätt' ich sollen leben, So wär' das Paradies noch heut. – / Wie aber, wenn alsdann die Traube die Probefrucht gewesen wär'? / Wie da, mein Freund? – Ei nun, ich glaube – Das Paradies wär' auch nicht mehr."

Einer Granatapfelscheibe gleicht deine Schläfe.
Hl 4,3

In den Nußgarten ging ich hinab (...), um zu sehen, ob die Reben knospen und die Granatapfelbäume in Blüte stehen.
Hl 6,11

Dein Atem sei wie Apfelduft.
Hl 7,9

Unter dem Apfelbaum habe ich dich geweckt.
Hl 8,5

Granatbaum, auch Palme und Apfelbaum, alle Bäume des Feldes sind verdorrt.
Joel 1,12

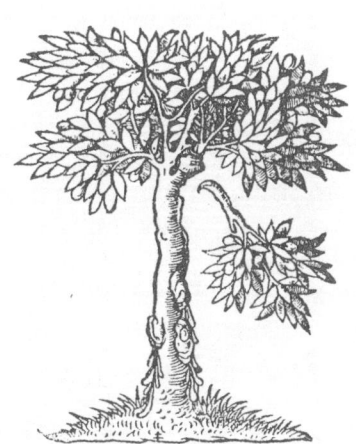

Feigen und Datteln: Abrahams Erbe

Da wurden sie gewahr, daß sie nackt waren; und sie hefteten Feigenblätter zusammen und machten sich Schurze daraus.
1 Mos 3,7

In jener Zeit richtete Debora, eine Prophetin. (...) Sie saß unter der Debora-Palme zwischen Rama und Betel.
Ri 4,4-5

Der König brachte es fertig (...), daß es so viele Zedern gab wie Maulbeerfeigenbäume, die im Unterland wachsen.
1 Kg 10,27

Da gebot Jesaja: „Holt ein Pflaster aus Feigen!“ Sie holten es und legten es auf das Geschwür, und er (Hiskija) genas.
2 Kg 20,7

Sobald sie dies hörten, ließen sie folgendes ausrufen: „Geht hinaus in das Gebirge und holt Zweige von Ölbäumen, Kiefern, Myrthen, Dattelpalmen und anderen Laubbäumen, um daraus entsprechend der Vorschrift die Laubhütten zu bauen.“
Neh 8,15

Der Gerechte blüht wie eine Dattelpalme.
Ps 92,13

Die Liebe der Israeliten zu Datteln und Feigen geht wahrscheinlich schon auf Abrahams mesopotamische Vorfahren zurück. Bereits in einer babylonischen Hymne werden die seit etwa 4000 v. Chr. kultivierten Früchte der Dattelpalme (Phoenix dactylifera) als ein Nahrungsmittel gerühmt, das man auf dreihundertsechzig verschiedene Arten verwenden und zubereiten kann. Tatsächlich kann eine Dattelpalme, die etwa zehn bis zwanzig Meter hoch wird und ihre ersten Früchte nach fünf Jahren trägt, eine Ernte von fünfzig Kilogramm und mehr pro Baum einbringen. Die Früchte zieren allerdings nicht nur in vielerlei Form die Tafel, es wird daraus auch der beliebte Dattelhonig, einer der wichtigsten Süßstoffe der biblischen Epoche, gewonnen. Der wegen seiner erfrischenden Wirkung nicht minder begehrte Dattelwein stammt indessen nicht aus den Früchten, sondern aus dem Palmenharz.

Datteln zählen zweifellos zu den ältesten Pflanzen der Erde und sind bis heute das Volksnahrungsmittel der Wüstenvölker schlechthin geblieben.

Die Dattelpalme verdankt ihre Beliebtheit dabei nicht nur dem Wohlgeschmack ihrer Früchte, sondern wohl auch dem Umstand, daß sie ein klassisches Oasengewächs ist. Nach langen, entbehrungsreichen Tagen in der Wüste war ein Korb voller Datteln oft das erste, womit beduinische Kamelreiter und Karawanenhändler ihren Hunger stillen konnten. Tamar – so heißt die Dattelpalme auf hebräisch – hielt alle ihre Verheißungen ein, und das ist vielleicht auch mit ein Grund, warum Tamar auch heute noch ein besonders beliebter jüdischer Mädchenname ist.

Die Dattelpalme überschattet zahlreiche biblische Begebenheiten: Unter ihren gefiederten Blättern sprach beispielsweise die Richterin Debora ihre Urteile (Ri 4,5), weshalb die Dattelpalme auch als Sinnbild der Gerechtigkeit gilt. Die nämlichen Blätter spielen eine große Rolle beim jüdischen Laubhüttenfest. (Neh 8,15) Und Jericho wurde wegen seiner großen Dattelhaine auch die Palmenstadt genannt. (5 Mos 34,3)

Nach der Zerstörung des jüdischen Tempels im Jahr 71 n. Chr. ist die Palme schließlich auch zum Schicksalsbaum des jüdischen Volkes geworden: Nachdem sie Jerusalem in Schutt und Asche gelegt hatten, ließen die siegreichen Römer eine Münze prägen, die eine trauernde Frau unter einer Dattelpalme zeigte. Darunter fand sich die Inschrift „Iudaea capta" – das unterworfene Judäa.

Geht man nach der Chronologie der Heiligen Schrift vor, so ist der Feigenbaum (Ficus carica) noch viel älter als die Dattelpalme, denn es handelt sich dabei immerhin um den ersten Baum, der in der Bibel Erwähnung findet. Adam und Eva – soeben von Jahwe bei ihrem sündhaften Tun ertappt, versuchen im neuerworbenen Bewußtsein ihrer Nacktheit, ihre Blößen mit einem aus Feigenblättern geflochtenen Schurz zu bedecken. (1 Mos 3, 7) Diese Vorgangsweise nährte unter neugieri-

Wer einen Feigenbaum hütet, wird seine Frucht essen, und wer auf seinen Herrn achtet, wird geehrt werden.
Spr 27,18

Am Feigenbaum färbt sich die frühe Frucht. (...) Mach dich auf, meine Freundin; Schönste, so komm.
Hl 2,13

Es wird ein jeder unter seinem (...) Feigenbaum sitzen, ohne daß ihn jemand stört.
Mich 4,4

Vom Feigenbaum aber lernt dieses Gleichnis: Wenn der Zweig schon saftig wird und die Blätter austreibt, dann erkennt ihr, daß der Sommer nah ist.
Mt 24,32
(vgl. auch Mk 13,28)

Da standen zwei Körbe mit Feigen vor dem Tempel Jahwes. (...) Der eine Korb enthielt sehr gute Feigen, wie Frühfeigen, und der andere Korb enthielt sehr schlechte Feigen, so schlecht, daß sie ungenießbar waren. Da sprach Jahwe: „Was siehst du, Jeremia?" Ich antwortete: „Feigen, die guten Feigen sind sehr gut, die schlechten aber sehr schlecht, so schlecht, daß sie ungenießbar sind." Nun erging an mich das Wort Jahwes (...): „Wie auf diese guten Feigen, so blicke ich gnädig auf die Verschleppten aus Juda, die ich von diesem Ort vertrieben habe ins Land der Chaldäer. (...) Aber wie mit den schlechten Feigen, die so schlecht sind, daß sie ungenießbar sind (...), so verfahre ich mit Zidkija, dem König von Juda, mit seinen Würdenträgern und dem Rest Jerusalems, mit denen, die in diesem Land übriggeblieben sind, und denen, die sich in Ägypten niedergelassen haben.
Jr 24,1-8

gen Kulinarexegeten selbstverständlich auch die Vermutung, die Frucht, von der Eva verbotenerweise genascht hatte, könne möglicherweise auch eine Feige gewesen sein. Letztlich scheint aber die Feige in der allgemeinen Einschätzung denn doch zu positiv besetzt gewesen zu sein, als daß man ihr die Schuld am Sündenfall zugetraut hätte. Eine gewisse Schlüpfrigkeit ist ihr wegen ihrer Form und der damit immer wieder verknüpften aphrodisischen Wirkungen allerdings dennoch geblieben. Nicht zuletzt ihretwegen gilt der Feigenbaum wohl auch als Symbol der Fruchtbarkeit. Und da Kanaan das Land mit den meisten Feigenbäumen war, galt es auch als das fruchtbarste aller biblischen Länder.

Die kleingewachsenen Feigenbäume prägen das Landschaftsbild rund um den See Genezareth heute wie vor siebentausend Jahren, einer Zeit, aus der die ältesten Ausgrabungen von Feigen in Judäa datierten. Noch älter sind allerdings die wilden Feigen, die auch Sykomore oder Maulbeerfeigen genannt werden und in der fruchtbaren Küstenebene Israels schon seit etwa zehntausend Jahren gedeihen.

In Judäa galt die Feige im übrigen nicht nur als Nahrungs- und Genußmittel, aus der sich beispielsweise der hervorragende „develah", ein Kuchen aus gedörrten Feigen, herstellen läßt, sondern auch als Heilmittel: König Hisikijas Geschwür wurde vom Propheten Jesaja erfolgreich mit Hilfe eines Pflasters aus gepreßten Feigen behandelt (2 Kg 20,7).

Im übertragenen Sinn ist die Frucht des Feigenbaums schließlich auch ein Symbol der bevorstehenden Erlösung. Ebenso wie ihr Heranreifen den Sommer ankündigt (Mt 24,32), ist sie auch ein Vorbote für das Herannahen des Himmelreichs. (Mk 13,28 f) Daß es sich bei den Palmzweigen, mit denen Jesus von seinen Anhängern in Jerusalem begrüßt wurde (Jo 12,12-13), um solche von Dattelpalmen handelt, ist in diesem Zusammenhang nahezu selbstverständlich.

Gewürze und Spezereien:
Kann man die Bibel riechen?

Der englische Rabbi und Schriftsteller Lionel Blue hat in seinem Buch „A Taste of Heaven" nach dem Besuch konfessionell unterschiedlicher Kirchen und Klöster eine theologische Typologie der Gerüche versucht und ist dabei zu folgendem Ergebnis gekommen: „Religionen riechen, nicht unangenehm, aber wie unsere Körper hat jede ihren eigenen Geruch. Der katholische Geruch ist anders als der jüdische. Es riecht nach Fisch, Weihrauch, Bohnenwachs und Gemüse. Der jüdische Geruch setzt sich zusammen aus Öl, Zimt, klebrigem Rotwein und Kerzen. Der Hindugeruch ist mit Kardamom und Kümmel gewürzt. Die protestantischen Gerüche sind schwer bestimmbar, aber in den Versammlungsräumen der Quäker ist ein Geruch von Heiligkeit, den ich nicht erklären kann." Und Rabbi Blue kommt zu dem einleuchtenden Schluß: „Wenn die Religion wirklich alle Bereiche unseres Lebens durchdringt, bleibt dem Heiligen Geist nichts anderes übrig, als sich mit dem Geist in den Flaschen und dem Küchendunst zu mischen."

Die Bibel wird denn auch vom Alten bis ins Neue Testament von ganzen Duftschwaden der unterschiedlichsten Gerüche und Würzaromen durchzogen. Schon Hiob fragte: „Ißt man denn Fades, ohne zu salzen?" (Ib 6,6). Und sogar Jesus bezieht sich in einem seiner Gleichnisse (Mt 23,23) ausdrücklich auf die Beziehung der Pharisäer zu Minze, Dille, Kreuzkümmel und Raute. Sie spielten zur Zeit der Evangelien sogar eine wichtige Rolle bei der Bemessung der Zehentleistung für die Tempelsteuer. Die Zehentpflicht wurde damals nämlich nicht nur nach dem finanziellen, sondern nach dem gesamten Einkommen bemessen, weshalb auch Küchenkräuter durch Naturalleistungen „versteuert" werden mußten.

(...) und das Kraut des Feldes sollst du essen.
1 Mos 3,18

Es (das Manna) war weiß wie Koriandersamen.
2 Mos 16,31

Nimm Spezereien von der besten Sorte, nimm fünfhundert Schekel von der feinsten Myrrhe und halb soviel (...) wohlriechenden Zimt, ferner zweihundertfünfzig Schekel duftenden Kalmus und fünfhundert Schekel Kassia (...) dazu ein Hin Olivenöl und stelle daraus ein heiliges Salböl her.
2 Mos 30,23 (vgl. auch 2 Mos 30,34-37)

Die Tempelsteuer soll (...) in Öl für den Leuchter, Spezereien für das Salböl und das duftende Räucherwerk bestehen.
2 Mos 25,3-6

Steuerliche Maßnahmen wie diese hatten ihren Sinn nicht zuletzt in der Aufrechterhaltung der umfangreichen Wirtschaftsbetriebe des Tempels. Gewürze dienten nicht nur zum Würzen der Speisen für die Priester, sondern auch als Arzneimittel, vor allem jedoch als duftende Beigabe zu Opfern. Jeder jüdische Tempel mußte beispielsweise, um seinen vielfältigen Aufgaben gerecht zu werden, über einen ausreichenden Vorrat an Weihrauch, Myrrhe, Kassia, Lavendel, Balsam und Zimt verfügen.

Wie könnte man sich aber ein „biblisches Gewürzbord" nun tatsächlich vorstellen? Um den schier unerschöpflichen Gewürzreichtum der damaligen Zeit zu erfassen, lohnt es sich, in der um die Mitte des ersten nachchristlichen Jahrhunderts erschienenen Kräuterkunde des Dioskurides nachzulesen, wo über sechshundert beschriebene Heil- und Gewürzpflanzen aufgeführt sind, von denen ein großer Teil auch in den Küstenregionen von Galiläa sowie in den Oasen gedieh. Sesam, Kardamom, Kümmel und Koriander, um nur die wichtigsten davon zu nennen, traf man dort ebenso an wie Minze, Dill, Senfpflanzen, Kapernbüsche, Wermut, Alraunen, Ingwer, Balsam, Kurkuma, Wegwarte, Lavendel und Wasserkresse.

Einer der bedeutendsten Düfte der biblischen Welt war ohne Zweifel der Balsam (hebr. bosam). Er wurde aus den hellgelben Harztropfen an den Zweigen der Balsamodendren – Balsambäume und Balsamsträucher – gewonnen, die in Palästina besonders gut in der Umgebung von Jericho gediehen und von denen es rund hundert verschiedene Arten gibt. Der Balsam hat zunächst eine honigartige Konsistenz, wird aber unter Lufteinwirkung ziemlich fest. Balsam – ein Wort, das in der Bibel auch immer wieder als Sammelbegriff für alle Gewürze und Spezereien (1 Kg 10,2; Hl 4,10-14; 2 Chr 9,1) verwendet wird – diente keineswegs nur kosmetischen Zwecken, sondern vor allem auch als Zutat zum rituellen Räucherwerk. (2 Mos 25,3-6) Balsam war eine wichtige Ingredienz des „heiligen Öls" und fand auch als Gegengift

Ißt man denn Fades,
ohne zu salzen?
Ib 6,6

Die Ginsterwurzeln sind
ihr Broterwerb.
Ib 30,4

Duftende Aloe ist dein
Gewand und Myrrhe
und Kassia.
Ps 45,9

bei Schlangenbissen Verwendung. Vor allem war Balsam
– wohl nicht zuletzt wegen der ihm in Kombination mit
Wein zugeschriebenen aphrodisischen Wirkung – ein
ständiger Begleiter aller schönen Frauen. (Est 2,12) Die
daraus hergestellten Parfums und Latwergen waren
so wertvoll, daß die Königin von Saba König Salomo
einige Setzlinge von dieser Pflanze zum Geschenk machte.
(1 Kg 10,10) Zwei biblische Frauengestalten haben mit
dem Balsam sogar den Namen gemeinsam: Esaus Frau
(1 Mos 26,34) hieß ebenso wie eine der Töchter Salomos
(1 Kg 4,15) Basmat, was soviel bedeutet wie „wohlrie-
chender Balsam" und auf die nämliche sprachliche Wurzel wie der vor allem wegen seines unverwechselbaren
Duftes gerühmte Basmatireis zurückgeht.

Einen demjenigen des Balsams entgegengesetzten Ruf
genießt der Knoblauch, der sich in Judäa deswegen allerdings nicht minderer Beliebtheit erfreute. Er galt den
Römern als Inbegriff jener „judaei foetentes", die Horaz
erwähnte. In der Tat war Knoblauch im Heiligen Land
eine wichtige Ingredienz der alltäglichen Nahrung. Das
trifft allerdings keineswegs nur auf die Juden, sondern auf
den gesamten Vorderen Orient zu.

Explizit erwähnt wird Knoblauch bei der Schilderung
der Erinnerung an die ägyptische Gefangenschaft des

Mein Bett habe ich mit Wohlgerüchen besprengt, von Myrrhe, Aloe und Zimt.
Spr 7,17

Solange der König an der Tafel liegt, gibt meine Narde ihren Duft.
Hl 1,12

(...) und der Duft deiner Öle übertrifft jeglichen Balsam.
Hl 4,10

Ein Lustgarten sproßt aus dir (...) Narde, Krokus (Safran), Gewürzrohr und Zimt, alle Weihrauchbäume, Myrrhe und Aloe, allerbester Balsam.
Hl 4,13-14

Volkes Israel. (4 Mos 11,5) Die Israeliten haben den Knoblauch möglicherweise auch tatsächlich bei den Ägyptern kennengelernt, wo er in Totenkammern auch bildlich dargestellt wurde und seit 3200 v. Chr. bekannt war. Die häufigste Art des Knoblauchgenusses war zu biblischen Zeiten wohl jene, ihn zu zerstampfen und mit Öl vermengt zum Brot zu genießen.

Ein „biblisches Gewürzbord", wie wir es hier zu rekonstruieren versuchen, hätte in jedem Fall auch ein Behältnis mit Koriandersamen aufgewiesen. Zu letzteren hatten die Israeliten allein schon deshalb eine besondere Beziehung, weil sie, wie im Buch Exodus (2 Mos 16,31) nachzulesen, eine ähnliche Form wie das vom Himmel gefallene Manna hatten. Der Koriander kam vermutlich über Indien ins Heilige Land und diente vor allem zum Würzen von Suppen, Süßspeisen, Saucengerichten und Rauschgetränken. Von den Römern dürfte die hebräische Oberschicht zur Zeit Jesu auch die Sitte übernommen haben, Koriander mit Wein zu mischen und diesem dadurch eine zusätzliche animierende Wirkung zu verleihen.

Auch Kreuzkümmel – vor allem in der nah- und mittelöstlichen Küche heimisch – wird wohl in kaum einer besser sortierten biblischen Küche gefehlt haben. Er zählt ebenfalls zu jenen in Mt 23,23 als Bestandteil der Tempelsteuer angeführten Gewürzen. Da Kreuzkümmelreste allerdings bereits in ägyptischen Königsgräbern gefunden wurden, kann man annehmen, daß dieses Gewürz dem Volk Israel schon während der ägyptischen Gefangenschaft bekannt war. Wenn in den Bibelübersetzungen von Kümmel gesprochen wird, so ist damit allerdings nicht von dem in Mitteleuropa verbreiteten Kümmel, sondern immer vom orientalischen Kreuzkümmel die Rede.

Mit Lorbeer verband man, obwohl die Blätter des Lorbeerbaumes in getrocknetem Zustand auch in der Küche präsent waren, nicht in erster Linie den Charakter eines Gewürzes. Er wurde – zumal von den römischen

Die Dille wird nicht mit dem Schlitten gedroschen, und das Dreschrad wird nicht über den Kreuzkümmel gezogen, sondern man klopft die Dille mit dem Stab aus und den Kreuzkümmel mit dem Stecken.
Js 28,27

Besatzern – in erster Linie zum Flechten von Siegeskränzen verwendet. Der Lorbeerbaum, welchen der Prophet Jesaja pflanzte (Js 44,14), wird in den meisten Übersetzungen als Esche oder Fichte wiedergegeben.

Das bereits von Hiob so gelobte Salz hatte im Heiligen Land niemals jenen Nimbus eines „weißen Goldes", von dem es in nördlicheren Breiten seit jeher umgeben war. Salz war nicht nur Gewürz, sondern vor allem auch Konservierungsmittel. Es diente außerdem – etwa beim Abreiben neugeborener Kinder mit Salz – auch rituellen Zwecken. (2 Mos 30,35; 4 Mos 18,19; 2 Chr 13,5; Ez 16,4; Ez 43,24) Salz wurde in Klumpen aus den Salzlaken des Toten Meeres gebrochen (Ez 47,11) und stand somit in viel zu ausreichendem Maß zur Verfügung, als daß es wirklich hohe Preise hätte erzielen können. Seiner Unentbehrlichkeit für den menschlichen Organismus war man sich indessen auch in dieser Region bewußt. Hätte

197

Was soll ich mit dem
Weihrauch aus Saba und
mit dem köstlichen
Gewürzrohr aus fernem
Land?
Jr 6,20

Die Priester sollen Salz
(auf die Opfertiere)
streuen und sie als
Brandopfer darbringen.
Ez 43,24

Aber seine Sümpfe und
Lachen sollen nicht ge-
sund gemacht werden,
da sie für die Salzgewin-
nung bestimmt sind.
Ez 47,11

Christus sonst vom „Salz der Erde" (Mt 5,13; Mk 9,50; Lk 14,25; Lk 14,34) reden können?

Pfeffer ist in den biblischen Ländern kein autochthones Gewürz. Er stammt aus Indien und wurde vor allem von den Römern favorisiert, die ihn wegen seines hohen Werts auch als Zahlungsmittel benützten.

Dill gehört zu den Doldengewächsen (Umbelliferae) und ist reich an ätherischen Ölen. Auch er wird bei Mt 23,23 als zehentpflichtig erwähnt. In der Küche zur Zeit Jesu diente Dill vor allem als Aromastoff für Würz-bissen und wurde auch als Medizin gegen Blähungen ver-abreicht. In manchen Übersetzungen wird Dill mit Anis gleichgesetzt, das jedoch in den Ländern der Bibel nur sel-ten angebaut wurde. In Jesaja 28,27 ist ebenfalls von Dill die Rede, gemeint ist jedoch der Schwarzkümmel (Bigella sativa).

Rosmarin, ein Lieblingsgewürz jeglicher mediterranen Küche, kommt zwar in der Bibel selbst nicht vor, ist aber untrennbar mit der Legende von der Flucht Josephs und Marias nach Ägypten verbunden. Sie erzählt, daß Maria ihren Mantel über einem Rosmarinstrauch ausbreitete, der daraufhin seine weißen Blüten in das Blau des Him-mels verwandelte.

Sesam wurde bereits in babylonischen Keilschriften um 2000 v. Chr. erwähnt und in Assyrien und Babylon auch zur Ölgewinnung verwendet, wo man in Ermangelung von Olivenöl Sesamöl gebrauchte. Sesam dient auch zur Herstellung der Sesampaste Tahina, die eine unentbehr-liche Ingredienz der gesamten arabischen Küche ist.

Weihrauch und Myrrhe sind vor allem als zwei der drei Gaben populär geworden, mit welchen sich die drei wei-sen Magier aus dem Morgenland im Stall von Betlehem einstellten. (Mt 2,11) Myrrhe wurde Jesus auch vor seiner Kreuzigung gereicht, (Mk 15,23) von diesem allerdings ausgeschlagen. Es handelt sich in beiden Fällen um intensiv duftende Harze, die daher nicht zu den Gewür-zen, sondern zu den Spezereien (Ps 45,9) gezählt werden müssen, auch wenn zumindest die Myrrhe ihre Funktion an der Tafel hatte. Weihrauch war einzig und allein dem Tempel vorbehalten (2 Mos 30,34-35; Neh 13,5; Lk 1,8-10). Myrrhe durfte im Gegensatz dazu auch zum Würzen von Speisen verwendet werden, und man fand es keineswegs pietätlos, dasselbe Kräutlein, mit dem man gerade den Bratenduft verstärkt hatte, auch zum Salben der Verstorbenen (vgl. Jo 19,39-40) zu verwenden.

Mandeln zählen zu den sieben symbolischen Früchten der Juden und werden als Speisewürze ebenso wie zur Ölherstellung verwendet. Man unterscheidet Bittermandeln, die als Gewürz oder zur Herstellung von Bittermandelöl für kosmetische Zwecke dienten, sowie Süßmandeln für die Nachspeisenküche. Mandeln werden in 4 Mos 17,8 und Prd 12,11-5 erwähnt.

Walnüsse (egoz) werden laut Hohelied gemeinsam mit Safran und Zimt sowie Weihrauch und Myrrhe zusammen mit den besten Balsamen genannt. Wie beliebt sie zu biblischen Zeiten waren, geht nicht zuletzt daraus hervor, daß es östlich von Jerusalem sogar ein eigenes Walnußtal gibt. Nicht nur die Juden, auch die Römer schätzten die Walnuß und bezeichneten sie kurzerhand als „Jovis glans" – was soviel wie „Nuß des Jupiter" bedeutet. Wegen ihres hohen Fettgehalts von 60 Prozent eignet sich die Walnuß auch zur Herstellung von Öl.

Pistazien (botnim) finden nur einmal, dafür aber gleich zu Beginn der Bibel, im ersten Buch Mose 43,11, Erwähnung. Bei Josua (13,26) wird jedoch auch eine Ortschaft namens Betonim erwähnt, die offensichtlich nach den dort befindlichen Pistazien- oder Terebinthenpflanzungen benannt war. Für die Beliebtheit der Pistazien spricht jedoch auch ihre Erwähnung im Talmud.

Wacholder steht im Mittelpunkt zahlreicher abergläubischer Vorstellungen. Man sagte ihm vom Mittelalter bis in die Neuzeit hinein sowohl Heilwirkung als auch Zauberkräfte nach. In der Bibel heißt der Wacholderstrauch, mit dem tatsächlich ein Ginsterstrauch gemeint ist, auch häufig Machandelbaum, unter welchem auch der Prophet Elias (1 Kg 19,4-5) ruhte. Als Sinnbild für Gott selbst wird

Da öffneten sie (die drei Weisen) ihre Schatztruhen und brachten ihm Geschenke dar: Gold, Weihrauch und Myrrhe.
Mt 2,11

Ihr seid das Salz der Erde. Wenn aber das Salz geschmacklos geworden ist, wie soll man es wieder salzig machen?
Mt 5,13 (vgl Mk 9,50 und Lk 14,34)

der „grünende Wacholder" mit seiner „reichen Frucht" im Buch Hosea (Hos 14,9) erwähnt und findet sich schließlich auch als Brot des Hiob (Ib 30,4) wieder. Auch das Kreuz Jesu Christi war, dem damaligen Gebrauch entsprechend, möglicherweise aus Wacholderholz gezimmert (es könnte freilich auch Olivenholz gewesen sein). Kein Wunder, daß sich der Teufel einem alten Aberglauben zufolge angesichts von soviel biblischem Wacholderduft vor nichts so sehr fürchtet wie vor einem Stecken aus Wacholderholz.

Unter der biblischen Minze (vgl. Mt 23,23 und Lk 11,42) muß vor allem die auch als Heilpflanze gebrauchte Roßminze (Mentha longifolia) verstanden werden, die wegen ihres wohlschmeckenden Öls geschätzt wird. Sie wurde in erster Linie zum Würzen von Fleisch verwendet, eine Sitte, der heute noch vor allem die angelsächsischen Küchen mit der dort beliebten „Mint sauce" frönen.

Das Senfkorn, mit welchem das Markusevangelium das Reich Gottes vergleicht (Mk 4,30-32), entstammt vermutlich einer Pflanze mit dem botanischen Namen Brassica nigra, aus welcher der sogenannte Schwarzsenf sowie das Senfsamenöl hergestellt wurden. Letzteres war allerdings weniger ein Bestandteil des biblischen Gewürzbords als vielmehr – vor allem in Form des sogenannten Senfpflasters – der Hausapotheke.

Wenn im Alten Testament gleich mehrmals (2 Mos 30,23; Jr 6,20; Ez 27,19-21) von Würzrohr die Rede ist, so ist damit aller Wahrscheinlichkeit nach jenes Ingwergras gemeint, das man auch in verschiedenen Pharaonengräbern gefunden hat.

Mit dem Safran des Hohenliedes (Hl 4,14) ist vermutlich das heute noch in der nah- und mittelöstlichen gebräuchliche Curcuma longa (Gelbwurz) gemeint und nicht jener Safrankrokus (Crocus sativus), der als teuerstes Gewürz der Welt gilt und im biblischen Palästina ebenfalls bekannt, aber nicht so gebräuchlich war.

Wermut kommt in der Bibel (Spr 5,4; Jr 9,14 und 23,15 sowie Am 6,12) zwar mehrmals vor, dürfte aber wegen seiner Bitterstoffe und weil er als Symbol für Fluch und Strafe galt, in der Küche kaum Verwendung gefunden haben.

Der in der biblischen Küche offenbar recht beliebte Zimt schließlich gehört zur Familie der Lorbeergewächse und war mit seinen gezählten 275 Arten fixer Bestandteil der Hausapotheke der Königin von Saba, weil in Südostarabien das Haupthandelszentrum lag. In der Bibel ist gleich mehrmals die Rede davon (2 Mos 30,23; Spr 7,17; Offb 18,12-13). Wenn nicht der Echte oder Ceylon-Zimtbaum, dessen Schoten sich nach zwei Seiten hin ausrollen, sondern der sich nur nach einer Seite hin ausrollende chinesische Zimt (2 Mos 30,24; Ps 45,9; Ez 27,19) gemeint ist, wird in der Bibel allerdings von Kassia gesprochen.

Hülsenfrüchte: Esaus Linsen und Jesajas Kichererbsen

Da gab Jakob dem Esau Brot und das Linsengericht; der aß und trank, stand auf und ging davon.
1 Mos 25,34

Nimm dir Weizen und Gerste, Bohnen und Linsen, Hirse und Spelt (...) und mache dir Brot daraus.
Ez 4,9

Sie (Schobi, Machir und Barsillai) brachten Betten, Decken, Töpfe, Tonkrüge, Weizen, Gerste, Mehl, Röstkorn, Bohnen, Linsen, Honig, Sahne, Schafs- und Kuhkäse herbei zum Essen für David und das Volk, welches bei ihm war.
2 Sm 17, 27-29

Seit der Mensch gelernt hat, den Acker zu kultivieren, baut er auch Linsen an. Sie zählen zu den dankbarsten und wirtschaftlichsten Feldfrüchten und wurden sowohl zur Herstellung kräftiger Suppen, Grützen und Breie als auch zum Kuchenbacken verwendet. Die Geschichte um Esaus berühmtes Linsengericht (1 Mos 25,34) ist an früherer Stelle schon ausführlich behandelt worden, und auch vom Linsenbrot des Propheten Ezechiel (Ez 4,9) ist bereits die Rede gewesen. Linsen befinden sich schließlich in jenem von Schobi und Machir recht großzügig geschnürten Versorgungspaket, das David und seinem Volk überbracht wurde. (2 Sm 17,27-29) Neben allerlei Hausrat beinhaltete es Weizen, Gerste, Mehl, Röstkorn, Linsen, Honig, Sahne, Schafs- und Kuhkäse sowie Bohnen.

Die Bohnen der Heiligen Schrift sind dabei am ehesten mit unseren Saubohnen verwandt. Sie wurden frisch gekocht oder in getrocknetem Zustand in Mörsern zerstampft und, gemeinsam mit viel Knoblauch, als Brei oder Mus serviert.

Neben den Linsen waren und sind es vor allem auch die Kichererbsen, ohne die die nahöstliche und arabische Küche mit ihren Humusgerichten und Sesampasten kaum vorstellbar wäre. Der hebräische Name für die Kichererbse lautet „hamitz" und wird im Buch Jesaja (Js 30,24) erwähnt. Die einschlägige Stelle ist dabei jedoch, wie Michael Zohary in seinem Werk über die „Pflanzen der Bibel" nachweist, immer falsch mit „gemischtem Futter" anstatt richtig mit „Kichererbsen" übersetzt worden.

Schließlich wurde auch die gewöhnliche Gartenerbse (Pisum sativum) in den Länder der Heiligen Schrift bereits vor Beginn der biblischen Epoche angebaut. Seltsamerweise findet sie jedoch weder im Alten noch im Neuen Testament irgendwo Erwähnung.

Oliven:
Ölrausch in Gethsemane

Der Olivenbaum spielt in fast allen mediterranen Mythen eine entscheidende Rolle. Im Paradies scheint er indessen noch nicht gewachsen zu sein. Denn wie kaum eine andere Pflanze ist der Olivenbaum der Inbegriff von menschlicher Züchtungskunst. Ihn zu kultivieren, erforderte viel Arbeit und Schweiß, zwei Eigenschaften also, die der Mensch erst nach seiner Vertreibung aus dem Paradies entwickeln konnte.

Den biblischen Stellenwert des immergrünen Ölbaums (hebr. zajit, lat. Olea europea sativa), der auch zu den sieben symbolischen Pflanzen Israels zählt, ermißt man am besten daran, daß er im Mittelpunkt zweier wesentlicher biblischer Eckdaten steht: Seine erste Erwähnung findet er, wenn die Taube, die Noah das Ende der Sintflut ankündigt, ein Olivenzweiglein im Schnabel hält (1 Mos 8,11) und dadurch ankündigt, daß Gottes Zorn verraucht und ein neues Zeitalter angebrochen sei. Im Neuen Testament wiederum ist es die Szene auf dem Ölberg, die den Auftakt zur Leidensgeschichte und somit zum Erlösungsakt bildet. Jesus schwitzt zwischen Olivenbäumen Blut und wird schließlich auch auf einem Blutgerüst aus Olivenholz (eine andere Lesart spricht allerdings von Wacholderholz) gekreuzigt.

Der Garten Gethsemane trägt seinen Namen nach der dort befindlichen Ölpresse. Hierher, auf das Landgut eines Freundes, zog Jesus sich nach dem Letzten Abendmahl mit seinen vertrautesten Jüngern, Petrus, Jakobus und Johannes, zurück. Die Ölbäume, die heute eine Attraktion aller christlichen Jerusalempilger sind, stammen zwar nicht mehr aus der Zeit Jesu, blicken indessen in all ihrer zerklüfteten Knorrigkeit dennoch auf ein mindestens 1000jähriges Alter zurück.

Die Beziehung zwischen dem Ölbaum und dem biblischen Erlösungsgedanken hat ihren Ursprung indessen nicht erst in den Schriften des Neuen Bundes. Das

Die Taube kehrte am Abend zu ihm (Noah) zurück, und siehe da, sie trug ein frisches Blatt von einem Olivenbaum im Schnabel.
1 Mos 8,11

Trage den Israeliten auf, daß sie dir reines Öl aus gestoßenen Oliven für den Leuchter bringen, damit man stets Lampen aufstellen kann.
2 Mos 27,20

Alles Beste vom Öl, (...) das Vorzüglichste davon, was sie Jahwe darbringen, weise ich dir zu.
4 Mos 18,12

Das eine Lamm sollst du am Morgen, das zweite am Abend zubereiten. Als Zutaten für dieses Speiseopfer verwende ein Zehntel Epha Feinmehl und ein Viertel Hin Olivenöl.
4 Mos 28,4-5

Dereinst gingen die Bäume hin, um einen König zu salben, der über sie herrschen sollte. Da sprachen sie zum Ölbaum: „Sei du unser König!" Da antwortete ihnen der Ölbaum: „Soll ich etwa mein fettes Öl aufgeben, mit dem man die Götter und Menschen ehrt, und hingehen, um über den anderen Bäumen zu schweben?"
Ri 9,8-9

Da nahm Samuel den Ölkrug und goß Saul das Öl auf das Haupt.
1 Sm 10,1

„Geh, verkaufe das Öl und bezahle damit deine Schuld. Von dem, was übrigbleibt, kannst du mit deinen Söhnen leben."
2 Kg 4,7

Und wie die jungen Zweige am Ölbaum sind rings um den Tisch deine Kinder.
Ps 128,3

Keimen der frischen Triebe in der Sedernacht galt den Juden auch schon in alttestamentarischer Zeit als Symbol für das lange Warten auf den Messias.

In allen biblischen Epochen spielten die Früchte des Ölbaums eine entsprechend wichtige und vielfältige Rolle. Aus den Zweigen des Olivenbaums wurden die Szepter der Könige von Judäa geschnitzt. Die Oliven selbst waren, zumeist in Salzlake eingelegt, in den unterschiedlichsten Sorten und Zubereitungsarten Bestandteil jeder festlicheren Tafel. Der wichtigste „Bodenschatz", den der Ölbaum zutage förderte, war indessen das Olivenöl und ist es bis heute geblieben. Es war, etwas verallgemeinernd formuliert, das Schmiermittel der Membranen des biblischen Alltags. Olivenöl diente als Speise- ebenso wie als Massage- und Duftöl. Es war Genußmittel und Medizin, Brennstoff und Lichtquelle, (2 Mos 27,20) vor allem aber diente es auch dem Zahlungsverkehr. (2 Kg 4,1-7)

Zusammenfassend könnte man sagen, daß Olivenöl keineswegs nur die täglichen Ernährungsbedürfnisse stillte, sondern vielmehr ein maßgeblicher Wirtschaftsfaktor der biblischen Epoche war. Die ältesten Zeugnisse der Kultivierung des Ölbaums finden sich in Judäa bereits um 3700 v. Chr. und stammen aus der Gegend von Jericho. Beträchtliche Öllieferungen werden bereits zur Regierungszeit Jerobeams II (ca. 786-746 v. Chr.) erwähnt, und zwar auf den Scherben zerbrochener Tonkrüge aus dem Palast von Samaria, auf denen sich auch Rezepte finden, bei denen Olivenöl verwendet wird. Wie bedeutend der Handel mit Olivenöl zur Römerzeit gewesen sein muß, läßt sich schließlich an den Nachschubaufzeichnungen der letzten Tage des Königreichs Juda ermessen, die aus einem Vorratslager auf der Festung Arad erhalten sind. Öl wurde auch in den Vorratshäusern von Megiddo, Hazor, Beerscheba und Bet-Schemesch gelagert.

Die Ölbäume, welche die Grundlage des biblischen „Ölrauschs" bildeten und im Normalfall ein Alter von mehreren hundert Jahren erreichen, wurden meist auf den Hängen oberhalb der Weingärten gepflanzt. Die Olivenernte galt als Höhepunkt des landwirtschaftlichen Jahreslaufs. Sie war auch wesentlich zeitintensiver und erforderte mehr Genauigkeit als die Wein- und Getreideernte. Die Oliven wurden dabei – je nach Qualität – entweder von Hand gepflückt oder durch Schütteln vom Baum geschlagen. Ein Baum liefert jährlich rund 45 bis 70 Liter wertvolles Olivenöl.

Die Herstellung dieses Öls wurde seit den Zeiten der Bibel zwar technologisch verfeinert und ausgefeilt, an ihrem Prinzip hat sich jedoch nicht viel verändert, seit man die noch nicht voll ausgereiften Früchte in steinernen Keltern zerkleinerte und zerstampfte. Der so gewonnene Fruchtbrei wurde mit Hilfe von Steinpressen und -mörsern ausgepreßt, bis das Öl aus dem Becken lief. Eine Steinpresse aus alttestamentarischer Zeit wurde in Gibeon gefunden, und in Kapernaum ist heute noch eine Ölpresse aus Basalt zu bewundern, bei welcher der Mahlstein bereits mit einem langen Holzgriff in einer ausgesparten, beckenartigen Steinkuhle bewegt wurde.

Das schönste Denkmal wurde dem Olivenbaum jedoch keineswegs durch eine Ölpresse, sondern durch eine Schriftstelle gesetzt. Im Buch Richter wird jene Fabel erzählt, in welcher die Bäume zusammenkommen, um sich einen König zu wählen. Die erste Wahl fällt verständlicherweise auf den Ölbaum, der jedoch bescheiden abwinkt und erklärt, daß er lieber den Göttern und Menschen dienen als über allen anderen Bäumen schweben möchte.

Wer Wein und Öl liebt, wird nicht reich.
Spr 21,17

Weizen, Oliven, Wachs, Honig, Öl und Mastix tauschten sie gegen deine Handelsgüter.
Ez 27,17

Und nach dem Lobgesang gingen sie hinaus zum Ölberg.
Mt 26,30
(vgl. Lk 22, 39; Jo 18,1)

(Der Mann aus Samaria) ging zu ihm hin (...) und goß Öl und Wein auf seine Wunden.
Lk 10,34

Wenn jedoch einige der Zweige ausgebrochen wurden, du aber, der du von einem wilden Ölbaum abstammst, unter ihnen eingepfropft worden bist und deinen Anteil an der saftreichen Wurzel des Ölbaums bekamst, so rühre dich nicht wider die Zweige.
Röm 11,17-18

Honig:
Im biblischen Schlaraffenland

Weder Sauerteig noch Honig dürft ihr Jahwe als Feueropfer darbringen.
3 Mos 2,11-12

Mit Früchten speist er (das Volk Israel), läßt Honig es aus den Felsen saugen und Öl aus dem Kieselgestein.
5 Mos 32,13

Was ist süßer als der Honig und stärker als der Löwe?
Ri 14,18

Nimm zehn Brote und Kuchen sowie einen Krug voll Honig mit.
1 Kg 14,3

Um 2000 v. Chr. berichtete ein ägyptischer Flüchtling namens Sinuhe über sein Exil in Kanaan: „Es war ein gutes Land, das hieß Yaa. Feigen wuchsen dort und Weintrauben. Wein floß reichlicher als Wasser, üppig war der Honig, zahlreich die Oliven. Jede nur denkbare Frucht gedieh an den Bäumen. Es gab Gerste und Spelt. Grenzenlos war jede Art von Vieh."

Die Verheißung eines Landes, das „von Milch und Honig fließt" – eine Wendung, die in der Bibel an die zwanzigmal aufscheint – entspringt also keineswegs nur hebräischem Lokalpatriotismus, sondern dürfte selbst von den Gegnern des Volkes Israel geteilt worden sein. Die Schilderung im fünften Buch Mose beispielsweise ist jener des Heiden Sinuhe zum Verwechseln ähnlich, wenn es schwärmerisch heißt: „Ein Land mit Weizen und Gerste, Weinstöcken, Feigen- und Granatäpfelbäumen, mit Ölbäumen und Honig, ein Land, in welchem du dich nicht kümmerlich zu nähren brauchst, sondern in dem es dir an nichts ermangelt." (5 Mos 8,7-9)

Über die Formen der Bienenzucht der alttestamentarischen Zeit scheiden sich die Geister. Während die meisten Bibellexika davon ausgehen, daß es zur Zeit des Alten und Neuen Testaments keinen kultivierten Bienenhonig gegeben habe, finden sich auch Zeugnisse früher Bienenzucht in den ägyptischen Königsgärten auf zeitgenössischen Wandgemälden und in Hieroglyphendarstellungen. Bereits auf einem Relief aus dem Sonnentempel des Königs Niuserres in Abusir ist ein imkernder Dorfbewohner dargestellt, der vor künstlichen Bienenstöcken kniet. Und im Rechmire-Grab in Scheich Abd-el-Gurna aus der Zeit der 18. Dynastie belegen Wandmalereien, daß die Imkereitechnik damals schon wesentliche Fortschritte gemacht hatte.

Süßer sind sie (die Worte des Herrn) als Honig, süßer als Honigseim aus der Wabe.
Ps 19,11

Mit Honig aus dem Felsen wollte ich (mein Volk) laben.
Ps 81,17

Wie ist deine Rede doch meinem Gaumen so süß, süßer ist sie meinem Munde als Honig.
Ps 119,103

Wie fließender Honig sind freundliche Worte, süß für die Seele und ein Labsal dem Leib.
Spr 16,24

Es darf jedoch dennoch angenommen werden, daß es sich bei jenem Honig, der sich da wie ein Leitmotiv durch alle Schilderungen des biblischen Schlaraffenlandes Kanaan zieht, nicht um einen domestizierten Honig handelt, wie er von berufsmäßigen Imkern gezogen wird.

Die Honigbiene, bis heute das einzige von rund einer Dreiviertelmillion bekannter Insektenarten, das vom Menschen domestiziert werden konnte, war zu biblischen Zeiten noch ein weitestgehend ungezähmtes, wildes Tier. Es war daher auch großteils wilder Honig, wie er aus Baumrinden und Felsspalten quoll, der da zu biblischen Zeiten verzehrt wurde.

Es ist kaum anzunehmen, daß die Israeliten die Bienenzucht von den Ägyptern gelernt und übernommen haben. Da die Ägypter den Honig heiligmäßig verehrten, war es den Hebräern sogar, wohl aus stillem Protest gegen ihre Unterdrücker, verboten, Jahwe Honig zu opfern. Die Beziehung des Alten Testaments zum Honig ist daher auch zweischneidig: Denn einerseits galt Honig als Inbegriff des Landes der Verheißung und sogar als Symbol für das Wort Gottes (Ps 119,103; Ez 3, 1-3; Offb 10,9), andererseits ist auch von jenem Honig die Rede, der den „Lippen einer Hure" (Spr 5,3) gleicht.

Trotz solcher offensichtlichen Ressentiments wurde Honig vom Tempelpriester sehr wohl als Zehent angenommen. Und unter orthodoxen Juden herrscht bis heute der Brauch, einem Jungen, der das Lesen lernt, auf die erste Seite seines Buches einen Klacks Honig tropfen zu lassen, weil Honig die Süße der Gelehrsamkeit versinnbildlicht.

Abgesehen von seinen metaphorischen Bedeutungen ist Honig jedoch vor allem die Grundlage sämtlicher biblischer Süßspeisen. Zucker ist in der Bibel nämlich unbekannt – und daher auch nicht verboten, wie es später einmal der Barockprediger Abraham a Sancta Clara zu seinem Leidwesen feststellte, als er den „Wiener Leckermäulern" die Leviten las.

Kochen, Köche, Kochgeräte: Wo blieb das biblische Feuer?

D er Ursprung des Feuers ist ein Mythos, dem fast alle bekannten Kosmogonien breiten Raum widmen. Um so verwunderlicher ist es, daß sich die Bibel gerade darüber ausschweigt. Während die zweierlei Arten von Wasser, zwischen denen Gott am Beginn der Schöpfung die festen Stoffe der Erde förmlich herausfiltert, ausführlich beschrieben werden, brodelt und knistert es nirgendwo in der Schöpfungsgeschichte, bis Jahwe nach der Vertreibung Adams und Evas aus dem Paradies ein „zuckendes Flammenschwert" (1 Mos 3,24) aufstellen ließ, um den Weg zum Baum der Erkenntnis vor unerwünschten Eindringlingen zu bewachen.

Das erste von Menschen angefachte Feuerchen, das im Alten Testament zaghaft erglimmt, ist jenes der beiden Opferaltäre von Kain und Abel (1 Mos 4,3-5). Wie die beiden gelernt haben, dieses Opferfeuer zu entzünden, wird indessen nicht verraten. Was die Kulturgeschichtsschreibung des Herdes betrifft, erweist sich die Bibel zunächst nicht gerade als auskunftsfreudig.

So richtig in Gang kommt das biblische Feuer nämlich nicht so sehr in Zusammenhang mit der Küche und den Nahrungsgeboten, sondern vielmehr, wenn die Geschichte von Moses und dem brennenden Dornbusch (2 Mos 3,2) erzählt wird. Sie hellt die Beziehung des Volkes Gottes zum flammenden Element ein wenig auf und läßt uns vermuten, daß die alten Hebräer das Feuer nicht als menschliche Kulturleistung, sondern als Wesensmerkmal von Jahwe selbst betrachteten.

Wohl nicht zuletzt deshalb ist das Feuer bei den Hebräern auch entsprechend geheiligt.

Über die Vorliebe Jahwes für den Duft von gebratenem Opferfleisch wurde an anderer Stelle schon ausführlich berichtet. Daß gemäß der Vorschrift im Buch Exodus (2 Mos 35,3) am Sabbath keinesfalls ein Funke geschlagen

Dann wird jede Erstgeburt im Lande Ägypten sterben, vom Erstgeborenen des Pharao (...) bis zu jenem der Magd hinter der Handmühle.
2 Mos 11,5

Am Tag des Sabbaths dürft ihr in all euren Wohnungen kein Feuer entzünden.
2 Mos 35,3

Er (Moses) ließ die Stangen aus Akazienholz machen und mit Gold überziehen, so daß man den Tisch tragen konnte. Außerdem ließ er die Geräte anfertigen, die auf dem Tisch stehen sollten: seine Schüsseln, Schalen, Kannen und Krüge für die Trankopfer – alles aus purem Gold.
2 Mos 37,15-16

Ein Backofen oder Kochherd, der mit einem Aas in Berührung kommt, muß abgerissen werden. Er ist unrein.
3 Mos 11,35

Die Menschen streiften umher, lasen es (das Manna) auf, mahlten es in ihrer Handmühle oder zerstießen es im Mörser, kochten es im Topf oder machten Kuchen daraus.
4 Mos 11,8

werden darf, hängt jedoch weniger mit der Tabuisierung des Feuers als vielmehr mit jener der Feiertagsarbeit zusammen. Die Vorschrift, am Tag des Herrn kein Feuer zu entfachen, also auch keinen Herd in Betrieb zu nehmen, machte, wenn man den dazumal mit dem Schlagen eines Funkens verbundenen physischen Aufwand bedenkt, durchaus Sinn.

Die genaue Einhaltung dieser Vorschrift durch die Hebräer ist auch kulinargeschichtlich nicht ohne Folgen geblieben. Ihr verdankt die jüdische Küche ihre überdurchschnittlich vielen und durchweg sehr schmackhaften Schmorgerichte, die man am Freitag vor Einbruch der Dunkelheit aufsetzen und den ganzen Sabbath lang ohne weiteres Hinzutun dahinsimmern lassen kann, wobei sie trotzdem keineswegs schlechter werden, sondern sogar zusätzlich an Qualität und Geschmack gewinnen.

Wie man einen Herd richtig beheizt und das Feuer im Haus hütet, war für die Israeliten, solange sie als Nomaden von Lagerfeuer zu Lagerfeuer zogen, zunächst nicht wichtig genug, als daß man diesem Thema allzuviel Aufmerksamkeit hätte widmen müssen. Einen fest gebauten Ofen lernten die Israeliten wohl auch erst bei den ägyptischen Bäckern kennen – und standen ihm zunächst vermutlich mit einiger Skepsis gegenüber. Wenn man liest, wie der Prophet Hosea die Ehebrecher als „glühend wie einen Backofen" (Hos 7,4) beschreibt, kann man ermessen, daß bei den Israeliten weder gemauerte Feuerstellen noch Bäcker in allzu hohem Ansehen gestanden haben dürften.

Bei der Wahl des Brennmaterials war man zu biblischer Zeit nicht besonders wählerisch. Wie im Matthäusevangelium (Mt 6,30) nachzulesen, wurden viele Öfen noch zur Zeit Jesu mit Gras beheizt. Auch trockene Disteln und Kot (Ez 4,12-15) dienten als Brennstoffe für die gewöhnlich in einem stillen Winkel des Hauses untergebrachte Kochstelle. Es handelte sich dabei entweder um relativ primitive, von Steinen gesäumte Kochgruben, die man als Vertiefungen in den Boden einließ, oder

aber – bereits auf einer höheren Zivilisationsstufe – um runde bzw. halbkreisförmige Lehmöfen mit seitlichen Abzugskanälen, wie man sie heute noch häufig im Nahen und Mittleren Osten findet. Eine gewisse Ähnlichkeit besteht auch mit den indischen Tandooriöfen, wo die Brotfladen an der Innenseite des Ofens gegart werden.

In Israel klebte man die Brotkuchen zum Backen allerdings für gewöhnlich an der Außenwand des Lehmofens fest. Manchmal wurde das Brot auch direkt in der Holzasche gebacken (4 Mos 11,8), was um so logischer war, als die Feuerstellen ohnedies mit Asche bedeckt wurden, um die Wärme auch über Nacht zu erhalten.

Über die Garungsmethoden in den biblischen Küchen gibt die Heilige Schrift indessen nur mangelhaft Auskunft: Die Worte kochen, braten und backen werden häufig synonym verwendet. Man verstand unter Kochen jedoch gewiß nicht nur das Garen in kochender Flüssigkeit (2 Mos 23,9; Ez 24,3), sondern ganz allgemein Garung und Zubereitung.

Und ich bereite aller Fröhlichkeit und Freude ein Ende, dem Jubel des Bräutigams und der Braut, dem Schnarren der Handmühlen und dem Licht der Lampen.
Jr 25,10

Stell einen Kessel auf und gieße Wasser hinein.
Ez 24,3

Der Opferherd hatte eine Länge von zwölf Ellen und eine Breite von zwölf Ellen und war quadratisch.(...) Der Graben, der ihn umgab, maß ringsum eine Elle. Im Osten führte eine Treppe zum Altar hinauf.
Ez 43,16-17

Dann führte er mich in den Vorhof hinaus (...) und er sagte zu mir: Das sind die Küchen, wo die Tempeldiener das Schlachtopfer des Volkes kochen.
Ez 46,21-24

Sie alle sind Ehebrecher und fauchen wie ein glühender Backofen.
Hos 7,4

Die Gerätschaften, die zur Standardausrüstung einer „biblischen Küche" zählten, waren relativ einfach. In jedem Fall gehörte ein Kessel dazu, für den es im Hebräischen verschiedene Ausdrücke gibt. Je nach Material und Verwendungszweck versteht man darunter entweder ein Kochgerät (3 Mos 11,35; 1 Sm 2,14; Ib 41,12; Mich 3,3) oder aber auch ein Geschirr, das wie der Wasserkessel im salomonischen Tempel kultischen Zwecken diente (1 Sm 2,14; Ib 41,12; Mich 3,3).

Das vielleicht wichtigste Haushaltsgerät war ein Mörser aus Holz, Stein oder Metall, der zur Herstellung von Breien und Grützen aller Art diente. Auch kleine, handliche Mühlen fand man in jedem israelischen Haushalt. (2 Mos 11,5) Sie wurden von den Israeliten sogar auf ihre vierzigjährige Wüstenwanderung mitgenommen, wo sie ihnen beim „Mannareiben" offenbar auch gute Dienste leisteten. (4 Mos 11,8) Die Mühlsteine waren für die Aufrechterhaltung der Lebensverhältnisse essentiell und durften daher auch nicht gepfändet werden. Verstummte das Geräusch der Handmühlen einmal, wie es Jahwe dem Volk Israel androhte (Jr 25,10), so war dies ein untrügliches Zeichen, daß wieder einmal eine Hungersnot ausgebrochen war.

Als Allzweckwerkzeug, dessen Funktion vom Bratenwender bis zur Schöpfkelle reichte, diente in biblischer Zeit eine dreizinkige Gabel, wie sie vor allem zum Herausheben des Siedefleisches aus dem Kessel (1 Sm 2,14) diente. Zum Essen wurde diese Gabel jedoch nicht verwendet, da man dazu in erster Linie die Hände benutzte. Wenn uns im Buch der Sprüche jener Faule vorgeführt wird, der sogar zu bequem ist, um die Hand, die er schon in den Topf gesteckt hat, mit dem Bissen in den Mund zu führen, (Spr 19,24) so vermag man sich die rauhen biblischen Tischsitten einigermaßen anschaulich vorzustellen.

Auch der Berufsstand des Kochs war zu biblischer Zeit noch lange nicht das, wozu ihn im Grunde erst die bürgerliche Kultur der letzten beiden Jahrhunderte gemacht

hat. Köche und Köchinnen waren nicht wie heute ein Berufsstand, sondern zählten – wie auch noch im europäischen Feudalismus der Barockzeit – zur Dienerschaft. Einen Koch konnte sich also nur ein besonders begüterter Haushalt leisten, wobei das Wort „Koch" in der Heiligen Schrift niemals ausdrücklich erwähnt wird. Im Hebräischen kennt man das Wort nämlich nicht, sondern spricht vom Berufskoch stets als Schlachter.

Die Bezeichnung des Koches als Schlachter läßt darauf schließen, daß er vornehmlich mit der Zubereitung des für gewöhnlich nur den Festtagen vorbehaltenen Fleisches betraut war. Die Herstellung der alltäglichen Gemüse- und Fischgerichte dürfte eher Sache der Frauen gewesen sein. In normalen Haushalten wurde der Schlachtvorgang selbst vom Hausvater durchgeführt, zubereitet wurde das Fleisch dann allerdings ebenfalls von der Hausfrau und ihren Mägden.

(...) ihre Knochen zerbrechen und sie zerteilen wie das Fleisch im Kessel und den Braten in der Pfanne (...)
Mich 3,3

(...) wie das Gras des Feldes, das heute steht und morgen in den Ofen geworfen wird.
Mt 6,30

Es dürfte in biblischer Zeit also tatsächlich keinen eigenen Handwerksstand gegeben haben, dessen Aufgabe die Ausübung der Kochkunst war. Durchaus zu den traditionellen Handwerksberufen zählte man indessen die Salbenbereiter, die Salböl, Salben, Parfüms, Gewürzmischungen und Spezereien herstellten und in deren Tätigkeitsbereich wahrscheinlich auch gewisse mit der Kochkunst verwandte Aktivitäten fielen.

Restaurants im heutigen Sinne hat es zu biblischer Zeit wohl kaum gegeben. Daß in Schenken und speziellen Privathäusern auch ausgekocht wurde, geht indessen nicht zuletzt aus den Berichten über das Letzte Abendmahl hervor. Spezielle Kochhäuser und Herde werden beim Tempel Ezechiels (Ez 46,20-24) erwähnt.

Wie auch immer man die „biblische Kochkunst", so eine solche jemals wirklich existiert haben sollte, allerdings beurteilt, man sollte dabei immer in Betracht ziehen, daß das Kochen als Akt der Eßbarmachung von Rohprodukten des Schöpfungsprozesses als etwas Heiligmäßiges und Rituelles betrachtet wurde und keineswegs nur als eine handwerkliche Tätigkeit, die der Befriedigung menschlicher Urbedürfnisse diente. Ganz in diesem Sinn schrieb auch der bereits einmal zitierte Rabbi Lionel Blue über den „Vorgeschmack des Himmels": „Die Küche ist der Alchimie gewidmet, der Verwandlung der Dinge. Wir schmoren sozusagen in unserem eigenen heiligen Saft. Auch der Kosmos ist ein Kochtopf, in dem alles ordentlich zusammenbrodelt. Wenn man glaubt, ist man überzeugt, daß für ein Fest gekocht wird."

Wasser: Der Baustoff Gottes

Wasser ist das einzige Nahrungsmittel der Bibel, von dem nicht klipp und klar in der Schöpfungsgeschichte geschrieben steht, daß Gott es von eigener Hand geschaffen habe. Wir erfahren relativ ausführlich, daß er es Licht werden ließ, wie er Himmel und Erde, Pflanzen, Tiere, Sonne, Mond und Sterne erschuf, und wie er schließlich – mit den bekannten Folgen – den Menschen in die Welt setzte. Allein das Wasser gibt uns Rätsel auf. Dabei äußert sich die Heilige Schrift relativ deutlich darüber, zumal im ersten Kapitel der Genesis gleich mehrmals die Rede davon ist. Bloß: Es wurde nicht gedacht, geformt oder erfunden. Es war vielmehr schon da.

Gleich zu Beginn des Ersten Buches Mose lesen wir in der Bibel, daß Finsternis über der Urflut und Gottes Geist über dem Wasser lag. Damit ist ziemlich klar: Das Wasser muß es bereits gegeben haben, bevor Gott das Licht anknipste und sich an den Schöpfungsakt machte.

Die „flüssige Leitmotivik" zieht sich als roter Faden durch das Alte wie auch das Neue Testament. Oft kommt das Wasser in der Heiligen Schrift ganz konkret vor, in Zusammenhang mit Zisternen, Brunnen und der Wasserversorgung in Palästina und dem Zweistromland. Öfter noch erscheint es in gleichnishafter Rede, wenn es einmal Tränen, dann wieder Unglück und Verfolgung, dann wieder göttlichen Segen, Sündenvergebung und –

Und der Geist Gottes schwebte über den Wassern.
1 Mos 1,2

Ihr werdet Wasser schöpfen voll Freude aus den Quellen des Heils.
Js 12,3

Wohl Euch! Ihr könnt an allen Gewässern säen.
Js 32,20

Auf, ihr Durstigen, kommt alle zum Wasser!"
Js 55,1

Er (der Herr) läßt uns Giftwasser trinken, weil wir gesündigt haben.
Jr 8,14 (vgl. auch Jr 9,14)

Deshalb kam ich und taufte mit Wasser.
Jo 1,31

Wenn du die Gabe Gottes kennen würdest und wüßtest, wer zu dir sagt: „Gib mir zu trinken", dann hättest du ihn gebeten, und er hätte dir lebendiges Wasser gegeben.
Jo 4,10

Ströme lebendigen Wassers werden aus seinem Leibe fließen.
Jo 7,38

Wer durstig ist, den werde ich umsonst aus der Quelle trinken lassen, aus welcher das Wasser des Lebens strömt.
Offb 21,6

etwa bei der Fußwaschung, die Jesus seinen Aposteln angedeihen läßt – rituelle Reinigung bedeutet.

Die Beispiele für diese ins Positive wie ins Negative gewandte Gleichnishaftigkeit sind zahlreich: „Auf, ihr Durstigen, kommt alle zum Wasser!" ruft der Prophet Jesaja dem erwählten Volk zu. (Js 55,1) Der Prophet Jeremia sieht das Wasser zwiespältiger und weist, übrigens im Einklang mit der babylonischen Strafe für Ehebrecherinnen, darauf hin, daß der Herr „uns Giftwasser trinken läßt, weil wir gesündigt haben". (Jr 8,14; 9,14; 23,15)

Das Buch Jesaja wiederum erkennt das Wasser ganz und gar als positive Kraft: „Ihr werdet Wasser schöpfen voll Freude aus den Quellen des Heils." (Js 12,3) „Wohl Euch! Ihr könnt an allen Gewässern säen." (Js 32,20) Und im Johannesevangelium (Jo 1,29-34) steht das flüssige Element im Zentrum der Begegnung Jesu mit Johannes dem Täufer. Ebenfalls im Johannesevangelium finden sich auch die berühmten Stellen vom „lebendigen Wasser" (Jo 4,10 und 7,38): „Wer Durst hat, komme zu mir, und es trinke, wer an mich glaubt. Wie die Schrift sagt: Aus seinem Inneren werden Ströme von lebendigem Wasser fließen."

Und so schließt sich der Kreislauf des Wassers denn auch in der Offenbarung des Johannes, in der zunächst (Offb 21,1) prophezeit wird, daß „auch das Meer" nicht mehr sein wird. Gleich darauf heißt es jedoch: „Wer durstig ist, den werde ich umsonst aus der Quelle trinken lassen, aus der das Wasser des Lebens strömt ." (Offb 21,6) Das Wasser ist demnach der Anfang gleichermaßen wie das Ende, viel mehr noch: Es ist die Quelle allen Lebens, in gewisser Hinsicht also Gott selbst.

Das Wasser ist die Einheit in der Vielheit und die Vielfalt im Einen zugleich, ist Gottes Ebenbild, ebenso übrigens wie der Mensch. An die Formel Wasser = Gott, Mensch = Wasser, Gott = Mensch hat vielleicht auch der hl. Franz von Assisi gedacht, als er in seinem berühmten „Sonnengesang" eine wahre Hymne an das Wasser anstimmte: „Gelobt seist du, mein Herr, um Wassers willen! Es ist so nützlich, schmiegsam, köstlich, zart."

Wein: Wer ihn pflanzt, der soll ihn auch genießen

Das Volk Gottes lebte mit dem Wein und liebte den Wein. Anders als die Griechen, die im Weingenuß bei ihren dionysischen Mysterien in erster Linie Rausch und Ekstase suchten, sahen die Israeliten darin jedoch vielmehr einen Prüfstein dafür, wie der fromme Jude es mit der gottgefälligen Eigenschaft der Mäßigkeit hielt. Hugh Johnson spricht in seiner „Kulturgeschichte des Weines" daher auch mit Recht von einem „mit Gefahr befrachteten Segen, der stets von den Rabbinern unter scharfer Kontrolle gehalten werden mußte. (...) Vernunft wird angestrebt, nicht Inspiration."

Gewiß: Nüchternheit ist für den Menschen des Alten wie auch des Neuen Testaments in jedem Falle erstrebenswert. Doch ist Nüchternheit im biblischen Sinne (1 Tim 3,2-11) nicht in erster Linie die Enthaltsamkeit von alkoholischen Getränken. Es handelt sich vielmehr um eine innere Einstellung, die sich dem Willen und Wort Gottes anvertraut und nicht den vorgegaukelten Trugbildern des irdischen Daseins. Sie hat mit Weingenuß also nicht unmittelbar zu tun.

Wein war das Getränk der Alten Welt schlechthin. Er war das Elixier der Herren genauso wie der Trost der Sklaven, er war ein Lebens-Mittel in des Wortes tiefster Bedeutung, und er war in harten Zeiten wohl auch ein Überlebensmittel. Man müsse, schrieb schon der Naturforscher Plinius der Ältere, seinen Körper, wenn man ihm Gutes tun wolle, von außen mit Öl und von innen mit Wein behandeln.

Die Hebräer haben diese Maxime schon lange vor Plinius beherzigt. Die schöne Judit beispielsweise wird uns als eine Frau von hohem Weinverstand vorgestellt, den sie gemeinsam mit ihren Verführungskünsten beim feindlichen Feldherrn Holofernes auch recht produktiv einzusetzen wußte. (Jdt 10,5; 12,17-20) Und daß die Feste im

Noah wurde der erste Ackerbauer und begann damit, die Weinrebe auszupflanzen. Als er jedoch von dem Wein trank, wurde er davon betrunken und lag entblößt im Inneren seines Zeltes. Ham, der Vater Kanaans, betrachtete die Nacktheit seines Vaters und erzählte draußen seinen beiden Brüdern davon. 1 Mos 9,20

Melchisedek, der König von Salem, brachte Brot und Wein heraus. 1 Mos 14,18

Gott gebe dir vom Himmelstau und der Fruchtbarkeit der Erde Korn und Wein im Überfluß. 1 Mos 27,28

Da erzählte der Obermundschenk Josef seinen Traum (...): „Im Traum sah ich vor mir einen Rebstock. An diesem waren drei Ranken, und mir kam vor, als triebe er Knospen. Seine Blüten wuchsen, und schon trugen die Trauben reife Beeren. Ich hielt den Becher Pharaos in meiner Hand, nahm die Beeren, drückte sie in Pharaos Becher aus und gab dem Pharao den Becher in die Hand." Da sprach Josef zu ihm: „(...) Die drei Ranken sind drei Tage. Noch drei Tage, dann wird der Pharao dich vorladen und dich wieder in dein Amt einsetzen. Du wirst dem Pharao seinen Becher wieder wie früher reichen, als du noch sein Mundschenk warst."
1 Mos 40,9-13

Palaste Salomos sich durch eine exquisite Weinkultur auszeichneten, dürfen wir allein schon aufgrund der detailreichen Beschreibungen der Trinkgefäße an seinem Hof (1 Kg 10,21-22) vermuten.

In der Geschichte des Volkes Israel hat der Siegeszug des Weines auch einen entscheidenden gesellschaftspolitischen Akzent gesetzt. Der Wein ist nämlich – die Beispiele vieler Hochkulturen bestätigen das – von seinem Ursprung her ein Getränk der Seßhaftigkeit, ein sicheres Indiz also, daß die Israeliten ihr nomadisches Naturell allmählich ablegten, um sich im Land der Verheißung für immer niederzulassen. Nomadenstämme – der vom Beduinentum geprägte Islam beispielsweise ist eine typische Nomadenreligion – wissen mit Wein nur selten etwas anzufangen.

Den Weinbau haben die Israeliten, wie so vieles andere, in Ur, der Heimat Abrahams, im „fruchtbaren Halbmond" kennengelernt. Der erste Weintrinker der Bibel ist Noah, der Urvater aller Ackerbauern und Weingärtner. (1 Mos 9,20) Ihm erteilt Jahwe erstmals in der Bibel die ausdrückliche Erlaubnis, Fleisch zu essen (1 Mos 9,3), und er ist es auch, dem die Taube nach der Sintflut den Olivenzweig – und damit den Ölbaum und das Olivenöl bringt. Es ist nicht übertrieben, wenn man behauptet, daß das, was wir heute als Eß- und Trinkkultur bezeichnen, in der Bibel erst mit Noah so richtig begann.

Noah ist jedoch nicht nur der früheste Winzer der Bibel, sondern auch der erste, der den Rebensaft offenbar ganz kräftig über den Durst trinkt. Die Art und Weise, in der Noahs erster Rausch in der Genesis (1 Mos 9,20) geschildert wird, läßt jedoch keinesfalls darauf schließen, daß Noah damals bereits so etwas wie ein Gewohnheitstrinker gewesen sein könnte. Im Gegenteil: Alles deutet darauf hin, daß Noah durch diesen Trunk erstmals auch mit der Trunkenheit konfrontiert wurde. Bei der Beschreibung dieses Rausches fällt vor allem auf, daß der Erzähler der Begebenheit ganz bewußt auf eine moralische Wertung oder gar Verurteilung von Noahs Rausch

218

verzichtet. Sehr wohl verurteilt wird indessen das Verhalten von Noahs Sohn Ham, der seinen Vater ob dessen Trunkenheit verspottet. Getadelt wird hier nicht der
Rausch, sondern vielmehr sein Verspotter. Manche Exegeten haben das später so interpretiert, daß die Trunkenheit ein Erkennungsmerkmal des unerlösten Menschen
und der Rausch ein probates Mittel gegen das Wissen sei,
daß man sterben müsse. Warum sonst hätte sich Noah
auch betrinken sollen, nachdem er sogar die Sintflut so
glorios überlebt hatte? Oder hat er es etwa nur getan, um
eben dieses Überleben ausgiebigst zu feiern?

Wenn man die Sinflut im „fruchtbaren Halbmond" allerdings, wie dies die meisten Wissenschaftler tun, um den
Beginn des vierten Jahrtausends ansetzt, so muß andererseits festgestellt werden, daß der Weinbau in Mesopotamien bereits vor der großen Flut bekannt gewesen ist.
Daß der Wein unmittelbar nach dem Verebben der letzten Überflutungen seinen ersten Auftritt in der Bibel hat,
könnte freilich auch einen anderen, aus önologischer Sicht
ebenfalls durchaus schlüssigen Grund haben: Steht der
Weinbau doch, ebenso wie die Gezeiten, in engem Zusammenhang mit den Phasen des Mondes. Es gibt heute
noch manche Winzer, die die Mondphasen genau in
ihren Leserhythmus mit einbeziehen.

Das Verhältnis der Bibel zum Weingenuß ist seit Noahs erstem Rausch jedenfalls ambivalent geblieben. Einerseits ist davon die Rede, daß Trunkenbolde das Reich Gottes nicht erben werden. (1 Kor 6,10) Andererseits darf man von den Gaben Gottes sehr wohl trunken werden. (Ps 36,9) Immerhin galt der Wein ja gemeinsam mit Brot und Öl als eines der drei biblischen Grundnahrungsmittel (1 Mos 27,28; Ps 104,15) und war als Trankopfer Bestandteil eines jeden Brandopfers.

Bei der moralischen Wertung des Weines durch die Bibel erweist sich auch die Statistik als durchaus hilfreich

In allen Büchern des Alten und Neuen Testaments finden sich rund 1200 Anspielungen auf den Wein, die Reben und die Winzer. Nur etwa fünfundvierzig davon können eindeutig als negativ qualifiziert werden (z. B. 1 Sm 1,14; Tob 4, 15; Ib 12,25; Ps 23,21; Sir 19,2; Sir 26,8; Sir 31,25-30; Spr 31,5; Js 19,14; Nah 3,11; Lk 21,34; Eph 5,18).

Der Rest ist nicht Weintadel, sondern zumindest wertneutrale Kulturgeschichtsschreibung des biblischen Weinbaus oder häufig sogar explizites Weinlob (z. B. 1 Mos 49,11; 3 Mos 19,10; 4 Mos 13,23; 4 Mos 18,27; 5 Mos 28, 39; 5 Mos 33, 28; Ri 9,27; 1 Kg 5,5; 2 Kg 6,27; 1 Makk 14,12; Ps 80,13; Hl 2,15; Sir 9,10; Js 18,5; Jr 2,21; Am 9,14; Mich 14,4). Die Hebräer kannten im übrigen ein eigenes Sprichwort, das den Weingenuß mit einer spitzfindigen rhetorischen Volte zu rechtfertigen wußte: Wein sei demzufolge notwendig, und Gott verbiete ihn auch nicht, denn sonst hätte er den Wein wohl bitter geschaffen. (vgl. 1, Kor 10,4 und Prd 9,7)

Die bekannteste biblische Weinepisode des Alten Testaments ist zweifellos die Geschichte von Josua und Kaleb, den beiden Kundschaftern des Moses (1 Mos 14,18), die mit ihrer aus dem gelobten Land zu Demonstrationszwecken mitgebrachten Riesenweintraube in Israel (ebenso wie in vielen europäischen Weinbaugebieten) mittlerweile als Tourismus-Logotype Verwendung fanden. Bemerkenswert ist außerdem jene Stelle aus dem Buch Deuteronomium, die den Weinbau höher als den Wehrdienst einschätzt (5 Mos 20,6) und sinngemäß meint, daß jemand, dessen Weinberg noch nicht bestellt sei, in der Schlacht nichts verloren habe, weil dann womöglich ein anderer die ihm zustehende Lese einbringt.

Weniger martialisch denn erotisch sind einige jener bekannten „schlimmen Stellen" im Hohelied der Liebe, das mit Versen wie „deine Brüste gleichen Weintrauben, dein Gaumen ist wie guter Wein"(Hl 7,9) oder „dein Schoß ist wie ein (Wein)kelch" (Hl 7,3) zu den schönsten und gleichzeitig erotischsten Wein-Elogen zählt, die jemals ge-

Wenn du in den Weinberg deines Nachbarn kommst, so darfst du Trauben essen, soviel du magst und bis du satt bist. Du darfst nur nichts davon in ein Gefäß tun.
5 Mos 23,25

Sie zogen aufs Feld hinaus, um in ihren Weinbergen zu lesen. Sie traten die Kelter, feierten Feste und gingen in den Tempel ihres Gottes.
Ri 9,27

Komm und iß von diesem Brot und tunke dein Stück in Weinessig.
Rt 2,14

Sorge, daß du deinen Weinrausch wieder loswirst.
1 Sm 1,14

Und es wohnten Juda und Israel in Geborgenheit, ein jeder unter seinem Weinstock und seinem Feigenbaum.
1 Kg 5,5 (4,25); vgl. auch 1 Makk 14,12

Alle Trinkgefäße des Königs (Salomo) waren aus purem Gold.
1 Kg 10,21

schrieben wurden. Auch Salomos Tempel wäre ohne den Wein wohl niemals in all seiner Pracht entstanden. Immerhin bewilligte Salomo alleine für die Rodungsarbeiten zur Holzbeschaffung für den Tempelbau 20.000 Bath Wein, wobei ein Bath etwa 45 Litern entspricht. Insgesamt flossen also 900.000 Liter Wein für etwa 10.000 Forstarbeiter – was immerhin 90 Liter Wein pro Kopf und Nase ist. Selbst die Priester und Leviten, denen der Genuß von Rauschtrank streng verboten war, durften Wein trinken. Die einzige Bevölkerungsgruppe der Bibel, die sich des Weins zu enthalten hat, sind neben den zu einem Leben in Enthaltsamkeit verpflichteten Nasiräern (4 Mos 6,3) nur die Rechabiter oder Kainiten (Jr 35, 6-8).

Auch im Neuen Testament wird das Thema Wein insgesamt ziemlich liebevoll behandelt. Jesus, der ebenfalls an einem Gastmahl des Zöllners Levi (Lk 5, 27-32; Jo 15,1-2) teilnahm und von seinen Richtern wegen solcher für einen Schriftgelehrten als unstandesgemäß empfundener „Lumpentouren" später unter anderem auch als „vorax et potator vini" angeklagt wurde, nannte sich selbst den „rechten Weinstock" und wählte den Wein beim Letzten Abendmahl wohl nicht zufällig gemeinsam mit dem Brot als Medium der Transsubstantiation. (vgl. Mt 26, 20-29; Mk 14,17-25; Lk 22,14-23; 1 Kor 11,23-26)

Der Kirchenlehrer Thomas von Aquin, selbst bekanntermaßen dem Weingenuß durchaus zugetan, sollte später seinen Brüdern in Christo über die Gottgefälligkeit des Rebensafts das folgende ins Stammbuch schreiben: „Das Sakrament der Eucharistie kann nur mit Wein von Trauben statthaben, denn so ist es der Wille Jesu Christi, der Wein für dieses Sakrament bestimmte." Auch den Grund dafür weiß der Doctor angelicus anzugeben: „Weil der Wein von Trauben in gewisser Weise das Bild des Wirkens dieses Sakraments ist. Hiermit meine ich spirituelle Freude, denn es steht geschrieben, daß der Wein des Menschen Herz erfreut."

Was da das Herz erfreute, hatte freilich viele Ausdrucksformen: Getrunken wurde zu biblischer Zeit wohl vorwiegend Eigenbauwein aus Palästina. Für besonders Reiche und Vornehme muß es jedoch auch schon damals die qualitativ als höher eingeschätzte Importware aus Italien gegeben haben. Herodes beispielsweise schien mit Vorliebe Wein aus römischen Weingärten getrunken zu haben. Bei Ausgrabungen auf der unteren Terrasse von Massada fand man einige Krüge mit der lateinischen Aufschrift: „Für Herodes, König von Judäa".

Im allgemeinen erwiesen sich größere Weinimporte indessen nicht als notwendig. Klima und Boden sind für den Weinbau in Palästina äußerst günstig. Der in Israel angebaute Wein wurde vermutlich aus domestizierten Wildtrauben gekeltert. Im Gegensatz zur römischen „vitis iugata", der Jocherziehung in Form einer Hochkultur, war in Israel jedoch die „vitis prostrata" am häufigsten anzutreffen, bei der die Reben – meist qualitativ weniger bemerkenswerte Massenträger – auf dem Boden „entlangkriechen" und die fruchttragenden Äste entsprechend abgestützt wurden (Hos 10,1; Ez 17,6) oder sich an Feigen- und anderen im Weingarten gepflanzten Bäumen emporranken konnten. (1 Kg 5,5 bzw. 4,25)

Die wichtigsten Anbaugebiete in biblischer Zeit waren das Land der Philister, die Ebene Jesreel, die Oase von Engedi und die Hügelgebiete bei Hebron, Sichem, Silo, Eskol und Samaria, aber auch das Ostjordanland und der Negev. Die Weingärten wurden zumeist terrassenförmig angelegt und zum Schutz gegen Wildschweine und Schakale eingezäunt. Zum Weingarten gehörten üblicherweise auch ein Wachturm und eine gemauerte Kelter. Weingartenhütten und Wachtürme erinnern dabei an jenes Hüterbrauchtum, das in Europa noch bis Anfang des 20. Jahrhunderts üblich war und seinen Ursprung zweifellos in der Antike hat.

Über Jahrtausende nahezu unverändert blieben auch jene Winzermesser, wie sie bereits im Buch Jesaja (Js 18,5) erwähnt werden. Auch Sicheln mit kleinen, gebogenen Schneideblättern, die sich bei Bedarf in Spieße umbiegen ließen, wurden für die Weingartenarbeit damals schon verwendet.

Man hat mich geschlagen, doch es tat mir nicht weh, man hat mich verprügelt, aber ich habe nichts gespürt. Wann erwache ich wieder? Von neuem will ich zum Wein greifen.
Spr 23,35

Königen ziemt es nicht, sich mit Wein zu betrinken, Fürsten steht das Verlangen nach berauschendem Trank nicht zu.
Spr 31,4

Wohlan, iß fröhlich dein Brot und trinke vergnügt deinen Wein. Denn seit jeher gefällt es Gott, wenn du so handelst.
Prd 9,7

Deine Brüste sind wie Trauben am Weinstock, (...) dein Mund ist wie köstlicher Wein.
Hl 7,9-10

Neuer Wein – neuer Freund. Ist er alt, so magst du ihn mit Vergnügen trinken.
Sir 9,10

Wein und Weiber verderben den Weisen.
Sir 19,2

Die biblische Sitte, Trauben auch zu Rosinen zu verarbeiten, hat sich in der Folge vor allem in den islamischen Ländern durchgesetzt. Einzig und allein aus diesem Grund ist die Türkei das Land mit der größten Weinbaufläche der Welt.

Auch biblische Lesebräuche haben bis heute ihre Spuren hinterlassen: Zur Zeit der Weinlese kampierten ganze Sippschaften in Zelten draußen auf dem Weinberg – eine Sitte, die auch im Israel der Gegenwart in manchen Gebieten noch anzutreffen ist. Die beiden wichtigsten Lesemonate sind September und Oktober, obwohl manche Trauben wegen des sonnigen Klimas bereits im Juli reif sind.

Der Weingarten stand schließlich auch im Mittelpunkt der Partnerfindung: Wenn rund um die Reben getanzt und gefeiert wurde, suchten sich nach altem Brauch die Mädchen ihre zukünftigen Männer aus.

Bei all seinen hedonistischen Wirkungen und Nebenwirkungen trank man den Wein zu biblischen Zeiten freilich keineswegs nur aus schierer Genußsucht. Oft bot er sich einfach als die gesündere Alternative des Durstlöschens an, weil das Trinkwasser wieder einmal verseucht und schmutzig oder die Milch durch Tierseuchen voller schädlicher Krankheitskeime war. Und der Apostel Paulus, sicher alles andere denn ein Zechbruder, empfahl dem kränkelnden Timotheus sogar ausdrücklich, neben Wasser auch Wein zu trinken, „um deines Magens willen und weil du oft krank bist".

Ob als Medizin oder als Genußmittel: Der Rebensaft war im Gegensatz zu heute ein Billiggetränk, das in großen Mengen zur Verfügung stand. Wein wurde in vielerlei Formen, vor allem aber in all seinen Reifestadien konsumiert: als Traubensaft, Sturm, Jungwein, Altwein und sogar als Weinessig (4 Mos 6,3; Ps 69,22; Rt 2,14; Mk 15,36; Mt 27,34). Letzterer wurde mit Wasser verdünnt und war so etwas wie die Limonade der Bibel.

Vinifiziert wurde der Wein der Bibel, ähnlich wie bei den anderen Völkerschaften der Alten Welt, auf relativ

unkomplizierte Art und Weise. Die üblichste Form des Kelterns ist das heute als archaisch empfundene und allenfalls noch bei folkloristischen Veranstaltungen zu beobachtende Zerstampfen der Trauben in der flachen Kuhle eines gemauerten oder in den Felsen geschlagenen Kelters, in dem ein Abflußkanal ausgespart war. Durch diesen konnte der ausgepreßte Saft in die dafür vorgesehenen Behälter abfließen, wo man den Wein auch vorgären ließ, bevor man ihn schließlich in Krüge, Ziegenhäute oder Lederbehältnisse abfüllte. Kleine Öffnungen sorgten dafür, daß die Gärgase entweichen konnten, ohne das Behältnis zum Zerplatzen oder Bersten zu bringen.

Ob die Gebinde ebenerdig oder in Kellern gelagert wurden, geht aus der Bibel nicht hervor. In jedem Fall muß es jedoch spezielle Weinlager und Weinhäuser gegeben haben. Zisternenfunde in Gibeon lassen sogar darauf schließen, daß man sehr wohl auch Kellergewölbe

Als Edelrebe hatte ich dich gepflanzt, als echten Steckling. Doch wie hast du dich in ein wildes Gewächs verwandelt, du entarteter Weinstock?
Jr 2,21

Wieder sollst du Weingärten pflanzen auf den Bergen von Samaria. Wer Triebe auspflanzt, der darf ihre Früchte genießen.
Jr 31,5

zum Stapeln von Weinkrügen verwendet hat. Es handelte sich dabei um Erdkeller, die am Fuße von Kalksteinhängen angelegt wurden. Dreiundsechzig dieser glockenförmigen, etwa zwei Meter tiefen Keller sind auch heute noch zu besichtigen.

Im Hinblick auf die Wein- und Trinkkultur der biblischen Epoche erweist sich die Bibel erfreulicherweise wesentlich redseliger als bei der Wiedergabe önologischer Fakten. Was Martin Luther reichlich simpel mit Becher und Schale übersetzte, stellt sich tatsächlich als Vielzahl facettenreicher Gefäße mit recht unterschiedlichen Namen heraus. Die meisten davon waren aus Ton, in Verwendung standen aber auch Materialien wie Stein, Edelmetalle, Bronze, Glas und Holz. Im Buch der Sprüche (Spr 23,31) ist auch von einem Ledergefäß die Rede.

Viele israelische Becher und Kelche waren dem Blütenkelch der Lilie nachgebildet (1 Kg 7,26) und verfügten über mehr oder weniger schlanke Füße sowie Henkel und Deckel (Esr 1,10). Der Wein für den täglichen Gebrauch wurde in speziellen Mischkelchen verdünnt.

Auch wenn von Weinkultur am häufigsten in Zusammenhang mit kultischen Handlungen die Rede ist, so wird doch auch jene Rolle, die der Rebensaft im alltäglichen Leben spielte, in der Bibel immer wieder beschrieben: Im Gegensatz zu heute hielten sich Wohlhabende etwas darauf zugute, ihren Wein wo auch immer nur aus ihrem ganz persönlichen Becher zu trinken, der aus diesem Grund zumeist auch ein besonders kostbares Exemplar war. Arme hatten hingegen für gewöhnlich ohnedies nur ein einziges Gefäß zu ihrer Verfügung, aus dem sie Wein ebenso schlürften wie Speisen. (2 Sm 12,3)

Das Nachfüllen und Reichen des Bechers galt als Vorrecht des Hausvaters, der damit vor allem auch einen symbolischen Akt setzte: Wie der Hausvater den Becher austeilt, wurde dadurch angedeutet, so behandelt Gott auch die Menschen.

Ein guter Hausvater mußte genau wissen, zu welchem Anlaß wie viele Becher Wein als angemessen galten. Da

Denn ich sage euch: Von
nun an werde ich nicht
mehr von der Frucht des
Weinstocks trinken, bis
das Reich Gottes heran-
bricht.
Lk 22,18

Ich bin der wahre Wein-
stock, und mein Vater ist
der Weingärtner. Jede
Rebe an mir, die keine
Frucht trägt, schneidet er
weg, und jede, die
Frucht bringt, reinigt er,
damit sie noch mehr
Frucht bringe.
Jo 15,1-2

Berauscht euch nicht mit
Wein, denn das führt zur
Liederlichkeit.
Eph 5,18

Schick deine scharfe
Sichel aus und ernte die
Trauben vom Weinstock
der Erde! Denn seine
Beeren sind reif gewor-
den.
Offb 14,18

war beispielsweise der Becher des Trostes (Spr 31,6 oder
Jr 16,7), von dem angenommen werden darf, daß er besonders großzügig gefüllt war. Den Becher der Benebe-
lung nannte man sinnigerweise auch Taumelbecher.
(Jr 16,8 oder Spr 23,31)

Wie heute wurde der Wein freilich auch damals nicht
immer nur dann getrunken, wenn es etwas zu feiern gab,
sondern zuweilen auch, wenn das Gegenteil der Fall war:
Also gab es auch einen „Kelch des Grimms" (Js 51,17-22),
der vom Betroffenen bis zur Neige geleert werden mußte.
Das Ende des Gelages war in jedem Falle das gleiche. Ob
aus Fröhlichkeit, Trauer oder Verbitterung: Wenn das
Gelage beendet war, hängte ein jeder sein Trinkgefäß, das
nun nicht mehr gebraucht wurde, an einem Nagel an der
Wand auf (Js 22,24-25) – um es dort für den nächsten
Anlaß aufzubewahren. Und der sollte sich, so oder so,
gewiß schon bald einstellen.

227

NACHWORT

Die Bibel und die Gaumenlust

Die Aufhebung der mosaischen Speisegebote durch Jesus Christus brachte die frühe Christenheit moralisch in eine arge Bredouille. Denn Heiligmäßigkeit wurde – ob bei den Pharisäern oder Neuplatonikern, in der Stoa oder im Manichäismus – immer mit einer gewissen Betonung, ja sogar Überbetonung der Askese gleichgesetzt. Ein Religionsgründer, der mit einfachen Leuten zechte, alle Speisen für rein erklärte und mit dem Letzten Abendmahl ein Essen im Freundeskreis zur rituellen Handlung und zur eigentlichen Grundlage der von ihm gestifteten Religion aufwertete – das mußten vor allem die Eiferer unter den Anhängern Jesu erst einmal verkraften.

Das Volk von Juda und Israel war zahlreich wie der Sand am Meer. Es hatte zu essen und zu trinken und war guter Dinge.
1 Kg 4,20

Sie schafften auf Eseln, Kamelen, Maultieren und Rindern Lebensmittel herbei: Mehl, Feigen- und Traubenkuchen, Wein, Öl und eine große Menge Rinder und Schafe; denn es herrschte Freude in Israel.
1 Chr 12,41

An Versuchen, die christliche Lehre in dieser Hinsicht zu relativieren und sogar umzuinterpretieren, fehlte es nicht. Der frühchristliche, in der sketischen Wüste lebende Mönch Poimen sagte beispielsweise um 340 n. Chr.: „Wie können wir die Furcht Gottes gewinnen, wenn wir den Bauch mit Käse füllen und die Vorratskrüge mit Pökelfleisch?“ Und Amma Synkletika, eine der ersten Asketinnen des Christentums, meinte zum selben Thema: „Die Üppigkeit der Weltleute soll dich nicht reizen, als wäre sie etwas Wertvolles, es geht doch dabei nur um Lust. Denn bei ihnen ist die Kochkunst in Ehren, aber durch Fasten und einfache Speise bist du dem Überfluß ihrer Nahrung überlegen.“

Auch der Mönchsvater Johannes Cassianus (ca. 360–430) war überzeugt, daß man von allen Lastern zunächst einmal die Begierden des Gaumens oder Bauches bekämpfen müsse, nicht zuletzt deshalb, weil sie leichter in den Griff zu bekommen seien als etwa Zorn oder Habsucht. Vor allem deshalb hat er in seinem „Katalog der acht Laster“ die sogenannte „Gastrimargie“ (Schlemmerei) wohl auch an die erste Stelle gesetzt.

Überall, wo der Erlaß des Königs bekannt wurde, jauchzten die Juden vor Freude, sie aßen und tranken und ließen es sich an diesem Tag gut gehen.
Est 8,17

Du füllst ihren Leib mit Gütern. Auch ihre Söhne werden davon noch satt und hinterlassen den Enkeln, was übrigbleibt.
Ps 17,14

Obwohl Paulus zur Liberalisierung der Speisegesetze durch einige klärende Worte durchaus das Seine beigetragen hatte, ließ er sich freilich auch zum Kronzeugen gegen die Gaumenlust aufrufen. Hatte er doch explizit dazu aufgefordert, „das Fleisch nicht so zu pflegen, daß es lüstern wird". (Röm 13,14). Und Cassianus schlug genau in dieselbe Kerbe, wenn er proklamierte, daß die Übersättigung den Geist ebenso „herumschwanken" lasse wie der Alkohol. Er kann sich in dieser Hinsicht auch durchaus auf zahlreiche einschlägige Bibelstellen berufen, welche die Grenzen des Genusses genau abzustecken pflegen: Im besseren Fall eine Quelle der Freude und im schlimmeren eine kleine menschliche Schwäche, gerät der kulinarische Genuß überall dort zur Sünde, wo er zügellos wird und der Vernunft entgleitet. Die Bibel erweist sich in dieser Hinsicht im übrigen durchaus als rational, ja sogar als aufklärerisch im Sinne Rousseaus, der in seinem „Discours sur les sciences et les arts" die Überzeugung äußerte, daß „alles, was über die physischen Bedürfnisse hinausgeht, eine Quelle des Übels ist".

Diese Meinung teilte im übrigen auch der Dominikaner und Scholastiker Albertus Magnus (1193–1280), der in seinem „Paradisus Animae" unter Berufung auf den Kirchenlehrer Hieronymus schrieb: „Bestaunen können wir, aber nicht nachahmen die Enthaltsamkeit der alten Priester, von denen der heilige Hieronymus schreibt, daß sie sich immer von Fleisch und Wein enthalten haben wegen der Gebrechlichkeit ihrer Sinne und wegen des Kopfschwindels, insbesonderheit aber wegen der Begehrlichkeiten, die (...) zu entstehen pflegen. (...) Bei der Enthaltsamkeit kommt es aber nicht darauf an, daß man in gesundem Zustande köstliche und gewürzige Speisen zurückweist, sondern auch, wenn Krankheit oder sonst irgendeine Not dazu zwingt, und ebenso auch nicht, wenn man sich nur der köstlichen, feinen und überflüssigen Speisen enthält; sondern auch, daß man sich manchmal das Notwendige entzieht, um es den Armen auszuteilen. (...) Falsche Enthaltsamkeit aber ist es, köstliche und feine Gerichte nur dann zu vermeiden, wenn es keine gibt; oder aber wegen der Eitelkeit, auf daß du gelobt werdest."

In dieser scholastischen Ansicht treffen sich die Gebote der Bibel auch mit den Ansichten der in griechischen und orientalischen Wurzeln fußenden Medizin. Der arabische Arzt Avicenna (980–1037) durfte sich mit seinem „Sic semper comedas, ut surgas esurienda, sic etiam sumas moderate vina bibendo" („Iß stets nur soviel, daß deine Eßlust beim Aufstehen vom Tisch nicht gesättigt und dein Trinken mäßig sei") durchaus mit den Kirchenvätern eines Sinnes wissen.

Als gefährlich und sozialschädlich wird die Feinschmeckerei von diesen jedoch nur in den seltensten Fällen um ihrer selbst willen betrachtet, sondern stets dann, wenn sie weitere Laster im Gefolge hat. Der zügellose Mensch wird, so die Hauptaussage der Bibel, irgendwann auch habgierig, egozentrisch, mitleidlos und hartherzig. In dieses Bild fügt sich auch die Ansicht des orthodoxen Mönchsvaters Johannes Klimakus perfekt ein, der über die Freßsucht meinte, ihre Ursache sei die böse Gewohnheit und eine gewisse Fühllosigkeit des Geistes.

Dennoch würde man es sich zu einfach machen, würde man die Gaumenlust aus christlicher Sicht aufgrund solcher Lehrmeinungen schlicht und einfach verwerfen. Vor allem ist es der Albertus-Magnus-Schüler Thomas von Aquin (1225–1274), dem wir eine etwas subtilere Lehrmeinung zum Thema der biblischen Gaumenlust verdanken, von welcher er eine Definition gab, die zumindest als „sophisticated" gelten kann. Billigt sie doch dem Gourmand lautere Motive zu, während sie den Gourmet der Sünde überführt: „Wer im Essen das Maß überschreitet in der Meinung, so viel Speise sei ihm Bedürfnis, der sündigt nicht aus Gaumenlust; er ist gewissermaßen nur unerfahren. Wenn aber einer aus ungeregelter Begierde nach dem Ergötzen zu viel Speisen nimmt, der sündigt durch Gaumenlust." (Summa Theologica 2-2 q.148).

Der eine stirbt ohne Sorgen in vollem Glück und Frieden, sorgenfrei. Seine Schenkel sind voll von Fett, und seine Knochen sind voller Mark. Der andere stirbt mit bitterer Seele / und hat kein Glück genossen. Ib 21,23-25

Iß freudig dein Brot und trink vergnügt deinen Wein. (...) Mit der Frau, die du liebst, genieße das Leben alle Tage deines Lebens voll Windhauch, die Gott dir unter der Sonne geschenkt hat, alle deine Tage voll Windhauch. Denn das ist dein Anteil am Leben und an dem Besitz, für den du dich unter der Sonne mühst.
Prd 9,7-8

Man schlemmt und will dabei sein Vergnügen haben. Der Wein erfreut die Gemüter, das Geld macht alles möglich.
Prd 10,19

Thomas von Aquin hat sich mit der „gula" – der Freßlust – aufs ausführlichste beschäftigt und widmet ihr in seiner theologischen „Summa" gleich sechs Kapitel, die freilich nicht zuletzt vor dem Hintergrund seiner eigenen Wohlbeleibtheit gesehen werden müssen. Nicht zufällig stammt von Thomas auch der Ausspruch „Melius est ditare quam philosophare" – was nichts anderes bedeutet als „Essen ist besser als Philosophieren". Der hl. Thomas rechtfertigte damit wohl vor allem sein Lebendgewicht von rund zweihundert Kilogramm, dessentwegen man in seinen Refektoriumstisch sogar eine eigene Ausbuchtung fräsen mußte, damit der „Doctor angelicus" seine üppige Leibesfülle zwischen Tisch und Bank verstauen konnte.

In seiner Einschätzung der Gaumenlust geht der hl. Thomas zunächst – mit einer Replik auf eine ähnliche Aussage des hl. Augustinus – auf den Unterschied zwischen Johannes dem Täufer und Jesus ein, den er vor allem darin begründet sah, daß Johannes sich im Gegensatz zu den Sitten seiner Zeit des Essens und Trinkens enthalten habe, Jesus aber „sich in Speise und Trank der Gewohnheit der Menschen anbequemte".

Über die Frage, ob das Fasten deshalb ein Tugendakt sei, schreibt Thomas weiter: „Dies scheint nicht. Denn: Der Tugendakt ist Gott immer angenehm, nicht aber das Fasten; nach Isaias 58: ‚Warum haben wir gefastet, und du hast es nicht beachtet?' Das Fasten folgt nicht der rechten Mitte. Denn bei der Abstinenz wird diese dahin bestimmt, damit man den Bedürfnissen der Natur zu Hilfe komme. Durch das Fasten aber wird von diesen Bedürfnissen etwas abgezogen. Fasten kommt den Guten und Bösen zu; also ist es kein Tugendakt. Auf der anderen Seite zählt unter andere Tugendakte Paulus 2 Kor 6 das Fasten auf. Ich antworte, ein Akt werde dadurch tugendhaft, daß er durch die gesunde Vernunft auf ein ehrbares Gut als zu seinem Zwecke hingelenkt werde. Das Fasten aber verfolgt einen dreifachen vernunftgemäßen Zweck: 1. Es drückt die Begierden des Fleisches nieder, wonach der Apostel sagt: ‚In Fasten, in Keuschheit‘, um zu sagen, daß Fasten förderlich sei der Keuschheit.; und Hieronymus: ‚Ohne Ceres und Bacchus bleibt Venus kalt‘, d. h. durch das Enthalten von Speise und Trank wird marr die Wollust; – 2. Es trägt dazu bei, daß der Geist sich zu göttlichen Dingen erhebe, weshalb Dan. 10 gesagt wird, nach einem Fasten von drei Wochen hätte Daniel von Gott eine Offenbarung erhalten; – 3. Es dient zur Buße für die Sünden, weshalb es bei Joel 2 heißt: ‚Bekehret euch zu mir mit euerem ganzen Herzen, in Fasten, in Weinen und Wehklagen.‘ Augustin faßt dies zusammen: ‚Das Fasten reinigt die Seele, erhebt den Geist, unterwirft das Fleisch dem Geiste, macht das Herz demütig und zerknirscht, zerstreut die Nebel der Begierden, löscht aus die Flammen der Wollust, zündet an das Licht der Keuscheit.‘ Ein in seiner Art tugendhafter Akt kann auf Grund von hinzutretenden Umständen ein sündhafter werden; wie gesagt wird: ‚In euerm Fasten wird euer Wille gefunden (...), ihr fastet aus Streit und Zanksucht‘; wozu Gregor bemerkt: ‚Vergebens wird das Fleisch durch Fasten gequält, wenn durch ungeregelte Leidenschaften die Seele zerrüttet wird‘, und Augustin erklärt: ‚Das Fasten sucht nicht das viele Sprechen auf; es urteilt daß Reichtum überflüssig sei; es verachtet den Hochmut, verleiht dem Menschen, es zu verstehen, wie gebrechlich und ohnmächtig er sei.‘"

In der III. Abhandlung, IV. Kapitel der Summa Theologica kommt Thomas von Aquin auf die Frage zu sprechen, ob denn die Gaumenlust tatsächlich, wie oft behauptet würde, eine Sünde sei, und erwidert darauf: „Dem steht entgegen: Matth. 15: ‚Was in den Mund eintritt, verunreinigt nicht den Menschen.‘ Gregor (30 moral 14): ‚Sowie beim Essen das Bedürfnis mit dem Ergötzen gemischt ist –; was nun Notdurft verlangt und was dem Ergötzen dient, das weiß man nicht zu unterscheiden‘; und Augustin (10 conf 31): ‚Wer, o Herr, nimmt nicht hie und da eine Speise zu sich über die Grenzen der Notdurft hinaus?‘ Was aber jemand nicht

Von deinen Lippen, o Braut, tropft Honig; Milch und Honig sind unter deiner Zunge.
Hl 4,11

Versage dir nicht das Glück des heutigen Tages. An der Lust, die dir zusteht, zieh nicht vorbei.
Sir 14,14

Sei kein Fresser und Säufer, da dir sonst nichts im Geldbeutel bleibt.
Sir 18,33

Der Reiche strengt sich an, um ein Vermögen zu sammeln. Ist er dann zur Ruhe gekommen, gibt er sich dem Genuß hin. Der Arme plagt sich ab und verbraucht seine Kräfte. Rastet er, so muß er hungern.
Sir 31,3-4

Beschenk deinen Nächsten und gönne dir selbst auch etwas. In der Scheol (der Unterwelt) ist nämlich kein Genuß mehr zu finden.
Sir 14,16

Wie soll jener, der sich selbst nichts gönnt, einem anderen Gutes tun? Er wird sein eigenes Glück nicht finden.
Sir 14,5

Leckerbissen, die man einem verschlossenen Munde reicht, sind wie Opfergaben, die man einem Götzenbild darbringt.
Sir 30,18

vermeiden kann, das ist keine Sünde. In einer jeden Art von Sünde ist die erste Bewegung Sünde. Die erste Bewegung aber, um Speise zu nehmen, ist keine Sünde; sonst wären Hunger und Durst sündhaft. Also ist Gaumenlust keine Sünde. Auf der anderen Seite schreibt Gregor (30 moral 13): ‚Zum Kampfe im geistigen Streit erhebt sich nicht, wer nicht zuerst den Feind, der in ihm selber aufgestellt ist, die Begierde der Gaumenlust nämlich, bezwingt.‘ Also ist die Gaumenlust ein innerer Feind von uns und sonach ist sie Sünde. Ich antworte, Gaumenlust besage nicht jede Begierde nach Speise und Trank, sondern nur die ungeregelte; also eine solche, die von der Richtschnur der Vernunft sich entfernt und somit von der moralischen Tugend. Demnach ist Gaumenlust Sünde. Die Juden (und nachher die Manichäer) meinten, einigen Speisen seien unrein auf Grund der ihnen eigenen Natur und Substanz, und nicht wegen etwas figürlich oder moralisch Vorgestelltem. Das weist der Herr zurück. Jede ungeregelte Begierde aber verunreinigt den Menschen. (...) Ein anderes Begehren ist das rein natürliche, was zu den Kräften der Pflanzenseele gehört, und dieses ist das erste; und ein anderes ist das sinnliche. Im ersteren ist keine Sünde; denn diese Kräfte sind nicht geeignet, der Vernunft zu gehorchen, weshalb neben der Kraft zu begehren da noch ebensogut die Kraft besteht, zu behalten, zu verdauen und zu entfernen. Das zweite Begehren ist, falls es ungeregelterweise sich geltend macht, Sünde; von der ersten Bewegung der Gaumenlust an.“

Mit diesen Worten Thomas von Aquins lassen sich zwar keine Schlemmerorgien rechtfertigen, wir verdanken ihm aber doch einiges, was er zur Relativierung der angeblichen Sünde der Gaumenlust und der Schlemmerei beigetragen hat. Würde man versuchen, ein Resümée aus den einschlägigen Bibelstellen zu ziehen, so wendet sich die Heilige Schrift zwar ganz eindeutig gegen jegliche primitive, egoistische Lust, um andererseits allerdings, wie dies beispielsweise im Hohelied der Fall ist, einer Lust das

Wort zu reden, die sich dem Erhabenen, dem Feinsinnigen und Positiven zuwendet.

Die positive Seite der Lust ist die Freude, ein Begriff, der immer wieder in der Bibel vorkommt. Die Freude ist in der diesseitigen Welt (als Vorgeschmack) ebenso beheimatet wie in der jenseitigen, ja, sie kann sogar als Klammer beider Welten gelten. Freude kann man jedoch aus biblischer Sicht niemals für sich empfinden, sondern sie ist etwas, das man teilt, ja teilen muß. So betrachtet, ist auch das Letzte Abendmahl ein Fest der Freude. Als äußerer Ausdruck der Freude ist sogar von einem Freudenöl die Rede (Ps 45,8; Js 61,3), das durch Salbung des Körpers einen Eindruck von ewiger Freude verschaffen soll.

Im apokryphen Buch Jesus Sirach wird die Frage nach dem Eßbaren noch wesentlich toleranter beantwortet als in den kanonisierten Büchern der Bibel. Dort heißt es: „Der König fragt: ‚Ist es eine Sünde, von allen Dingen zu essen?‘ Sirach antwortet: ‚In seiner großen Barmherzigkeit erschuf Gott der Herr alle Dinge für den Menschen, auf daß er ebenso Herr auf Erden sei, wie ER im Himmel, nämlich zu töten, zu essen, zu befehlen und zu unterjochen alle Geschöpfe auf Erden in seinen Dienst. Und durch diese große Gabe und Herrschaft und Mächtigkeit, die Gott uns über alle irdischen Dinge verantwortet hat, haben wir die Macht zu töten und zu essen und zu gebieten nach unserem Willen. Und was wir aus Herzenslust essen, das ist gut und recht, sei es nun eine Schlange oder ein Skorpion oder irgendein anderes böses Tier, oder aber einen Vogel oder Pfau: all dies dürfen wir essen. Sollten wir aber keine Lust verspüren oder nicht aus freiem Willen heraus essen, so wisset, daß solches Essen weder gut noch recht noch ziemlich ist; denn was der Mensch aus Herzenslust und aus freiem Willen ißt, das ist gut und recht und ziemlich.‘ " (Kapitel 186)

Jesus Sirach scheint überhaupt ein recht sinnenfroher Namensvetter des Erlösers gewesen zu sein. An anderer Stelle lesen wir, ebenfalls in den Apokryphen: „Der König fragt: ‚Wer nährt die Früchte der Erde?‘ – Sirach ant-

Dem Freigiebigen mundet jede Mahlzeit und das Essen bekommt ihm gut.
Sir 30,25

Der Weise wird mit Genüssen gesättigt, und alle, die ihn sehen, preisen ihn glücklich.
Sir 37,24

Man fraß zur Rechten und blieb hungrig, man fraß zur Linken und wurde nicht satt. Jeder fraß das Fleisch seines Nachbarn.
Js 9,19

So spricht Gott, der
Herr: Meine Diener
sollen essen, doch ihr
eidet Hunger. Meine
Diener sollen trinken,
doch ihr leidet Durst.
Meine Diener sollen sich
freuen, doch ihr müßt
euch schämen.
Js 65,13

wortet: Gott nährt und weidet sie. Vier Elemente hat er
zu seinem Dienst und Ehre auserlesen. Die Erde bewahrt
und behütet die Früchte; die Luft nährt und weckt sie;
das Wasser weidet und begrünt sie. Gleichermaßen
muß auch der Mensch für die täglichen Gerichte, die er
kochen will, vier Elemente haben: irdenen Topf und
Wasser und Feuer und Luft; denn sonst könnte er nicht
kochen." (72. Kapitel) Und im 52. Kapitel des „Jesus
Sirach" heißt es: „Wer eine Sünde begeht, tut Böses; wer
aber dort, wo er es tun könnte, das Gute zu tun unterläßt, ist gleichermaßen ein Sünder. Wenn einer große
Lust auf Essen hat und er kommt an einem schönen
Garten vorbei, worinnen die schönsten Früchte stehen,
und er stirbt lieber Hungers als daß er sie berühren oder
essen will, so tut er ein Böses, wenn er sie nicht pflückt
noch ißt, ehe des Hungers zu sterben; denn größere
Sünde ist es, sich dahinsterben zu lassen, als die Früchte
zu essen." Aufschlußreich in einem eher ganz anderen
Sinne ist unterdessen eine Stelle aus dem 83. Kapitel:
„Der König fragt: ‚Tuen die, so mehr als ihnen zukommt
essen und trinken, Böses?‘ Sirach antwortet: ‚Die so
mehr essen als ihnen zukommt, tun Böses dem Leib und
der Seele und begehen eine Sünde und verderben die
Speisen, von denen andere Menschen leben könnten.
Solche hießen Schlemmer und sind schlimmer als das
Vieh; und sie handeln entgegen der Satzung Gottes;
denn Gott hat geboten, der Mensch soll nur soviel essen
und trinken, als ihm zukommt; und der Rest sei für andere Male bestimmt oder sei denen zu geben, die dessen
bedürftig sind. Und auf dieser Welt soll und darf der
Mensch nur ein oder zweimal am Tage essen; wer
anders handelt, tut nicht gut, ja er soll ein Schlemmer
genannt werden und schlimmer als das Vieh, das nicht
Verstand hat wie der Mensch, aber doch stets, so satt ist,
ausruht, bis es wieder Hunger verspürt; und um seiner
Natur willen soll der Mensch es doch besser machen als
das Vieh, das weder Verstand noch Bewußtsein seiner
selbst hat.'"

Während die Gaumenlust stets eine Streitfrage bleibt, so wird der eigentliche Vorgang des Schmeckens von der Bibel zunächst einmal wertfrei behandelt. Den Begriff des Kostens oder Schmeckens im Sinne von Prüfen findet man im Buch Hiob (Ib 12,11 und 34,3) recht klar definiert: „Soll das Ohr die Worte denn nicht prüfen wie der Gaumen die Speisen kostet." Schmecken ist freilich auch häufig doppeldeutig und wird im Sinn eines Erlebnisses gebraucht, das von positiven (Genuß) wie negativen Konnotationen (Leiden) begleitet sein kann. Die Freundlichkeit des Herrn vermag ebenso zu schmecken (Ps 34,9; 1 Petr 2,3) wie der Tod (Mt 16,28).

Die Zunge dient in diesem Sinn als objektives Medium: Einerseits ist sie jenes Werkzeug, das für das Lob Gottes vorgesehen ist. Andererseits ist sie auch häufig die Urheberin und Vermittlerin vieler Sünden. Sie steht daher auch im Ruf von List, Verführung, Lüge und Heuchelei, wird aber niemals als Mittel zum Schlemmen denunziert.

Zwischen schierer Lust und Gaumenlust muß also aus biblischer Sicht nämlich durchaus unterschieden werden. Lust wird in erster Linie als Vorstufe der Begierde gesehen, die ihrerseits nicht eher erlischt, als sie Befriedigung erlangt hat. Lust ist aus exegetischer Sicht ein Begriff, der von vornherein weder gut noch böse ist. Immerhin wird ja auch das Paradies als Lustgarten verstanden, und Jahwe selbst vermag durchaus Lust und Wohlgefallen (Jr 32,41; Hos 6,6; 2 Sm 22,20; 1 Kg 10,9) zu verspüren. Bei der Bewertung der Lust muß die entscheidende Frage daher immer sein, ob sie sich zum Guten oder Bösen wendet. Lust vermag sich beispielsweise auch auf Gott (Ib 22,26; Ps 37,4), aber auch auf Werte wie Wahrheit und Gerechtigkeit zu richten, während etwa die Spottlust Schaden im sozialen Gefüge anrichtet.

Im Gegensatz zur sexuellen oder Fleischeslust steht die Gaumenlust unter den verwerflichen Lüsten gewiß nicht an vorderster Stelle, sie wird aber vor allem dann nicht als harmlos betrachtet, wenn sie die Vorstufe zur Fleischeslust ist.

Es werden Tage kommen, (...) in denen die Berge von Wein triefen und alle Hügel überfließen werden.
Am 9,13

Johannes kam, und da er weder aß noch trank, sagten sie: „ Er ist von einem Dämon besessen." Der Menschensohn kam, er aß und trank. Darauf sagten sie: „Dieser Fresser und Säufer, dieser Freund der Zöllner und Sünder!"
Mt 11,18-19

Als rein kulinarische Lust kann sie allerdings sogar vor den strengen Kriterien des hl. Augustinus bestehen. „Die Schwelgerei", schreibt er, „läßt sich gerne ‚reichliche Sättigung' nennen: Du aber bist die Fülle und der unerschöpfliche Reichtum unvergänglicher Wonne. Die Verschwendung hüllt sich in den Schein der Freigiebigkeit: Doch der reichlichste Spender alles Guten bist du." Und Thomas von Aquin sekundiert ihm in der „Summa Theologica" (I. Abhandlung, 40. Kapitel): „Auf der einen Seite heißt es in Matthäus 11: ‚Der Menschensohn kam; und Er aß und trank.' Ich antworte, wer mit Menschen zusammenlebt, tue sehr weise daran, eine ihnen gleichförmige Lebensweise anzunehmen, nach 1 Kor 9: ‚Allen bin ich Alles geworden.' Also war es sehr weise, daß Christus in Speise und Trank sich der Gewohnheit der Menschen anbequemte."

Noch deutlicher sagt es freilich Christus selbst: Nicht das, was durch den Mund eindringt, verdirbt den Menschen, sondern vielmehr das, was aus dem Herzen herauskommt.

Ausgewählte Literatur

Andresen, Carl u. a. (Hg.): Lexikon der Alten Welt, Zürich–München 1965

Blue, Lionel und Rose, June: Ein Vorgeschmack des Himmels. Abenteuer religiöser Kochkunst, München 1979

Bracharz, Kurt: Esaus Sehnsucht, Wien–Berlin 1984

Gutkind, Curt Sigmar: Das Buch der Tafelfreuden, Leipzig 1929

Harris, Marvin: Wohlgeschmack und Widerwillen. Die Rätsel der Nahrungstabus, Stuttgart 1989

Holl, Adolf: Das erste Letzte Abendmahl, in: Schultz, Uwe (Hg.): Essen – Schlemmen – Fasten, Frankfurt 1993

Holl, Adolf: Jesus in schlechter Gesellschaft, Stuttgart 1971

Holzer, Josef: Und Gott sprach. Biblischer Schöpfungsbericht und modernes Wissen, St. Pölten 1964

Johnson, Hugh: Weingeschichte, Bern–Stuttgart 1990

Keller, Werner: Und die Bibel hat doch recht, Düsseldorf 1955

Kinard, Malvina und Crisler, Janet: Das biblische Kochbuch, Freiburg 1979

Kollek, Teddy und Pearlman, Moshe: Jerusalem. Seine Geschichte in vier Jahrtausenden, Frankfurt 1969

Kopp, Clemens: Das Kana des Evangeliums, Köln 1940

Landmann, Salcia: Bittermandel und Rosinen, München–Berlin 1984

Landmann, Salcia: Gepfeffert und gesalzen, München–Berlin 1980

Moulin, Leo: Augenlust und Tafelfreuden, Steinhagen 1989

Nießen, Franz: Nahrung sandte er ihnen in Fülle. Versuch einer Theologie der Lebensmittel, Kevelaer 1988

Nötscher, Friedrich: Biblische Altertumskunde, Bonn 1940

Parrot, A.: Der Tempel von Jerusalem, Zürich 1956

Pax, Wolfgang E.: Die heiligen Stätten, Olten 1970

Radel, Jutta: Heuschrecken und wilder Honig. Essen und Trinken im Neuen Testament, Frauenfeld 1988

Reicke, B. und Rost, L.: Biblisch-Historisches Handwörterbuch, 3 Bände, 1962–66

Rienecker, Fritz (Hg.): Lexikon zur Bibel, Wuppertal–Zürich 1960 (1991)

Schmitt, Eleonore: Bibelkochbuch, Steyr 1990

Schmoldt, Hans: Kleines Lexikon der biblischen Eigennamen, Stuttgart 1990

Schultz, Samuel J.: Die Welt des Alten Testaments, Marburg 1960

Strouhal, Evzen: So lebten die alten Ägypter, Frankfurt 1994

Suchy, Barbara: Die koschere Küche. Zur Geschichte der jüdischen Speisegesetze, in: Schultz, Uwe (Hg.): Essen – Schlemmen – Fasten, Frankfurt 1993

Suchy, Barbara: Pessach – Fest der Befreiung, in: Schultz, Uwe (Hg.): Das Fest, München 1988

Tannahill, Reay: Food in History, London 1988

Tenney Merrill C.: Die Welt des Neuen Testaments, Marburg 1979

Thompson: Hirten, Händler und Propheten, Giessen–Basel 1992

Toussaint-Samat, Maguelonne: Histoire naturelle & morale de la nourriture, Paris 1987

Visser, Margaret: The Rituals of Dinner, London 1965

Weeber, Karl-Wilhelm: Die Weinkultur der Römer, Zürich 1993

Wildung, Dietrich: Das Brot des Lebens. Essen und Trinken im alten Ägypten, in: Schultz, Uwe (Hg.): Essen – Schlemmen – Fasten, Frankfurt 1993

Zohary, Michael: Pflanzen der Bibel, Stuttgart 1986

Die ausgewählten Bibelzitate wurden in einer vom Autor auf der Basis verschiedener historischer Bibelübersetzungen sowie des ursprünglichen, lateinischen Vulgatatextes für dieses Buch erstellten Fassung wiedergegeben. Für ihre unermüdliche Arbeit bei der Auswahl und Redaktion der Bibelstellen dankt der Autor vor allem seinem Vater Ernst Wagner und seiner Frau Renate Wagner-Wittula.

Verzeichnis der Abkürzungen

ALTES TESTAMENT

1 Mos	1 Moses (Genesis)	Ps	Psalme
2 Mos	2 Moses (Exodus)	Ib	Hiob
3 Mos	3 Moses (Leviticus)	Spr	Sprüche
4 Mos	4 Moses (Numeri)	Prd	Prediger
5 Mos	5 Moses (Deuteronomium)	Hl	Hoheslied
Ri	Richter	Weish	Weisheit
Rt	Rut	Sir	Jesus Sirach
1 Sm	1 Samuel	Js	Jesaja
2 Sm	2 Samuel	Jr	Jeremia
1 Kg	1 Könige	Ez	Ezechiel
2 Kg	2 Könige	Dn	Daniel
1 Chr	1 Chronik	Hos	Hosea
2 Chr	2 Chronik	Joel	Joel
Neh	Nehemia	Am	Amos
Tob	Tobit	Jon	Jona
Jdt	Judit	Mich	Micha
Est	Ester	Nah	Nahum
1 Makk	1 Makkabäer	Hab	Habakuk
2 Makk	2 Makkabäer		

NEUES TESTAMENT

Mt	Matthäusevangelium	Kol	Kolosserbrief
Mk	Markusevangelium	1 Thess	1. Tessalonicherbrief
Lk	Lukasevangelium	2 Thess	2. Tessalonicherbrief
Jo	Johannesevangelium	1 Tim	1. Timotheusbrief
Apg	Apostelgeschcihte	2 Tim	2. Timotheusbrief
Röm	Römerbrief	Tit	Titusbrief
1 Kor	1. Korintherbrief	Hebr	Hebräerbrief
2 Kor	2 Kointherbrief	1 Petr	1. Petrusbrief
Gal	Galaterbrief	2 Petr	2. Petrusbrief
Eph	Epheserbrief	Jud	Judasbrief
Phil	Pilipperbrief	Apk	Apokalyps